기후 위기 시대, 우리는 어떻게 살아야 할까요? 『더 나은 세상을 위하여』는 이 절박한 질문 앞에서 신학자, 과학자, 법학자, 경제학자 등 각 분야의 전문가 8인이 자신의 자리에서 발견한 응답을 모은 책입니다. 특히 인상 깊었던 건 이 책이 단순히 기후 위기의 심각성을 고발하는 데 그치지 않고, 성경적 창조 신앙과 하나님 나라 운동이라는 신학적 토대 위에서 구체적인 대안을 제시한다는 점입니다. 필자들은 기후 위기가 단지 환경 문제가 아니라 하나님의 창조 질서를 거스른 인간 탐욕의 결과임을 분명히 하면서도, 절망 대신 '정의로운 전환'이라는 희망의 언어를 제시합니다. 이 책의 또 다른 미덕은 필자들의 솔직한 고백입니다. 처음부터 기후 문제의 전문가가 아니었던 이들이 각자의 영역에서 이 문제와 마주하게 된 과정, 그리고 그 안에서 신앙적 결단에 이르게 된 여정이 담겨 있어, 같은 고민을 시작하는 이들에게 실질적인 길잡이가 되어 줍니다. 기후 위기 앞에서 무력감을 느끼는 모든 그리스도인에게, 그리고 믿음과 실천 사이에서 방황하는 이들에게 이 책을 권합니다. 여기에는 창조세계를 돌보는 것이 곧 하나님 나라를 살아 내는 것임을 보여 주는 지혜와 용기가 담겨 있습니다.

유미호, 기독교환경교육센터 살림 센터장

"정말 이렇게 살아도 되는 걸까?" 책 첫머리의 문장에 마음이 쿵 떨어졌다. 내 마음을 늘 꽉 막고 있는 질문이다. 우리가 정말 이렇게 살아간다면 언제까지 살 수 있을까? 푸른별 지구는 언제까지 푸를 수 있을까? 이 지구의 존재들은 과연 이런 위기 상황을 뚫고 새로운 세상, 더 나은 세상을 볼 수 있을까? 이 책은 기후 절망의 시대에 묵직하게 근본적인 질문을 다시 던진다. "미래는 여전히 우리 손에 달려 있고, 우리는 여전히 최악의 상황을 피할 수 있다"는 희망을 말하는 데서 신실한 신앙인들의 태도가 보인다. 하지만 동시에 섣불리 신앙의 언어로 피하지 않고, 각 분야별로 상황을 냉정하게 진단하고, 구체적인 행동을 촉구하는 진지하고 실천적 면모도 충분히 갖추고 있다. 그러니 이 책은 가장 냉철한 분석으로, 그러나 뜨거운 가능성으로 '더 나은 세상'을 찾아가는 신앙인들의 우직한 걸음 그 자체이다. "더 나은 세상, 새로운 세상이 가능하다!"라는 희망은 막연한 기대가 아니라, "우리가 '현재'를 하나님이 행동하라고 부르는 결정적인 시점으로 받아들이는 한" 가능한 현실임을 선언하는 강력한 행동 지침이다.

박현철, 청어람ARMC 대표

더 나은
세상을 위하여

더 나은 세상을 위하여

기후 위기 시대   그리스도인을 위한 안내서

김근주 조천호 이병주 구미정 박경미 박득훈 김영준 문형욱

바람이불어오는곳

차례

들어가며_ 정의로운 전환을 희망하며

박경미 _ 8

1장
구약으로 읽는 창조신앙, 하나님 나라, 기후 위기

김근주(신학) _ 27

2장
기후 위기 시대의 회심

조천호(과학) _ 55

3장
기후 재난과 법, 기독교와 십계명

이병주(법률) _ 79

4장
어머니 대지로 돌아가기

구미정(여성) _ 105

5장

대지의 공동체와 하나님 나라의 경제

박경미 (경제) _ 131

6장

기후 위기와 체제 전환

박득훈 (사회) _ 161

7장

그린 유토피아로 떠나는 보물지도

김영준 (탈성장의 사례) _ 193

8장

기후 정의 운동과 하나님 나라 운동

문형욱 (기후정의운동의 흐름) _ 231

부록 _ 260

들어가며

정의로운 전환을 희망하며

박경미

'우리는 정말 이대로 살아도 되는 걸까?'
'그냥 이렇게 하루하루를 보내도 되는 걸까?'

이 책의 필자들이 모여서 함께 책을 내기로 했을 때, 입밖에 내지는 않았어도 각자의 마음속 깊이 자리한 공통의 생각은 이런 질문이었으리라 짐작한다.

기후 위기가 몇몇 앞선 과학자나 비평가들의 글에 오르내리는 정도를 넘어 이제는 누구나 그 변화를 피부로 느낀다. 유례없이 덥고 비가 잦은 봄을 지나며 벌써부터 다가올 여름이 무섭다는 사람들이 주위에 있다. 단순히 날씨의 변화만이 아니라 전 세계적으로 폭우와 폭염, 홍수로 치명적인 피해를 입는 사람들이 늘어나고 있다. 우리나라에서도 작년 여름 폭우와 홍수로 최소 40명의 사망자가 발생했다. 이제 기후 위기로 인한 재난은 인간이 서식하는 지구 환경에 심각한 영향을 끼쳐서 인간의 삶에, 특히 경제에 결정적인 요인으로 작동하고 있다.

돌아보면 1992년 리우환경회의에서 '기후변화협약'을 체결한 이후 세계는 2023년까지 28차례에 걸쳐 유엔기후변화협약 당사국 총회를 열었고, 1997년 '교토의정서'를 채택하여 선진국 탄소배출감축의무를 명시했으며, 2015년 '파리기후변화협약'에서는 지구 평균기온 상승을 산업화 이전 대비 1.5도로 제한하기 위해 노력한다는 전 지구적 장기 목표를 설정하는 데 합의했다. 그 목표 아래 모든 국가가 2020년부터 기후 행동에 참여하며 5년 주기 이행 점검을 실시하기로 했다. 우리나라는 10여 년 전부터 이러한 국제 사회의 흐름에 합류하고 있으나 온실가스 감축 목표에 도달하기는커녕 오히려 배출량이 증가하고 있고, 경제협력개발기구(OECD) 38개국의 평균 감축량에 훨씬 못 미친다. 윤석열 정부 들어서는 그마저도 거꾸로 가서 정부의 임기가 끝나는 2027년 이후로 온실가스 배출 목표 달성을 늦추었다. 뿐만 아니라 기후 위기 대응을 명분 삼아 원전 비중을 늘리고 재생 에너지 비율은 오히려 낮추었다.

기후 위기 대응에서 정치의 역할은 막중하다. 그러나 기후 위기에 대한 우리 사회의 관심은 여전히 경제에 집중되어 있고, 정책적·제도적 변화를 견인해야 할 정치인들은 핵심적인 문제는 외면한 채 기술적이고 시장중심적인 해법에만 관심을 기울이며, 그마저도 시늉뿐이다. 대중의 참여가 절실한 상황에서 관료나 전문가들의 논의에만 맡겨 놓으니, 기술적 해법이 나올 수 있을지는 몰라도 대중 참여의 역동성을 이끌어내지 못한다.

지난해 4월, 22대 총선을 기후 총선으로 견인하자는 노력 역시 소기의 성과를 얻지 못했다. 1.5도 가드레일은 이미 무너졌다는 기후과학자들의 목소리가 여기저기서 들려온다. 지금 우리에게 가장 큰 장애물은 우리가 희망을 갖지 못했다는 사실일지 모른다. 이러한 상황에서 이 책의 필자들은 지푸라기라도 잡는 심정으로 모였다. 간절함이 유지되는 한 행동하게 되고, 행동하는 한 희망을 붙들 수 있기 때문이다. 그리고 작은 희망의 조각이라도 붙잡으려면 우리가 처한 상황을 보다 근본적인 관점에서 보아야 한다는 생각에 이르렀다.

지금 우리는 곧 내게도 닥쳐올지 모를 재난을 두려워하고 현재의 삶이 무너질까 봐 두려워한다. 그러나 기후 위기로 인한 묵시록적 재난을 두려워하기에 앞서 현재 우리가 처한 삶의 위기에 주목해야 한다. '정말 이렇게 살아도 되는 걸까?' 산업혁명 이후 250여 년 동안 인류의 물질적 삶은 향상되었고 인간은 지구별의 유일한 통치자가 된 듯하다. 그러나 우리가 만든 변화가 뜻하는 바가 무엇인지 우리는 정말 알고 있는 걸까? 우리는 지금 사람과 사람 사이의 관계가 파괴되고 인간에 대한 가장 기본적인 예의마저 무너진, 매우 조악한 형태의 개인주의가 판치는 세상에서 살아가고 있다. 우리는 실로 황량한 시기를 살아가고 있으며 인간 정신이 극도로 쇠약해지는 모습을 목격하고 있다. 그리고 지금 우리가 살고 있는 이런 세상을 만들어 낸 힘은 그

근저에서는 기후 파국을 불러온 힘과 맞닿아 있다.

오늘날 주요 국가들이 기후 위기에 주목하게 된 것은 기후재난으로 인해 경제 성장이 악화하기 시작한 것이 결정적 이유 중 하나이겠지만, 실은 극단적 경제성장주의야말로 기후 위기의 근본 원인이라고 할 수 있다. 우리 근대사를 돌아보더라도 돈을 많이 벌어서 잘 살아야겠다는 욕망이 지난 수십 년간 모든 것을 압도했다. 모두가 부자가 되어서 잘사는 것이 발전이고 진보라는 생각은 우리 사회가 작동하는 방식의 근저에 깔린 전제이고, 기후 위기는 우리가 생각하는 이 '발전'이 필연적으로 내장한 곤궁이다.

그러나 거대한 물질적 힘은 결코 우리가 살면서 의지할 전부가 아니다. 인간의 삶은 물질적인 힘만이 아니라 미적이고 윤리적이며 종교적인 태도가 한데 얽혀 있다. 경제적 합리주의는 그러한 질적 경험을 소외시키며 삶의 전체성을 파괴한다. 그리하여 하나를 향한 집중을 잃어버린 세계, 영혼 없는 인간들로 가득한 세계를 탄생시킨다. 이 점에서 우리가 겪고 있는 삶의 위기는 삶의 전체성과 통일성이 파괴된 위기라고 할 수 있다.

이 책의 여러 필자들은 이웃과 더불어 행복하게, 착하게 살고자 하는 개인의 의지를 분쇄시켜 가루로 날려 버리는 우리 시대의 '악마의 맷돌'이 무엇인지 직접 대면하려고 하며, 그것으로부터의 근본적 전환을 촉구한다. **박득훈(6장)**은 그 '악마의 맷돌'을 오늘날 자본주의 경제체제에서 발견한다. 그는 생태적 관점에서 마르크스와 엥겔스의 분석을 재해석한 사이토 고헤이의 결론에 전적으로 동의한다.

그 결론이란 두 가지로 압축된다. 첫째, 자본주의 체제를 아무리 고쳐 보려 한들 탈성장을 실현해 기후 위기를 막는 게 불가능하다는 점이다. 마르크스의 분석에 따르면, 자본주의적 생산양식은 끊임없는 자본의 확대 재생산을 위해 필연적으로 경제 성장을 추구할 수밖에 없고, 그것은 인간과 토지 사이의 물질대사를 교란하며, 그에 따라 노동자와 토지 곧 자연이 동시적으로 파괴된다. 마르크스가 오늘날 수준의 기후 위기까지 내다보진 못했겠지만, 기후 위기는 그의 분석에서 자연스럽게 도출된다. 기후 위기란 유한한 세계 안에서 무한한 경제 성장을 추구하는 자본주의 경제의 필연적 결과에 다름 아닌 것이다. 마치 기생충이 자신의 생존 기반인 숙주를 다 잡아먹어 버린 꼴이다.

둘째, 탈성장과 기후 위기 해소는 자본주의를 해체하고 지구를 공유재로 삼아 '경제 성장을 하지 않는 순환형·정상형 경제'를 실현할 때 비로소 가능하다는 점이다. 고헤이는 만년의 마르크스가 러시아 촌락 공동체 미르에 주목하면서 초기의 생산력주의에서 탈피해 이런 결론에 도달했다고 해석한다. 박득훈은 그런 해석에는 동의하지 않지만, 마르크스가 우리 시대로 돌아온다면 그의 결론에는 동의할 거라며 흔쾌히 수용한다.

마르크스나 엥겔스에 의지하지 않더라도 경제 성장이 필연적으로 자연 파괴와 기후 위기로 이어진다는 것은 지금 우리가 목도하고 있는 현실이다. 자연과 인류의 문화적 유산은 공유재

(commons)인데, 자본주의는 그것을 상품(commodity)으로 변형시키는 과정에서 이루 말할 수 없는 파괴와 상처를 인간과 자연에 가져온다. 그러므로 박득훈은 오늘 우리에게 절박한 체제 전환의 근본적 내용으로서 "경제 성장을 하지 않는 순환형·정상형 경제로의 전환"을 제안하며, 이런 경제를 실현해 갈 수 있는 정치체제를 '민주적 공동체주의'라고 지칭한다. 즉 정치적으로는 성숙한 민주주의를, 경제적으로는 주요 생산수단의 사회화를 기반으로 하는 공동체 정신에 입각한 체제를 지향해야 한다고 제안한다. 그리고 이러한 체제 전환을 요청하는 신학적 근거로서 신구약 성서의 신정정치의 이상, 하나님 나라의 도래에 대한 소망을 소환한다.

박득훈은 사회과학적 언어를 사용하여 자본주의 성장경제로부터 민주적 공동체주의로의 체제 전환을 이야기하고 있다. 이처럼 사회과학적 언어를 사용하지 않는다 하더라도, 이 책의 다른 저자들 역시 기후 파국의 근본적 원인이 자본주의 경제체제의 내적 모순에 기인한다는 데 대체로 동의하며 근본적인 체제 전환의 필요성을 절감하고 있다. 그리고 그러한 전환을 호명하는 신학적·성서적 언어로서 공통적으로 예수의 '하나님 나라' 운동을 소환한다.

이 책을 구상하고 발간하는 모태가 된 '기후위기기독인연대'의 두 공동대표 중 한 사람인 문형욱(8장)은 "기후 정의 운동과 하나님 나라 운동"에서 2022년 9.23 기후정의행진, 2023년

4.14 기후정의파업 등 일정한 성과를 보인 기후 정의 운동의 내용과 과정을 기술하면서, 우리에게 주어진 체제 전환의 과제로 탈성장의 방향을 명확하게 제시하고 있다. 그는 이렇게 쓰고 있다. "기후 위기의 주범으로 꼽히는 것이 착취적 자본주의와 GDP를 기반으로 한 성장주의라고 한다면 체제 전환의 핵심은 탈성장이 될 것이다." 그리고 그는 기후 위기 해결의 세 가지 경로로 (1) 나우토피아, (2) 대항 헤게모니 형성, (3) 제도 내 개혁을 제시한다. 그에게 탈성장을 지향하는 기후 정의 운동은 지금 여기서 하나님 나라를 실현하기 위한 노력이다.

또 한 명의 기후위기기독인연대 공동 대표인 **김영준**(7장) 역시 "그린 유토피아로 떠나는 보물지도"에서 체제 전환의 핵심으로서 탈성장의 필요성을 설명하며, 전 지구적으로 이루어지고 있는 다양한 탈성장 운동을 친절하게 소개하고 있다. 그리고 그 역시 성서 가운데서 전환을 위한 서사를 발견하고자 한다. 그에 따르면 오늘날 체제 전환 운동으로서 기후 정의의 실천은 구약 성서의 희년을 비롯하여 예수의 하나님 나라 운동을 우리 시대에 실천하는 것이다.

이 책의 필자들은 모두 기독교인이지만 다양한 분야에서 일하고 있다. 신학 전공자도 있지만 과학자, 법률가, 활동가들이 함께 해서 이 책이 풍성해지고 신뢰성을 더하게 되었다고 생각한다. 대기과학자인 조천호와 법률가인 이병주는 중립적이고 무표정한 물질의 언어, 법의 언어를 '인간의 언어'로, 나아가 '믿음의 언어'로 번역해서 전달하는 탁월한 능력을 지니고 있다.

조천호(2장)는 "기후 위기 시대의 회심: 담대한 전환만이 기후 위기를 막을 수 있다"에서 기후 위기가 발생하는 과정, 탄소 중립 선언의 배경과 에너지 전환의 필요성, 거꾸로 가기만 하는 현 정권의 기후 대응에 대해 쉽고 명쾌하게 설명해 준다. 그에 따르면 화석연료를 태울 때 발생하는 이산화탄소가 온실효과의 주범이니 결국 화석연료가 문제인데, 이 말은 산업혁명 이후 250여 년간 줄기차게 엄청난 양의 석탄, 석유를 태워 온 선진 자본주의 국가들이 오늘의 기후 파국에 훨씬 더 큰 책임을 져야 한다는 뜻이기도 하다. 적어도 기후 정의의 측면에서 보면 그렇다. 그런데 현실은 정반대다. 이 점에 주목하여 조천호는 기후 문제를 정의(正義)의 문제로 제기한다. 잘못을 저지른 사람들은 따로 있는데 피해는 엉뚱한 사람들이, 적어도 유책 사유가 훨씬 덜한 사람들이 입게 된다는 것이다. 조천호는 정의의 문제 앞에 선 현 상황을 이렇게 쓰고 있다. "사회 밑바닥에 있는 모든 부와 자원을 흡수해서 꼭대기로 끌어 올리는 불평등 시스템은 자연과 사회까지 함께 붕괴로 몰아 갈 최적의 조건이다. 결국 소수의 무한한 욕망을 충족시키기 위해 내달리는 이 문명은 기후 위기로 더는 지속할 수 없게 되었다. 그러므로 기후 위기 대응은 공정성과 정의에 초점을 맞춰야 한다······ 기후 위기는 정의롭지 않은 세상에서 일어나는 것이기에 정의로운 세상을 만들어야 기후 위기에서 벗어날 수 있다." 그리고 지금 우리는 다음 세대에 살아 있는 지구를 물려줄 것인지, 죽어 가는 지구를 물려줄 것인지의 갈림길에 서 있다고 말한다.

　이런 절체절명의 상황을 직시하면서 그는 희망을 말한다. 1.5도 가드레일이 무너졌다는 소리가 여기저기서 들리지만 그는 고속도로 출구의 비유를 들면서, 1.5도 출구가 지나면 1.6도 출구가 있고 이것을 놓치면 1.7도 출구가 있다고 한다. 물론 더 이상 빠져나올 수 없는 한계 지점이야 있을 테고 또 출구를 놓칠수록 더 힘들어지겠지만, 고속도로에서 빠져나올 기회는 아직 우리에게 남아 있다는 것이다. 미래는 여전히 우리 손에 달려 있으며 우리는 여전히 최악의 상황을 피할 수 있다. 중요한 것은 함께 희망을 만들어 갈 '의인 10명'이라고 한다. 그의 글은 이 의인 10명이 될 것을 간절히 호소하고 있다. 그는 이렇게 말한다. "우리는 기후 위기라는 깊은 어둠 속으로 들어가고 있으므로 우리를 인도하는 빛도 그 안에서 나와야 한다. 세상의 종말과 새 세상이 동시에 가능한 시대에 우리는 살고 있다. 지구를 파괴할 존재는 우리뿐이다. 지구를 구할 존재도 우리뿐이다. 이제 모든 것은 우리에게 달렸다. 성서에서 멸망 예언은 그것을 실현하기 위해 주어진 것이 아니라 사람들로 회심을 통해 구원을 이루게 하는 것이 그 목적이다. 이것은 최후의 기회이자 최선의 기회이므로 우리는 할 수 있는 한 모든 일을 해야 한다." '오직 할 뿐'이라는 마음으로 행동하는 사람만이 이런 희망의 언어를 말할 수 있다. 그는 지금 우리가 살고 있는 시간을 종말론적 현재로, 결정적인 시간으로 호명하고 있다. 우리가 '현재'를 하나님이 행동하라고 부르는 결정적인 시점으로 받아들이는 한 희망이 있다.

청소년기후소송을 대리하고 있는 기독법률가회 **이병주**(3장) 변호사 역시 똑같은 희망의 언어를 우리에게 전해준다. 그는 최근 헌법재판소에서 기후소송 두 번째 공개 변론을 마무리했다. 이 책에 실린 글에서 이병주는 이 기후소송의 취지와 진행 과정, 법적 논리를 설명하고, 기후 위기를 불러온 인간 행동이 하나님의 법이라고 할 수 있는 십계명의 기본 계명들을 어기는 것임을 쉽고 명쾌하게 논증하고 있다. 현재 헌법재판소는 2020년 청소년들이 직접 제기한 '청소년기후소송'과 영유아와 어린이들의 '아기기후소송', '시민기후소송' 등 4개 사건을 병합 심리하고, 2024년 8월 29일 아시아에서 처음 내려진 기후소송 승소 판결로서 탄소중립기본법 제8조에 대한 일부 위헌(헌법불합치) 결정을 내렸다. 이병주는 정부의 온실가스 감축 목표와 법 제도가 기후 파국을 막을 수 없으며 따라서 청소년의 기본권을 침해한다는 것을 객관적인 수치로 제시하고 있다. 그에 따르면 2021년 제정, 시행하고 있는 탄소중립기본법의 2030년 국가 온실가스 감축 목표는 파리협약의 목표를 달성하기에 현저하게 부족할 뿐만 아니라, 2031년 이후 시기의 온실가스 감축 목표에 대해서는 아예 감축 목표를 정하지 않고 있다. 또한 감축 목표를 정했더라도 법적 구속력이 없고, 집행 규정 역시 없다. 실질적으로 이것은 우리나라가 쓸 수 있는 국가 탄소 예산 33.5억 톤을 2030년 이전에 모두 소진하게 되고 미래 세대 국민이 사용할 탄소 예산을 거의 남기지 않게 됨을 의미한다. 결국 이것은 2030년 이후를 살아갈 미래 세대의 자유와 기본권을 사전에 미리 침해하는 것이며 동시에 평등권 역시 침해하므로 헌법적 정당성을 상실한 위헌 법률 규정에 해당한다는 것이다.

청소년기후소송 헌법 소원을 제기한 후 4년 가까이 헌법재판소의 결정을 기다리고 있던 중에도 이 변호사는 오히려 소송 결과에 대해서 낙관적이었다고 한다. 지난 몇 년간 독일을 비롯해서 기후 소송과 관련하여 긍정적인 변화가 많이 있었기 때문이다. 2021년 3월 독일 연방헌법재판소에서는 독일 연방기후보호법의 온실가스 감축 목표 관련 규정이 위헌이라고 판결하여 역사적인 '사법적 기후 선언'을 했다. 그는 이 결정이 역사적 물꼬를 터서 하나의 거대한 흐름으로 이어질 것이라고 본다. 그래서 기후 위기 대응을 위한 정치의 기능이 제대로 작동하지 못하는 현 상황에서 이러한 사법적 기능이 국가적 차원의 대응을 강화할 수 있기를 기대한다. 실제로 독일 연방헌법재판소의 위헌 판결은 독일 정부의 온실가스 감축 목표 확대로 이어졌다.

법률가로서 이병주가 탄소중립기본법의 위헌성을 논증했다면, 신앙인으로서 이병주는 청소년의 기본권과 평등권을 침해하는 것이 십계명의 "살인하지 말라", "도둑질하지 말라"는 계명을 어기는 것이라고 한다. 기후 위기의 악화 내지 방치는 세대 간 집단 살상을 불러오며 따라서 "살인하지 말라"는 제6계명을 범하는 것이고, 또한 '미래 세대의 인생과 자유와 생활에 관한 권리'를 빼앗음으로써 "도둑질하지 말라"는 제8계명을 집단적으로 범하는 것이다. 그러므로 신앙인이라면 모두 회개하고 할 수 있는 일을 해야 한다. 그는 다음과 같은 간곡한 호소로 글을 마무리하고 있다. "한국의 기독교인들은 더 이상 내 교회, 개별 교회의 안정과 성장에만 매달리지 않고, 하나님이 창조하신 이 세계를 사람의 죄악과 욕망으로 무너뜨리지 않으려는 노력, 하나님이 창조하신 우리의 미래 세대, 하나님의 백성, 우리의 아들딸들이 이전 세대의 죄로 인해 '하나님의 영광을 체험하며 하나님의 구원을 누리며 하나님의 백성으로 함께 씨름하며 살아갈 수 있는 기회'를 박탈당하지 않고, 온전한 지구에서 하나님이 주신 삶의 기쁨과 슬픔과 은혜를 온전하게 함께 누릴 수 있도록 하는 '기후 위기 기독인 운동'에 함께 참여할 것을 촉구하고 기대한다."

구약성서학자 **김근주**(1장)는 "구약으로 읽는 창조 신앙, 하나님 나라, 기후 위기"라는 글에서 야웨 신앙의 두 핵심인 하나님의 통치 곧 신정정치의 이상과 창조 신앙이 시편의 찬양시들에 독특한 형태로 결합되어 있음을 밝히고, 야웨 신앙의 이 두 핵심을 지키지 않는다는 것이 무엇인지, 그리고 지키지 않을 때 어떠한 파국이 도래하는지를 창세기의 홍수 설화 분석을 통해 보여 주고 있다. 이 과정을 통해 그는 오늘의 기후 위기 상황이 이 두 핵심을 지키지 않은 결과임을 밝히고, 기후 위기에 직면한 그리스도인들에게 요구되는 생태적·해방적 영성을 제시한다. 이를 기술하는 그의 언어는 학자적인 젠체함이 없는 대신 신자들을 배려하는 목회자적인 세심함이 배어 있다.

김근주는 고대 이스라엘이 유일한 창조주 하나님에 대한

신앙을 고백하게 된 것은 나라가 망하고 민족적 동질성이 유지될지조차 의심스러운 상황이었다는 점을 강조한다. 가장 약할 때 그들은 하나님에 대한 가장 강력한 믿음에 이르렀다는 것이다. 이때 그들은 인간과 자연세계를 창조하신 하나님이 강대국 바벨론과 페르시아를 도구로 사용하시는 유일한 분이심을 고백하게 되었다. 창조 신앙이 유일하신 하나님의 통치에 대한 고백과 결합된 것이다. 그렇게 고백함으로써 그들은 자신들을 파괴한 강대국 역시 자신들과 마찬가지로 하나님이 창조하신 피조세계의 일원이며, 존재하는 모든 것이 유일하신 한 분 하나님의 능력 안에 있는 피조물이라는 근원적 평등성에 대한 인식에 이를 수 있었을 것이다. 하나님은 자연세계를 비롯하여 우리 모두를 창조하시고 다스리시고 돌보신다. 그리고 그의 창조와 돌봄과 다스림 안에 있다는 점에서 모두가 같다. 아마도 이러한 인식을 통해 그들은 자신들을 힘으로 누르는 강력한 적에 대한 두려움을 극복하고, 절망적인 상황에서 희망을 길어올릴 수 있었을 것이다.

고대 이스라엘의 예배에서 사용되었던 찬양시, 탄식시, 제왕시 등의 수집록이라고 할 수 있는 시편은 이러한 그들의 신앙의 정수를 보여 준다. 그리고 그 찬양의 핵심적인 내용은 "왕이신 하나님 선포, 즉 하나님의 나라, 하나님의 다스리심 선포이며, 그 나라 선포의 내용은 하나님이 온 세상의 창조주 되심 그리고 창조주이신 하나님이 약하고 비굴하고 상하고 괴로운 이들, 보지 못하고 의지할 데 없는 나그네, 고아, 과부를 지키시고 회복하시며 도우심으로 온 세상을 다스리심이다." 다시 말해 시편 찬양의 핵심은 창조주 하나님의 다스리심이다. 김근주는 특히 시편 145, 146편 분석을 통해 이 창조주 하나님의 다스리심의 실질적인 내용이 모든 약한 이들의 회복과 돌보심임을 밝힌다.

반면 노아 홍수는 '땅의 부패', 즉 땅 위에 살아가는 사람들의 불의와 폭력에 대한 심판이고, 이것을 김근주는 오늘의 기후 위기와 관련시켜 설명한다. 홍수는 창조주 하나님의 다스림에 반하는 폭력과 불의에 대한 하나님의 심판이며 파멸이다. 오늘의 기후 위기로 인한 참상 역시 폭력으로 대표되는 인간의 죄악의 결과이며, 동시에 그 죄악에 대한 하나님의 심판이다. 그러므로 김근주에 따르면 기후 위기에 대한 올바른 대처는 "폭력이 지배하는 세상을 반대하는 것, 힘 있는 자가 모든 것을 차지하는 세상, 공부 잘하는 사람이 모든 것을 차지하고 좋은 학교 나온 사람이 다 누리는 세상을 반대하는 것, 그래서 누구라도 안전하게 기본적인 삶을 살 수 있는 세상을 만들고 지켜 가는 것이다. 정의로운 삶을 향한 열심은 그저 옳고 바른 일 정도가 아니라 지구가 썩지 않게 만드는 가장 빠르고도 중요한 길이기도 하다."

결국 우리에게는 정의로운 삶을 향한 선택만이 놓여져 있다. 이 대목에서 김근주는 독특하게 '다양성', '다채로움'에 주목한다. 창세기는 홍수 이후 하나님과 노아 사이에 이루어진 언약에 대해서도 이야기하는데, 이 언약은 인간만이 아니라 모든 생물과도 맺은 것이고(창 9:8, 10, 12), 무지개가 상징하듯이 '다채로움'이 그 특징이다. 그는 이 다채로움을 독특하게 약자들의 다채로움으로 해석한다. 그는 "다채로움을 소중히 여기는 세상은 강자의 다채로움이 아닌 약자들이 자신의 색을 잃지 않고 존재할 수 있는 세상"이라고 썼다. 그러므로 만일 우리가 하나님께서 그가 창조하신 온 세상을 다스리신다는 성서의 핵심적인 신앙고백을 함께한다면, 그때 우리에게 주어진 선택은 정의로운 삶, 힘 있는 사람만이 아니라 약한 사람도 귀하게 여겨지는 다채로운 세상, 인간만이 아니라 모든 생명세계가 함께 살아가는 다채로운 세상을 향한 선택이어야 한다. 결국 김근주에 따르면 현재의 기후 위기는 우리에게 정의로운 삶을 선택할 것을 요구한다.

구미정(4장)은 이 책에 실린 글 "어머니 대지로 돌아가기: 에코페미니즘과 기후 정의"에서 기후 위기를 초래한 근대 문명의 정신사적 맥락을 밝히고 에코페미니즘적 관점에서 일종의 문명 비판을 시도하고 있다. 그 과정에서 페미니즘이 에코페미니즘으로 진화해 가는 사회적·정신적 맥락을 짚고, 오랜 가부장제 역사 속에서 이루어진 남녀 사이의 식민적 지배 관계가 근대 산업 문명에서 이루어지고 있는 인간과 자연 사이의 식민적 지배 관계와 본질적으로 동일하다는 것을 캐롤린 머천트를 비롯한 여러 에코페미니스트들의 통찰을 빌려 설득력 있게 주장하고 있다. 구미정에 따르면 인간과 인간, 인간과 자연 사이의 지배-피지배 관계로 점철된 근대 자본주의 문명은 호모 이코노미쿠스, 즉 대지로부터 뿌리 뽑히고 공동체로부터 단절된 '지구촌의 실향민'을 탄생시켰다. 그러므로 이제 전 지구적 위기 앞에서 우리가 가야 할 길은 대지로의 회귀이자 모든 종류의 지배 관계로부터의 해방을 지향하는 생태 혁명이어야 한다. 구미정은 신학적 언어로 이것을 '옛사람'을 벗어 버리고 '새사람'을 입는 (엡 4:22-24) 것이라고 하며, 이 새사람의 이름을 호모 심비우스 (Homo symbious)라 부르자고 제안한다. 호모 사피엔스가 '슬기인'이라면, 호모 심비우스는 '공생인'이다. 그에 따르면 호모 심비우스는 자신을 공동체 안의 존재로 인식하며, 따라서 타자에 대한 연대 책임을 느낄 줄 안다. 사적 소유에 근거해서 개인의 권리를 주장하는 것이 근대적 주체라면 호모 심비우스는 생명의 근원적 상호 의존성을 인식하고 개체 생명으로서 자신의 유한함을 기쁨과 감사로, 하나님의 은혜로 받아들일 줄 아는 공동체적 주체라고 할 수 있을 것이다.

구미정은 이러한 생태 혁명, 인간 혁명의 필요성에 대한 인식을 신학의 혁명적 전환으로까지 확대한다. 이 대목에서 그가 주목하는 신학자가 하나님의 몸의 신학자 샐리 맥페이그다. 맥페이그는 하나님을 가부장적 절대자로, 전적인 타자로 인식하는 전통적인 신학 언어로부터 벗어나 성육신의 의미에 보다 철저할 것을 요구한다. 전통 신학이 하나님이 인간 예수 안에 육화하셨다는 것으로 성육신의 의미를 한정했다면, 맥페이그는 세계가 곧 하나님의 몸이라고 성육신의 의미를 보다 철저화하고 확대한다. 맥페이그의 논리에 따르면 피조세계는 하나님의 몸이므로 더 이상 이원론적 열등시의 대상이 될 수 없다. 아니, 하나님의 몸으로서 피조세계는 거룩하다. 그러므로 피조세계를 인간의 물질적 탐욕의 도구로 삼거나 이용과 착취의 대상으로 삼는 것은 기독교 신앙에 근본적으로 위배된다. 피조세계가 하나님의 몸이라면, 게다가 그 몸이 심각하게 고통을 겪고 있고 심지어 아파서 죽어 간다면, 세계에 대한 인간의 태도는 착취와 억압, 지배 대신에 경외와 돌봄과 책임으로 전환되어야 한다. 구미정에 따르면 그것이 곧 예수와 함께 타자들을 위한 자기희생적 사랑의 삶을 사는 것이고, 이 타자에는 인간만이 아니라 하나님의 몸으로서 온 세상이 다 포함된다. 그리고 그것이 곧 맥페이그가 말하는 구원이다.

필자(5장)의 글까지 포함하여 이 책에 실린 글들은 기후 위기가 피조세계를 향한 정의로운 하나님의 통치에 반하는 인간 탐욕의 결과라는 데 인식을 함께하며(조천호, 박득훈), 구체적으로는 이를 극복하기 위한 믿음과 희망의 언어를 성서와 기독교 전통 속에서 찾으려는 노력이자(김근주, 박경미, 구미정), 구체적인 실천들을 소개하고 그 신앙적 의미를 성찰한(김영준, 문형욱, 이병주) 결과물이다. 이중에서 여러 글을 관통하는 한 단어를 꼽으라면 '정의로운 전환'이 아닐까 싶다. 신학적 차원에서 말하자면 예수가 선포했던 하나님 나라, 하나님의 통치를 향해 삶의 방향 전환을 이루는 것이고, 기후 위기에 직면한 오늘 우리에게 구체적으로 그것은 탈자본주의, 탈성장의 방향으로의 체제 전환을 의미한다. 따라서 이 책의 필자들은 기독교 신앙과 성서에 근거해서 기후 위기에 대한 신학적·신앙적 성찰을 하고 있으며,

성서에 근거해서 탈성장을 이야기하는 데 주저함이 없다.

　이 책이 나오기까지 기후위기기독인연대의 김영준, 문형욱 두 대표의 노력이 컸다. 함께 책을 발간하자고 제안하고 필자를 정하고 출판사를 섭외하고 원고 마감을 지키도록 은근히 채근하기까지 두 분이 아니었다면 이 책의 출간은 훨씬 더 미루어졌을 것이다. 필자들 역시 바쁜 가운데 원고를 쓰고 대면으로, 비대면으로 여러 차례 만나 함께 이야기하고 서로를 경청했다. 모두에게 박수를 보내고 싶다. 책이 나오기까지의 과정, 각자 글을 쓰고 다른 사람의 글을 함께 읽으면서 수정하고 배우는 과정은 즐겁고 유익했으며, 무엇보다도 서로 격려하는 가운데 희망을 가질 수 있었다.

　희망을 가지는 동안에는 대안이 없다고 주저앉지 않을 수 있다. 사실 대안이 없다고 주저앉는 이유는, 가만히 생각해 보면, 결국 이 세상의 지배 원리, 즉 물질적 풍요와 지속적인 경제성장이 인간다운 삶의 필수 전제조건이라는 고식적인 관점을 떨쳐 버리지 못하기 때문이다. 작금의 현실을 보면 절망하게 되지만 하나님이 주신 창조세계 안에서 허락하신 몸을 입고 살아가는 존재로서 우리 안에는 '희망'이라는 유전자가 있다. 독자들도 이 책에 실린 글을 읽으며 저 아래 눌려 있는 '희망'이라는 유전자를 일깨우고 격려를 얻을 수 있기를 바란다.

2025년 가을

1장

구약으로 읽는 창조 신앙, 하나님 나라, 기후 위기

김근주 (기독연구원 느헤미야 연구위원)

우리 신앙의 중심에는 예수 그리스도께 대한 믿음으로 말미암는 구원 혹은 새로운 삶이 있다. '구원'이라는 말은 언제나 이 땅에서의 삶 이후에 주어지는 '내세'와 연관되어 이해되곤 하지만, "오늘 구원이 이 집에 이르렀다"(눅 19:9), "네 믿음이 너를 구원하였다"(막 5:34) 같은 주님의 선포는 구원을 그저 내세의 것으로만 보는 것이 전혀 타당하지 않음을 명확히 증언한다. 하나님이 그를 믿는 자에게 약속하시고 베푸시는 구원의 본질은 '지금 우리와 함께하시는 하나님'을 경험하며 깨닫고 살아가는 것, 달리 표현해 '하나님과 동행하는 삶'이다. "높은 산이 거친 들이 초막이나 궁궐이나 내 주 예수 모신 곳이 그 어디나 하늘나라" 같은 찬송가 가사는 '하늘나라' 혹은 '구원'의 본질을 잘 보여 준다. 이것을 구약에서는 하나님과 그 백성의 언약으로 표현하는데, 야웨 하나님을 믿을 때 이스라엘은 '그의 백성'이 되고 야웨는 '그들의 하나님'이 되신다(출 6:6-8). 그리고 하나님은 그 백성에게 십계명으로 대표되는 하나님의 규례와 법도를 알리셨다. 야웨를 하나님으로 모시고 그의 백성으로 살아간다는 것은, 그들의 하나님 야웨께서 그의 백성에게 명하신 율법을 따라 살아감을 의미한다. 율법을 준행하는 삶으로 구체화되는 '내 백성-너희 하나님' 관계야말로 구약이 증언하고 선포하는 구원의 핵심이며 본질이다.

놀랍게도 이와 같은 구약 신앙의 틀은, 남북 이스라엘이 앗수르와 바벨론에 의해 무너지고 더 이상 정치적·외교적·군사적 실체로서의 나라가 존재하지 않게 된 포로기와 그 이후에 형성되었다. 포로기 이래 이스라엘은 자신이 처한 현실이 국력이 약하거나 불운해서가 아니라 야웨의 율법에 불순종했기 때문이라고 반성했고 구약 곳곳에서 이 시기에 형성된 '비판적인 역사 회고'를 볼 수 있다(스 9:6-15, 느 9:5-38, 단 9:4-19, 슥 7:9-14). 이에 따라, 당대 최강국이던 앗수르는 하나님의 율법을 따르지 않은 북왕국에 대한 하나님의 심판 도구였으며(왕하 17:7-23) 바벨론 역시 남왕국 유다를 심판하기 위해 하나님이 부르신 도구였음을(렘 25:9-11) 깨달으면서, 포로기 이래 이스라엘은 앗수르나 바벨론 그리고 그들의 신들은 아무것도 아니되 오직 야웨 하나님만이 온 땅에 유일하신 한 분 하나님임을 깨닫게 되었다. 명실상부한 '유일신 신앙'(monotheism)은 이렇게 포로기 이래 구약 신앙에 뚜렷하게 등장하게 된다.

창조 신앙과 하나님 나라

유일신 신앙의 확립과 필연적으로 결합된 것이 온 세상의 창조주 야웨 하나님에 대한 깨달음이다. 온 세상에 야웨 홀로 유일하신 하나님이시니, 그 하나님이 바로 온 세상을 지으신 유일하신 하나님이시다. 유일신 신앙과 창조주 야웨 하나님 신앙이 단단히 결부된 단적인 사례를 제2이사야(사 40-55장)에서 볼 수 있다. '하나님이 다스리신다'는 하나님 나라 선포와 '하나님이 세상 만물을 창조하셨다'는 창조 신앙이 나란히 놓인 이사야 40장 10-17절은 이를 명료하게 증언한다. '창조주 야웨께 대한 신앙' 혹은 줄여서 '창조 신앙'은 이처럼 포로기 이래 이스라엘 신앙 공동체에 확립된 신앙이다. 이스라엘이 가장 강성할 때에 그들의 하나님이 유일하신 하나님이요 창조주이심을 깨달은 것이 아니라, 가장 약하여 나라조차 더 이상 존재하지 않게 되었으며 강대국의 식민지 백성으로 겨우 존속하게 되었을 때에 고대 이스라엘은 자신의 하나님이 유일하신 하나님, 온 세상을 창조하신 하나님임을 깨닫고 고백하며 공동체 가운데 선포했다. 이를 통해 이스라엘만이 아니라 페르시아와 같은 강대국, 그리고 세상에 존재하는 무수한 동물과 식물, 자연 환경 전체가 야웨 하나님의 피조물이라고 여기게 되었다. 창세기 9장은 홍수 이후에 하나님과 노아 사이에 이루어진 언약을 보여 주는데, 여기에서 하나님의 언약은 사람만이 아니라 모든 생물과도 함께 맺어진 것이라 선포된다(창 9:8, 10, 12). 그러므로 사람과 모든 생물을 포함한 하나님의 언약의 상징이 '다채로움'을 명확히 반영하는 무지개라는 점은 매우 자연스럽다.

창조 신앙과 하나님 나라가 결부된 것을 시편에서 두드러지게 볼 수 있다. 오늘날 우리가 예배 중에 드리는 고백과 찬양이 우리의 신앙을 단적이면서도 명료하게 표현하듯이, 고대 이스라엘의 예배 찬양인 시편 같은 책은 그 시기 이스라엘의 야웨 신앙의 핵심과 정수를 보여 준다. 구약에서 뜻밖에도 창조 신앙을 충분히 다루는 책 자체가 그리 많지 않지만, 시편 같은 문헌은 오랜 시간 전해지고 고백되며 정리되고 다듬어진 고대 이스라엘의 신앙을 표현해 낸다는 점에서 특별히 주목할 만한 책이다. 구약 신앙의 핵심을 시편은 찬양으로 표현한다. 시편 찬양의 핵심 내용은 '여호와 하나님은 왕이시다', '하나님이 다스리신다', '하나님이 통치하신다', 즉 '하나님의 나라'이다. 다음과 같은 구절은 이를 명확히 표현한다.

"여호와께서 다스리시나니 땅은 즐거워하며 허다한 섬은 기뻐할지어다. 구름과 흑암이 그를 둘렀고 의와 공평이 그의 보좌의 기초로다"(시 97:1-2). "주의 나라는 영원한 나라이니 주의 통치는 대대에 이르리이다"(시 145:13).

하나님이 다스리신다는 것의 의미는 무엇인가? 시편 145편 13절에 이어지는 구절들은 하나님의 나라를 간결하게 그린다.

"여호와께서는 모든 넘어지는 자들을 붙드시며 비굴한 자들을 일으키시는도다. 모든 사람의 눈이 주를 앙망하오니 주는 때를 따라 그들에게 먹을 것을 주시며 손을 펴사 모든 생물의 소원을 만족하게 하시는도다. (시 145:14-16)

그러므로 시편 145편이 명확하게 고백하는 '하나님의 나라'는 모든 넘어지는 이들과 비굴한 이들을 일으켜 세우는 나라다. 이러한 하나님의 나라는 '할렐루야 묶음'(시 146-150편) 첫머리에도 명확하게 표현된다.

여호와는 천지와 바다와 그 중의 만물을 지으시며 영원히 진실함을 지키시며 억눌린 사람들을 위해 정의로 심판하시며 주린 자들에게 먹을 것을 주시는 이시로다. 여호와께서는 갇힌 자들에게 자유를 주시는도다. 여호와께서 맹인들의 눈을 여시며 여호와께서 비굴한 자들을 일으키시며 여호와께서 의인들을 사랑하시며 여호와께서 나그네들을 보호하시며 고아와 과부를 붙드시고 악인들의 길은 굽게 하시는도다. 시온아, 여호와는 영원히 다스리시고 네 하나님은 대대로 통치하시리로다. 할렐루야. (시 146:6-10)

하나님이 다스리신다는 것은 모든 사람이 교회를 다니게 되었다가 아니라, 145편과 146편이 보여 주듯 그리스도인뿐 아니라 모든 사람, 모든 생명, 모든 존재를 하나님이 지으셨다는 것 그리고 넘어지는 자, 비굴한 자들이 하나님으로 인해 반듯이 서서 살게 되었다는 것, 맹인이 볼 수 있게 되고 나그네, 고아, 과부가 안전하게 살 수 있으며, 악인은 벌을 받게 되었다는 것을 의미한다. 그런데 146편 6절은 야웨 하나님이 행하시는 일로 천지와 바다, 그중의 만물을 지으신 것도 언급한다. 앞서 보았던 145편 역시 9-10절에서 하나님이 모든 것을 지으셨음을 말하고, 16절은 하나님이 사람만이 아니라 "모든 생물"을 돌보시는 분임을 이야기한다. 그러므로 이 두 시는 온 천지 만물과 모든 생명의 창조주이신 야웨 하나님이 세상을 다스리심을 선포하고 고백하고 노래한다. 그 내용은 모든 약하고 비굴한 이들을 회복하시고 돌보심이다. 148편 직전에 놓인 147편 역시 이러한 흐름을 보여 준다.

> 그가 별들의 수효를 세시고 그것들을 다 이름대로 부르시는도다. (147:4)
> 그가 구름으로 하늘을 덮으시며 땅을 위하여 비를 준비하시며 풀을 자라게 하시며 들짐승과 우는 까마귀 새끼에게 먹을 것을 주시는도다. (147:8-9)
> 눈을 양털 같이 내리시며 서리를 재같이 흩으시며 우박을 떡 부스러기 같이 뿌리시나니 누가 능히 그의 추위를 감당하리요. 그의 말씀을 보내사 그것들을 녹이시고 바람을 불게 하신즉 물이 흐르는도다. (147:17-18)

넘어지는 자를 세우고 비굴한 자를 일으키시는 하나님의 행하심에 대한 말씀은 2-3절에서 볼 수 있다.

> 여호와께서 예루살렘을 세우시며 이스라엘의 흩어진 자들을 모으시며 상심한 자들을 고치시며 그들의 상처를 싸매시는도다. (147:2-3)

148편에 이어지는 149편은 이를 간략히 언급한다. 2절에서는 시온이 즐거워하는 까닭이 그들의 왕 때문이라 언급하고, 4절에서는 야웨께서 겸손한 자를 구원으로 아름답게 하신다고 표현한다. 여기서 "겸손한 자"로 옮겨진 표현('아나빔')은 다른 곳에서 대부분 '가난한 자'로 번역되는 표현이다.

그러므로 찬양의 내용은 왕이신 하나님 선포, 즉 하나님의 나라, 하나님의 다스리심 선포이며, 그 나라 선포의 내용은 하나님이 온 세상의 창조주 되심 그리고 창조주이신 하나님이 약하고 비굴하고 상하고 괴로운 이들, 보지 못하고 의지할 데 없는 나그네, 고아, 과부를 지키시고 회복하시며 도우심으로 온 세상을 다스리심이다.

하나님의 심판으로서의 기후 위기: 노아 홍수

이처럼 '하나님 나라'와 '창조 신앙'은 단단하게 결부되어 고백되고 선포된다. 이를 고려하면, 구약 성경에서 하나님의 심판을 표현하는 수단으로 가뭄, 홍수와 같은 기후 현상이 빈번히 언급되는 것 역시 하나님 나라와 창조 신앙의 결합으로 설명할 수 있다. 이와 연관해 우리가 살펴볼 것은 노아 홍수 사건이다.

고대에 온 세상을 뒤덮은 홍수에 관한 이야기는 여러 나라에서 공통적으로 볼 수 있다. 고대 중동에도 수메르 신화 가운데 '지우수드라' 편에는 인류를 파괴하는 홍수를 신들이 결정했고, 거대한 배에 타서 홍수에서 살아남은 지우수드라가 홍수 후에 배에서 신에게 제사를 드렸다는 내용이 있다. 내용이 많이 훼손되어 전체 내용이 다 전해지지 않지만, 이 정도만으로도 노아 홍수 이야기와 비슷한 점을 느낄 수 있다. 역시 고대 중동 신화 가운데 '길가메쉬 서사시'에 따르면, 신들의 노여움으로 인해 홍수가 땅에 임하고 이를 미리 알게 된 사람이 커다란 배를 만들고 그 배에 가족과 친척, 그리고 들짐승, 야생 생물 등을 태웠으며 홍수가 끝난 뒤에 물이 다 빠졌는지를 확인하느라 비둘기를 보내고 제비를 보내고 까마귀를 보내었고, 까마귀가 돌아오지 않자 배에서 내려 제사를 드렸다. 길가메쉬 서사시에는 이러한 홍수가 내린 까닭이 그리 명료하지 않다. 홍수가 임할 것을 주인공에게 미리 알려 주었던 신이 홍수를 내린 신을 향해 죄인 때문이라면 벌을 내리되 완전히 멸절하지 않도록 이런 홍수를 내려서는 안 된다고 항의하는 내용이 있을 따름이다. 수메르 신화든 길가메쉬 서사시든 인류를 휩쓴 홍수를 다루며 그 내용에 있어서 창세기 노아 홍수 이야기와 매우 비슷하지만, 왜 홍수가 임했는가에 있어서 그리 명확하지 않다. 길가메쉬 서사시의 경우 주신

이 내린 홍수라는 결정에 대해 다른 신의 항의가 있었다는 점에서, 신들의 변덕에 가까운 조치로 홍수가 임했다고 할 수 있다. 수메르 신화와 길가메쉬 서사시 모두 홍수를 이겨 낸 주인공은 영생을 얻게 된다는 점도 공통적이다. 그리고 두 홍수 신화의 공통점은 정확히 창세기의 홍수 이야기와는 다른 점이다. 홍수 이후 노아는 결코 영생 같은 것을 얻지 않으며 구약 전체에서도 영생에 대한 아무런 관심이 없다. **무엇보다도 창세기는 홍수의 원인에 대해 홍수 사건 첫 머리에 무척이나 명확하게 진술한다.**

창세기 6장 5-7절은 사람의 죄악이 세상에 가득하고 그의 마음으로 생각하는 모든 계획이 항상 악하다는 것 때문에 하나님이 사람 만드신 것을 후회하셨고 마침내 사람과 짐승 모두를 땅 위에서 쓸어버리기로 정하셨다고 전한다. 하나님은 사람의 죄악 때문에 사람과 짐승을 없애기로 정하셨다. 그리고 11-13절은 앞에서 언급된 "죄악"의 내용이 무엇인지, 그리고 그 죄악 때문에 왜 짐승과 사람이 살아가는 온 땅을 심판하시는지 설명한다.

11절의 두 문장은 모두 수동태다. 수동태로 표현한 까닭은 '땅'을 주어로 내세우기 위해서일 것이다. "그 땅이 하나님 앞에 부패했다. 그리고 그 땅이 폭력으로 가득 찼다"(11절, 필자 직역). "부패했다"는 말은 '썩었다'로 쉽게 이해할 수 있고, "그 땅이 하나님 앞에 부패했다"는 것은 '그 땅이 하나님 보시기에 그야말로 썩어 빠졌다'는 의미이다. 후반절에서 개역성경이 "포악함"으로 옮긴 단어('하마스')는 '폭력'이라는 쉬운 말로 바꿀 수 있다. 기본적으로 신체에 가하는 폭력을 가리키지만, 모욕이나 조롱, 부당한 대우를 두루 가리키는 단어이다. 노아 시대 사람들이 살아가는 땅이 온갖 형태의 폭력으로 가득했다. 힘이 센 사람이 약한 사람을, 권력과 부를 가진 사람들이 그렇지 못한 사람들을, 괴롭히고 때리고 모욕하고 조롱하는 일이 가득했다는 의미일 것이다.

11절의 두 문장이 어떻게 연관되는지는 12절에서 다루어진다. 하나님께서 그 땅을 보셨다. 그랬더니 그 땅이 부패했는데, 그것은 그 땅 위에서 모든 육체의 행위가 부패했기 때문이다. **11절은 두 현상을 그저 늘어놓았는데, 12절은 하나님께서 보시기에 두 현상 사이에 인과관계가 있다고 표현한다. 즉 땅의 부패는 그 땅 위에 존재하는 "모든 혈육 있는 자의 행위가 부패"했기 때문이다.** "혈육 있는 자"는 3절에서 "육신"으로 번역된 단어로, 사람을 가리킨다. "행위"로 번역된 것은 '길'이다. 행위를 의미하는 히브리어가 여럿 있음에도(가령, '마알랄', '마아세', '멜라카') 본문이 '길'이라는 단어를 선택했다는 점도 생각해 볼 만하다. 땅 위에서 살아가는 사람들의 선택과 결정에 따른 삶이 부패, 즉 썩어 빠진 삶을 사니 그 땅이 썩어 빠지게 되었다. 땅이 부패한 것은 그 위에 살아가는 사람들의 선택과 결정, 그들의 인생 길이 부패하기 때문이다. 땅에 무슨 잘못이 있는 것이 아니라 그 위를 살아가는 사람에게 잘못이 있기 때문에 땅이 썩고 악취가 나게 된다. 그리고 **그 사람들의 썩어 빠진 부패한 길을 11절에서는 '폭력'이라고 단언한다.** 힘이 지배하는 세상, 더 가지고 더 지닌 것이 모든 것을 결정해 버리는 세상, 그래서 너나 할 것 없이 조금이라도 힘을 더 가지려고 애쓰는 세상, 심지어는 다른 사람을 섬기기 위해서라도 힘이 필요하다는 세상, 그것이 '폭력'의 의미이고, 폭력에 기반한 인생 길은 그 땅을 썩어 빠지게 만든다.

11절의 두 문장을 수동형으로 표현해서 "땅"을 주어로 표현하여 강조하려는 의도가 있다고 했는데, 수동형으로 표현하는 또 다른 효과는 대체 왜 이렇게 땅이 썩었고 땅에 폭력이 가득하게 한 주체가 누구인지 부각시킨다. **땅의 부패는 결국 그 땅을 살아가는 사람들의 길이 폭력으로 인해 부패했기 때문이다. 당연한 말이지만, 땅의 부패는 땅의 잘못이 아니고 그 위에 살아가는 사람의 잘못, 구체적으로는 폭력 때문이다.** 13절에서 선포되는 "멸망"은 그에 따른 결과이다.

11-13절에 계속 반복되는 단어는 무엇인가? 그것은 "땅"(6회)과 "부패"(4회), 그리고 "포악함"(2회)이다. 이렇게 반복되는 표현 자체가 본문이 말하는 바를 명확하게 드러낸다. 여섯 번이나 반복된 "땅"이라는 표현은 홍수 심판이 사람도 사람이지만 땅에 일어난 어떤 변화에 깊은 관심이 있음을 보여 준다. 11-13절에 반복된 표현 가운데 '부패하다'('샤하트')가 있는데 이 단어는 네 번 쓰였다. 세 번은 개역성경에 "부패"로 번역되었지만, 마지막 네 번째 경우는 13절에서 "멸하다"로 옮겨졌다. 13절 마지막의 '멸하다'는 12절에서 "모든 혈육 있는 자의 행위가 부패함이었더라"에서 '부패하다'로 옮긴 것과 완전히 동일한 표현 형태('샤하트'의 히필형)이기도 하다. 그래서 이를 살린다면, 12-13절을 '모든 사람의 길이 썩어 빠지니 하나님께서는 그들을 땅과 함께 썩어 빠지게 하시리라'로 요약할 수 있다. 땅이 이미 부패

했다고 11절에서 진술했음에도, 13절에서 하나님은 사람과 함께 땅을 부패하게 하시겠다고 선언하신다. 땅은 사람의 폭력으로 인해 이미 썩었고, 이제 하나님은 땅을 썩게 한 사람 역시 다 썩어 버리게 하실 것이다. '사람의 행위가 힘이 지배하는 폭력으로 썩으니 땅이 썩고, 하나님은 땅과 사람을 썩게 하실 것이다'라고 간략히 표현할 때, 결국 하나님의 홍수 심판은 갑작스럽거나 뜬금없는 어떤 것이 아니라 '그들이 행한 대로 받으리라'는 원칙, 즉 '네가 때렸으니 너도 맞을 것이다', '네가 대접하였으니 너도 대접받을 것이다'가 관철된 것임을 깨닫게 된다.

이제까지의 논의를 정리하면, 사람의 썩어 빠진 행실이 그들이 살아가는 땅을 썩어 빠지게 했고, 그 결과 그 땅 위에 살아가는 사람들이 썩어 빠지게 되었다가 된다. 이것을 오늘 우리와 연관지어 표현하면 이렇게 될 것이다. 지구 위에 살아가는 사람들의 길 곧 무수한 선택과 결정이 폭력적이니 그 살아가는 땅 곧 지구가 썩어 빠지게 되고, 결국 그 지구 위에 살아가는 사람들이 썩어 빠지게, 즉 멸망하게 될 것이다. 그럴 때 이 문장은 그대로 오늘날 우리가 살아가는 지구에서 벌어지는 **기후 위기와 변화**라는 현실을 정확히 표현한다. **사람들의 폭력이 땅을 썩게 한다고 고대인들은 생각했고 우리는 그것이 고대적 표현이라 여겼지만, 오늘날 사람들의 못된 행실로 인해 우리가 사는 지구가 엉망이 되어 가는 것을 경험하면서 사람의 폭력이 땅을 부패하게 한다는 창세기의 언급이 지극히 타당하다는 것을 깨닫게 된다.**

홍수는 당연히 하나님께서 일으키신 크고 놀라운 기적이지만, 사람들의 썩어 빠진 행실로 인한 결과가 땅의 부패, 그리고 종국에는 사람의 멸망이라는 점에서, **이 시기 홍수 사건은 사람의 죄악으로 인한 지구 환경의 부패 그리고 그로 인한 기후 변화의 결과로서의 홍수로 설명할 수 있다.** 그리고 창세기는 이 홍수가 하나님의 심판이라고 증언한다. 그렇다면 오늘날 기후 변화로 인해 벌어지는 참상은 폭력으로 대표되는 인간 죄악의 결과이며 동시에 그 죄악에 대한 하나님의 심판이라고 볼 수 있다. 그와 같은 무서운 비를 이미 우리는 최근 들어 대한민국 여기저기서, 그리고 세계 곳곳에서 보았다. '노아 홍수'와 똑같은 형태는 아니라 하더라도, 결국 기후 위기로 인해 우리가 사는 땅에서 우리 모두 멸망당하게 될 것이라는 게 본문이 우리에게 주는 경고다.

오늘과 같은 과학기술의 시대와는 너무도 거리가 먼 까마득한 고대를 배경으로 한 창세기 6장은 홍수라는 기후 변화로 인한 종말의 원인을 사람들의 길에 가득한 폭력이라 규정한다. 힘이 지배하고 강한 자가 제멋대로 행하며 강한 자의 입맛에 따라 질서를 만들고 주관하여 약자나 가난한 자는 살아가기 어렵게 만드는 세상은 반드시 땅을 썩게 만들고 필연적으로 그 위에 살아가는 사람들 전부를 썩게 만든다. 그래서 **기후 위기에 대처하는 것은 그저 텀블러 사용하기, 전기 아껴 쓰기만이 아니라, 폭력이 지배하는 세상을 반대하는 것, 힘 있는 자가 모든 것을 차지하는 세상, 공부 잘하는 사람이 모든 것을 차지하고 좋은 학교 나온 사람이 다 누리는 세상을 반대하는 것, 그래서 누구라도 안전하게 기본적인 삶을 살 수 있는 세상을 만들고 지켜 가는 것이다.** 정의로운 삶을 향한 열심은 그저 옳고 바른 일 정도가 아니라 지구가 썩지 않게 만드는 가장 빠르고도 중요한 길이기도 하다.

    창세기 1장 28절에서 하나님은 사람을 축복하시며 "땅을 정복하라"고 이르셨다. 여기에서 '정복하다'라는 표현으로 인해 인류가 땅을 제멋대로 파헤치고 개발하고 파괴했다고 여겨, 이 동사의 원래 의미는 그렇지 않다는 식으로 풀려는 노력들이 있지만, 이 동사('카바쉬')가 구약 다른 곳에 쓰인 사례를 보면 '사람을 강제로 노예로 삼다'와 같은 곳에 여러 번 쓰였다는 점에서(가령, 대하 28:10, 렘 34:11) 이 동사를 좋게 풀이할 수는 없다. 고대에는 사람보다 자연세계가 더 강하기도 했으니, 이 '정복하다'는 표현이 타당했을 것이다. 삶을 위협하는 자연의 여러 상황에 대해 굴복하지 않고 맞서야 하는 과업과 연관하여 '정복하다'는 표현을 이해할 수 있다. 그러나 오늘날과 같은 과학기술의 시대에 사람이 지구를 '정복'의 대상으로 삼으면, 그야말로 지구 위에서 살아가는 우리 삶은 삽시간에 끝장나고 말 것이다. 그래서 "땅을 정복하라"의 원래 의미는 명확하지만, 우리가 사는 시대에 이 명확한 의미는 결코 글자 그대로 이해되어서는 안 되며, 이 단어의 구약 다른 곳에서의 용례에 비추어 이해되는 것도 적절하지 않다.

    하나님은 사람을 에덴동산에 두시고 에덴동산이라는 땅을 "경작하며 지키게"(창 2:15) 하셨다. 여기서 '경작하다'로 옮겨진 동사는 기본적으로 '일하다, 섬기다'를 의미하는데, 목적어가 땅이면 '경작하다', 사람일 경우 '섬기다', 하나님일 경우 '예배하다'가 된다. '땅을 경작하다' 역시 달리 '땅을 섬기다'에서 발전

했다고 생각할 수 있다. '경작하다' 다음에 '지키다'가 있다는 점도 땅을 경작한다는 것이 사실 '땅을 섬기는 것'임을 깨닫게 한다. 하나님은 땅을 다스리고 정복하라 하셨고 실제로 사람은 에덴동산이라는 땅을 '섬긴다.' 그래서 '경작하고' '지킨다.' 사람이 있기 전에 이미 그 땅에 보기 아름답고 먹기 좋은 나무가 자랐지만, 사람이 존재한 이후로 그 땅을 섬기는 일, 그 땅을 경작하고 지키는 일은 이제 사람에게 맡겨졌다. 여기서 '경작하고 지키는 일'은 당연히 약탈과 강탈이 아니라 돌봄과 지킴이다.[1] 하나님은 사람에게 동물과 새를 다스리라 명하셨고, 그래서 사람은 하나님이 동물과 새를 그에게 데려왔을 때 그 모든 생명체에 이름을 지어 주었다. 사자에게는 사자라는 이름을, 독수리에게는 독수리라는 이름을, 고양이에게는 고양이라는 이름을 지어 주었다. 각 생물의 그 모든 다양함과 다채로움을 따라 이름을 지었다. 그것이 다스림이다. 그것이 정복이라면 정복이다. **그 다양한 생명을 하나의 이름으로 부르지 않고 다 다른 이름으로 부르고 그 각각의 다양함을 살리는 것, 그것이 다스림이고 정복이다.** 그래서 그것은 '섬김'이다. 사람과 땅, 동물 모두가 땅의 흙으로 이루어진 존재다. 유일한 차이는 사람 안에 하나님의 숨, 생기가 들어왔다는 것밖에 없다. 그래서 사람은 땅을 정복하라 하여 자신의 유래가 되는 땅을 제 마음대로 지배하고 파헤칠 수 없다. 자기를 학대하는 것이 말이 안 되듯이, 땅을 학대하는 것은 자기

---

1   필리스 트리블, 『하나님과 성의 수사학』, 유연희 옮김(태초, 1996), 145.

학대에 해당하는, 말이 안 되는 짓이다.

하나님 나라와 생물 다양성: 시편 148편

노아 홍수 본문에서 주목할 또 한 가지는 하나님께서 방주에 "혈육 있는 모든 생물"(창 6:19), 모든 정결한 짐승과 부정한 짐승과 공중의 새(7:2-3)를 싣도록 명하셨다는 점이다. 노아의 방주는 사람만 존재하는 공간이 아니라 하나님이 지으신 모든 생물이 함께 존재하는 공간이다. 홍수라는 기후 현상이 끝난 후에 새로 시작하는 노아와 인류를 향한 하나님의 명령에서 동물을 먹을 것으로 허용하셨다는 점은 사실상 식용 목적이 아닌 도살을 금하신 것으로 이해할 수 있다(9:2-3). 특히 동물을 먹되 "그 생명 되는 피째 먹지 말 것"(9:4)을 명하시고 이어서 "사람의 피"에 대한 언급이 나온다는 점(9:5)은, 하나님의 형상인 사람과 더불어 동물의 생명의 주인이 하나님이심을 다시금 상기시키는 것으로 볼 수 있다.

그러므로 하나님 나라는 사람만의 나라가 아니라 동물을 비롯한 다른 생명들과 함께 존재하는 나라다. 하나님이 지으신 세상을 다스리라는 명령은 인간 멋대로 다른 생명을 지배하라는 것이 아니라 하나님이 하셨듯이 다른 생명들도 함께 살아갈 수 있도록 보존하고 지키라는 의미로 이해되어야 한다. 다른 생명, 가령 동물을 쉽게 죽인다면 하나님은 인간에게 그 생명의 피를 찾으실 것이고, 결국 인간도 죽게 될 것이다. 동물들이 죽으면 사람도 죽는다. 동물들이 다 없어지면 사람도 다 없어진다. 그래서 '생물 다양성의 보존'은 하나님 나라의 필수적이며 본질적인 부분을 이룬다.

생물 다양성 보존의 중요성을 보여 주는 본문으로 시편 148편을 들 수 있다. 1-4절에서 다루어지는 것은 하늘 영역에 속한 것들로 하나님의 모든 천사, 하늘의 모든 군대, 해와 달, 밝은 별, 하늘의 하늘, 하늘 위에 있는 물이다. 오늘 우리가 생각하기에 천사는 살아 있는 존재이고 태양은 물건 혹은 사물이라 여겨지기에 천사와 태양이 나란히 언급되는 것이 썩 납득되지 않는다. 또한 하늘의 하늘이나 하늘 위에 있는 물 역시 오늘날의 발전된 지구와 우주에 대한 지식과는 맞지 않는 표현이라 이해하기가 어렵다. 고대인들은 천사를 숭배하기도 하고 태양과 달, 별을 숭배하기도 했다. 그래서 모두 고대에 숭배하는 대상이라는 점에서 1-6절에 열거된 것들은 공통 특징을 지닌다. 그런데 148편은 이 모든 것들을 향해 하나님을 찬양하라고 선포한다. 태양과 달, 천사는 숭배의 대상이 아님을 명확하게 선언하는 것이면서 동시에 태양과 달, 하늘의 하늘을 그저 사물이나 생명 없는 어떤 것으로 여기지 않고 하나님을 찬양해야 하는 주체라고 148편은 선언한다. 5-6절에 따르면, 하늘의 영역에 속한 모든 것은 그저 사람을 위해 존재하는 것들이 아니라 그 자체로 하나님이 세우시고 영원토록 존재하도록 정해진 존재들이다. 그것들은 아무것도 아닌 것, 어쩌다 존재하는 것이 아니라, 하나님이 명령하셔서 존재하며 영원토록 존재하도록 정하신 존재라는 것이다.

그렇다면 하나님을 경외하는 사람들은 이것들을 그저 사물로만 다룰 수 없을 것이다. 그래서 148편은 사람 중심이 아님을 깨닫게 된다.

이 점은 후반부 7절 이하에서 더욱 두드러진다. 여기에서 하나님을 찬양하도록 불러내어지는 존재는 용, 바다, 불, 우박, 눈, 안개, 광풍, 산, 작은 산, 과수, 백향목, 짐승, 가축, 기는 것, 나는 새 등이다. 여기에 세상의 왕, 모든 백성, 고관, 땅의 모든 재판관, 총각, 처녀, 노인, 아이까지 불러내어진다. 8절에 있는 "바다"는 땅과 무관해 보이고, 우박이나, 눈, 안개, 광풍, 날아다니는 새 역시 그렇지만, 이 시는 이 모두를 '땅에서 여호와를 찬양해야 하는 존재'로 다룬다. 그래서 이 시는, 전반부 1-6절에서는 하늘에서 하나님을 찬양하는 존재들, 후반부 7-14절에서는 땅에서 하나님을 찬양하는 존재들을 다룬다.

11절 첫머리에 "세상"이라 옮겨진 단어는 7절에서 "땅"으로 번역된 것과 같은 단어이고, 같은 단어가 11절의 "땅의 모든 재판관들"이란 표현에도 들어 있다. 11절부터 사람에 대해 다루지만, 148편은 이 역시 '땅에서 찬양 드리는 주체'임을 분명히 하기 위해 11절에서 의도적으로 "땅"이라는 표현을 두 번이나 반복했을 것이다. 7절의 "땅"과 11절의 "땅"은 사람과 가축, 용과 바다가 모두 동등하게 하나님을 찬양하는 존재임을 분명히 한다. 여호와를 찬양함에 있어서 용과 같은 신화적인 존재나 땅에 기는 것과 새, 그리고 바다와 우박, 광풍, 작은 산, 나무, 짐승, 그리고 임금, 고관, 남자, 여자, 노인, 아이가 아무런 차별도 구분도 없다. 그 모든 존재가 동일하며 동등하게 하나님을 찬양하는 주체다. 그러므로 하늘과 태양과 용과 바다, 가축, 사람 사이에는 차이점보다 훨씬 더 큰 본질적인 공통점이 있다. 그것은 하나님께서 이 모든 존재를 지으셨다는 것, 즉 하나님이 지으신 피조물이라는 공통점이다. 피조물은 서로를 찬양하는 존재가 아니라 지으신 하나님을 찬양하는 존재다. 그러므로 사람이 다른 피조물을 떠받들고 숭배하는 것도 잘못이고, 다른 피조물을 제멋대로 지배하고 좌우하는 것도 잘못이다.

여기에 나오는 "용"('탄닌')은 창세기 1장 21절에서 "큰 바다 짐승들"로 옮겨졌고, "바다"('테홈')는 창세기 1장 2절에서 "깊음"으로 번역된 단어다. 그리고 동물을 짐승, 가축, 기는 것으로 구분하는 것을 창세기 1장 24-25절에서도 볼 수 있다(창 7:14에서도). 그러므로 **시편 148편은 창세기 1장에 기반한 시이며 노래, 찬양**이라 할 수 있다. 창세기 1장에서 하나님은 사람을 만드시고 하나님이 지으신 모든 피조물을 정복하고 다스리게 하셨다. 사람들은 그 내용을 보고 사람이 온 천지의 주인이요 영장이라 생각했고, 그래서 말 그대로 어디든 정복하고 어디든 개발했고 어디든 파헤쳤으며 어디든 도로를 건설했고 건물을 세웠다. 그런데 같은 창세기 1장을 두고, 고대 이스라엘의 어떤 시인은 시편 148편과 같은 내용을 고백했다. 창세기 1장에 근거해서 세상 모든 피조물, 사람이든 태양이든 용이든 산들이든 여호와 하나님을 찬양해야 하는 존재라고 깨달은 사람들이 있고, 같은 창세기 1장에 근거해 사람이 세상의 주인이라 여긴 사람들이 있다. 그리고 오늘 우리는 그렇게 세상의 주인이라 여긴 이들이 저지른 행태의 막바지 지점에 이르렀다.

그러므로 **우리에게 남겨진 것은 선택이다.** 정복하고 다스리라는 말씀이 지배하고 군림하며 우리 뜻대로 사용하라는 것이라 여기고 그런 삶의 길을 앞으로도 선택하는 것, 혹은 정복하고 다스리라는 말씀이 우리만이 아니라 그들 역시 하나님의 피조물임을 기억하고 함께 하나님을 찬양하는 주체임을 기억하며 모든 피조물과 함께 살아가는 삶의 길을 선택하는 것, 두 가지 길이 우리 앞에 있다.

1-6절과 7-14절, 두 부분으로 나뉜 148편의 틀을 생각하면, 5-6절과 13-14절은 서로 대응된다. 하나님은 온 세상 모든 피조물을 그 명령과 규례에 따라 영원히 존재하도록 세우셨고, 그 백성의 뿔을 높이셨다. **하나님의 행하심은 이스라엘만이 아니라 피조세계에도 해당된다.** 사람이 아닌 존재까지도 하나님의 행하심에 포함되고 하나님을 찬양할 존재라면, 사람 중에서 이스라엘이 아닌 자들도 당연히 포함될 것이다. 이 시의 마지막에 이스라엘에 대한 언급이 있지만, 하늘의 하늘, 바다, 용, 가축과 기는 것까지 여호와를 찬양할 존재라면, 당연히 사람 가운데 이스라엘이든 아니든 모두 하나님을 찬양할 존재라는 점은 명확하다. 그래서 땅의 왕들, 땅의 재판관들, 그리고 남녀노소가 언급되었을 것이다.

하나님의 나라는 앞서 본 대로 세상 모든 것을 창조하심 그리고 비굴한 이와 가난한 이를 회복하심이다. 그런데 시편 148

편은 온갖 피조물을 하나님을 찬양하는 주체로 불러낸다. 하나님의 다스리심과 148편의 또 다른 공통점으로 **다양성** 혹은 **다채로움**을 들 수 있다. 하나님이 다스리시는 세상은 한 가지 색이 압도하는 세상이 아니라 누구라도 살아갈 수 있는 세상이다. 강하고 힘 있는 자들만 살아가는 세상이 아니라 약하고 어려워도 안전하게 살아갈 수 있는 세상이다. 천사도 있고, 용도 있지만, 우박과 작은 산, 가축과 기는 것도 사는 세상이며, 왕과 고관, 재판관만이 살아가는 세상이 아니라 노인도 아이도 살아갈 수 있는 세상, 그야말로 다채로운 세상이다. 시편의 마지막인 150편은 여호와를 찬양하라는 명령을 148편과 같이 한다. 차이가 있다면 148편은 찬양의 주체를 여럿 불러내고, 150편은 찬양의 수단을 여럿 불러낸다는 점이다. 여섯 절로 이루어진 이 짧은 시 안에, 나팔, 비파, 수금, 소고, 춤, 현악, 퉁소, 큰 소리 나는 제금, 높은 소리 나는 제금 등 여러 찬양 수단이 언급된다. 이 여러 악기가 말하고 싶은 것은 148편과 마찬가지로 다채로움이다. 그래서 마지막 표현 "호흡이 있는 자마다"는 의미 깊다. **하나님이 불어넣으신 호흡이 있다면 누구라도 하나님을 찬양하라.** 호흡이 있는 자라면 그 어떤 구분이나 구별이 의미 없다. 그의 피부, 그의 민족, 그의 육체의 모양, 그 어떤 것도 기준이 되지 않는다. 이처럼 **하나님이 다스리는 나라의 본질적인 특징은 다채로움이다. 하나님을 찬양하는 이의 특징은 다채로움이다. 그래서 우리는 서로를 존중하고 하나님이 지으신 세상 전체를 존중한다.**

　시편 148편과 150편은 하나님을 찬양하는 다채로움을 표현한다. 특히 148편에서 온갖 피조물이 언급된다는 점을 고려할 때, **피조세계의 근본적인 원칙으로 '생물 다양성'을 말할 수 있다.** 오늘과 같은 시대에 생물 다양성은 더욱 중요한 개념이 되었다. 더 우월해 보이는 생물로 합쳐 버리는 것이 아니라, 더 나아 보이는 무엇으로 합쳐 버려 약한 것들은 사라지게 하는 것이 아니라 각 생물 다양성이 보존되도록 하는 것, 이것이야말로 시편 148편이 증언하는 바다.

시편 148편은 사람과 피조물을 구분하지 않고 함께 하나님을 찬양할 존재로 다룬다. 이 점은 생물 다양성에 대한 고려에도 해당된다. 기후 변화가 대단한 위기로 다가오지만, 모든 지역, 모든 땅이 똑같이 겪지는 않는다. 기후 변화로 똑같이 많은 비가 내려도 어떤 지역은 큰 타격을 받지 않는 곳이 있는가 하면, 사막화가 진전되고 땅이 메마르고 굳어진 몽골처럼 겨우 20분간 내린 비에도 홍수가 발생하는 곳도 있다. 원체 사막이 많고 척박한 지역이다 보니, 지구 기온 상승으로 인한 피해를 다른 온대 지역보다 훨씬 더 예민하고 민감하게 겪게 된다. 몽골의 경우 지난 20년 사이에 평균 기온이 2도 오르면서 호수가 1,166개, 강이 887개, 샘이 2,096개 사라졌고, 이런 변화와 더불어 십만 명이 넘는 사람들이 기후 난민이 되었다고 한다.[2] 도시 문명이 발달해서 기후 변화를 그리 심각하게 못 느끼는 곳이 있는가 하면,

---

2 오기출, 『한 그루 나무를 심으면 천 개의 복이 온다』(사우, 2017), 23-24, 58, 145.

몽골처럼 단번에 위태로운 지경에 처하는 곳도 있다. 이와 같은 지형이 있어 우리는 기후 위기가 얼마나 우리 가까이에 다가왔고 얼마나 위험한 일인지를 깨닫게 된다. 크게 문제가 없는 지역은 문제의 심각성을 잘 알지 못하고 제때에 제대로 된 대처를 못할 수 있다. 그러나 몽골처럼 취약한 곳의 상황을 보면서 우리는 기후 변화의 심각성을 발견하게 된다. 그러므로 기후 변화는 그에 취약한 지역을 통해 더 민감하게 발견하게 된다.

이 점은 사람의 경우에도 마찬가지다. 우리는 아무 문제 없는 세상을 사는 것 같다가도 세월호 참사와 이태원 참사를 보며 문제를 발견한다. 장애인들의 시위를 보며 우리 사회의 문제를 발견한다. 고난 당하고 어려움을 겪는 이들, 약자들의 존재를 통해 우리 사회 전체의 문제를 발견하게 된다는 것이다. 애굽에서 이스라엘의 존재는 밑바닥 하층민, 노예다. 그러나 그들에게 쉽지 않은 재앙이 밀어닥친다. 그들의 삶은 극히 괴로웠겠으나 이들로 인해 당대 애굽이 얼마나 악한 권력인지 드러나게 된다. 그러므로 약자들은 그 사회를 폭로한다. 마치 욥의 환난이 욥의 세 친구의 그럴싸한 신학의 한계를 폭로하듯이, 오늘날 성 소수자의 존재가 기독교 신학의 협소함을 폭로하듯이 말이다.

그래서 시편 148편이 사람과 피조세계를 동등하게 다루는 것을 다시금 납득하게 된다. 마치 약자들의 존재로 인해 우리 사회가 얼마나 병들고 이기적이며 심각한 상황인지를 깨닫게 되듯이, 기후 변화에 취약한 지역 덕분에 기후 위기의 위험성을 깨닫게 된다. 그러므로 **약자 감수성은 기후에도 해당된다. 취약한 지**

역을 중심으로 생각하는 기후 변화 감수성이 우리에게 필요하다. 하나님의 다스리심은 약자를 지키시고 회복하시는 것으로 드러나고, 하나님이 지으신 세상의 다채로움과 기후 위기 역시 기후 변화에 더 크게 어려움을 겪는 지역을 통해 드러나게 된다. 그래서 우리는 우리 주변에 머물지 않고 주변을 살피고 멀리 살펴야 한다. 장애인이 보이지 않으면 틀린 말을 하게 되고 성 소수자가 보이지 않으면 헛소리를 하게 된다. 그런 것처럼, 몽골과 같은 환경을 알지 못하면 기후 위기가 그저 남의 일이 되고 먼 나라 이야기가 된다. 그래서 우리는 내 삶에만 머물러 있지 않고 다른 사람을 만나야 하고, 한국 땅만 생각하지 않고 몽골과 같은 환경을 보고 참여해야 한다. 이것은 분리된 일이 아니라 하나의 일이다.

그러므로 **다채로움을 소중히 여기는 세상은 강자의 다채로움이 아닌 약자들이 자신의 색을 잃지 않고 존재할 수 있는 세상이다. 생물 다양성 역시 기후 변화에 취약한 지역에 초점을 둔 대응에서 비롯되는 다양성이다.** 첫머리에 보았듯이, 땅에 가득한 폭력으로 인해 온 세상을 홍수로 심판하신 하나님께서 홍수 이후에 주신 은혜의 회복을 상징하는 것이 무지개였다는 점은 우연이 아닐 것이다. 무지개는 다채로움의 상징이다. 하나님 스스로 무지개를 통해 그 다양성, 그 다채로움을 보존해야 함을 알리셨다. 그리고 요한계시록은 하늘에서 내려오는 새 하늘과 새 땅이 온갖 눈부신 보석으로 상징되는 다채로운 세상임을 보여 준다(계 21:10-21). 그래서 **성경의 첫머리인 홍수 이후의 세상과 성경의 마지막 요한계시록의 세상은 다채로움이라는 공통점을 지닌다.**

결론: 사람과 피조물이 함께 살아가는 세상을 위하여

자기 삶에 임한 극심한 재앙으로 인해 신음하며 탄식하는 욥에게 나타나신 하나님은 그가 겪는 재앙의 이유에 대해 설명하시지 않고 자신이 온 세상의 창조주 되심을 알리는 길다란 말씀을 전하신다(욥 38-41장). 눈, 우박, 홍수, 우레와 번개는 모두 야웨 하나님께서 주관하신다(욥 38:22-25). 이런 맥락에서 하나님은 비에 대해서 다음과 같이 언급하신다.

> 누가 사람 없는 땅에, 사람 없는 광야에 비를 내리며 황무하고 황폐한 토지를 흡족하게 하여 연한 풀이 돋아나게 하였느냐. (욥 38:26-27)

사람이 살지 않는 땅이지만 하나님은 그곳에도 비를 내리신다. 욥기의 구절은 하나님이 지으신 세상이 인간 중심의 세상이 아님을 명확히 보여 준다. 이 점은 예언자 이사야가 전하는 미래의 정의로운 평화 세상의 말씀에서도 드러난다(사 11:1-10). 야웨의 영이 임한 이가 가난한 자를 회복하고 악한 이들을 칠 때에 이리가 어린 양과 함께 뛰어놀게 된다(사 11:1-6). 이러한 평화 세상에서, 송아지와 어린 사자와 살진 짐승이 어린아이와 함께 살아가게 되고(사 11:6), 독사의 굴에 어린아이가 손을 넣어도 아무런 해를 입지 않게 된다(사 11:8). 이 세상에 존재하는 모든 피조물 사이에 "해 됨도 없고 상함도 없을 것"(사 11:9)이다. 이것은 사람 중심의 세상이 아니라 사람과 피조세계 전체가 서로 해치거나 상하게 하지 않고 평화롭게 살아가는 세상이다.

문제는, 우리 신앙은 모든 초점이 인간에게 있으며 그것도 협소한 의미의 구원에 있다는 점이다. 예수 믿고 구원받는 것의 내용이 죽음 이후의 내세에 모든 초점이 맞춰지면서 우리네 신앙 체계는 우리가 사는 세상이 다 파괴되어도 개의치 않는 괴물 같은 것이 되어 버렸다. 이러한 '괴물 같은 신앙'이 건재한 것은 우리에겐 저 하늘에 천국이 있으며 하나님이 우리를 그 새 하늘과 새 땅으로 이끄실 것이라 믿기 때문이다. 그래서 '내세 구원'에 집중하는 우리네 신앙은 기후 위기와 생태 위기에 무기력하며 무책임하게 되기 쉽다. 그러나 창세기 노아 홍수 본문은 폭력 때문에 땅이 썩어 버린 것으로 인하여 하나님이 사람을 썩게 하신다고 증언한다.

이 땅은 우리가 구원받아서 떠나야 할 땅이 아니라 하나님께서 사랑하셔서 그 아들 예수 그리스도를 보내신 세상이며, 아브라함과 다윗과 다니엘과 믿음의 조상들이 길고 긴 세월 동안 살아온 땅이며, 우리 후손들이 앞으로도 계속 살아가야 할 세상이다. 무엇보다도, 홍수 이후 하나님은 사람만이 아니라 방주에 탔던 모든 생물과도 언약을 맺으셨으니, 하나님의 세상은 인간 중심의 세상이 아니라 인간과 동물 세계가 함께 살아가야 하는 세상이다.

하나님께서 그가 창조하신 온 세상을 다스리신다는 고백은 '하나님 나라'와 '창조 신앙'을 연결시킨다. 우리는 그 나라의 백성으로 부름 받았고, 하나님의 명령을 따라 온 세상을 "다스리고 정복하도록" 부름 받았다. 하나님의 백성으로 그가 명하신 율법을 따라 하나님이 창조하신 땅에서 하나님과 함께 살아가는 삶, 그것이 구원이다. 그래서 '영혼 구원'이나 '개인 구원' 혹은 '사회 구원' 같은 표현은 복음의 본질과 아무런 상관이 없다. 오늘의 기후 위기는 우리 신앙이 어떤 것임을 명확히 보는 기회가 되기도 한다. 하나님께서 주시는 영광의 구원을 누리를 삶이 되길.

2장

기후 위기 시대의 회심

조천호 (대기과학자, 전 국립기상과학원 원장)

기후 위기는 지금 이대로 내달린다면 문명이 막다른 지점에 이른다는 묵시다. 그리스어 아포칼립시스(apokalypsis)에서 유래한 묵시는 '가려져 있던 것이 드러난 상태'를 뜻한다. 기후 위기는 가려져 있던 우리 문명의 진실을 대면하게 한다.

    인류는 화석연료에 기반하여 거대한 가속으로 성장해 왔지만, 그 같은 조건은 지속할 수 없다. 오늘날 문명은 기후 위기를 일으키도록 구축되었지 기후 위기에 대처하도록 설계되지 않았기 때문이다. 기후 위기는 자연 재난, 오염 먼지, 감염병, 금융 위기 같은 여러 위기 중 하나가 아니라 그런 모든 위기를 압도하는 문명 위기다. 지금 이대로 인류가 내달린다면 인류가 생존할 수 있는 지구의 여건이 우리의 욕망보다 먼저 고갈될 것이다. 그 결과 일어나는 기후 위기로 인해 문명이 무너지게 될 것이다. 그러므로 다메섹 도상에서의 바울의 회심처럼 우리는 지금껏 내달려 온 세상과 삶을 완전히 바꾸어야 멸망하지 않고 이 위기에서 벗어날 수 있다.

"아무도 멸망치 않고 다 회개에 이르기를 원하시느니라"(베드로후서 3장 9절).

기후 위기의 본질

인류 역사는 쉼 없는 역동성으로 발전해 왔다. 그 발전은 안정적으로 지속해 온 자연 조건에 의해 가능했다. 그 조건은 바로 1만 2천 년 전 시작된 지질 시대인 홀로세의 안정한 기후 조건이다. 홀로세(지질 시대 중 마지막 시대. 대빙하가 녹은 다음에 온 후빙하기 시대로 약 1만 3천 년 전부터 현재까지가 해당한다)는 현재 세계 인구 80억 명을 먹여 살리고 문명을 지탱해 줄 수 있는 유일한 기후 조건이다.

산업혁명 이후 인류는 본격적으로 화석연료를 에너지원으로 활용하기 시작했다. 억겁의 세월 동안 태양 에너지를 축적한 석유와 석탄과 가스, 즉 화석연료를 태우면 에너지가 다시 나온다. 이것은 그 이전 사회·경제의 발전을 저해해 왔던 수많은 제약을 없애 버렸다. 이에 따라 제2차 세계대전 이후 인류가 지구 환경에 미치는 영향력이 폭발적으로 커지는, 이른바 '거대한 가속'이 일어났다.

현재 세계 경제는 매년 약 3%씩 성장한다. 이렇게 23년이 지나면 경제 규모는 두 배가 된다. 이 모든 성장은 인간의 두뇌와 근육만으로 이루어질 수 없다. 성장은 그만큼 더 많은 자원과 에너지를 사용해야 하고, 그만큼 더 많은 온실가스와 오염 먼지를 내뿜고 쓰레기를 쌓아야 이룰 수 있다. 작은 규모에서는 두 배로 커져도 별 영향이 없다. 하지만 큰 규모의 경제가 두 배로 커지고 또 다시 얼마 안 있어 두 배로 커지는 기하급수적 성장을 하면 지구에는 극적인 변화가 일어날 수밖에 없다. 연못에 수련 잎 하나가 매일 두 배씩 생겨나 30일 뒤 연못이 수련 잎으로 가득 덮인다고 생각해 보자. 수련이 연못의 절반을 뒤덮을 때까지는 29일이 걸렸지만, 그다음 날에는 하루 만에 전체 연못을 뒤덮게 된다. 미리 제한하지 않으면 마지막 단계에서는 손을 쓸 시간이 없다. 성장이 빠를수록 한계에 부딪히는 시간도 그만큼 빠르고 그에 따른 부작용도 커진다.

지속해서 성장하는 경제는 지속해서 팽창하는 풍선과 같은 행성이 필요하다. 그러나 그런 행성은 풍선처럼 언젠가는 터져 버릴 위험을 안고 있다. 앞으로 기술 혁신에 힘입어 기후 위기를 극복하고 계속 성장할 수 있을 것이라 여긴다면 그것은 망상에 불과하다. 물질적으로 유한한 지구에서 인간의 무한한 욕망은 실현 불가능하기 때문이다.

"한 사람이 두 주인을 섬기지 못할 것이니 너희가 하나님과 재물을 겸하여 섬기지 못하느니라"(마태복음 6장 24절).

지구 온난화의 위험

지구가 태양으로부터 받은 에너지만큼 우주로 에너지가 빠져나간다. 그렇지 않으면 지구는 지글지글 끓게 될 것이다. 온실가스는 태양 에너지를 그대로 투과시키는 반면, 다시 우주로 빠져나가는 에너지를 가둔다. 이에 따라 기온이 상승하는데 이를 '온실효과'라고 한다. 자동차 유리가 태양 에너지를 그대로 투과시키는 반면, 들어온 에너지를 차 밖으로 빠져나가지 못하게 하여 차 안의 온도를 상승시키는 것과 같은 이치다.

인간이 증가시킨 온실가스는 1초마다 히로시마 원자폭탄 다섯 개와 같은 에너지를 우주로 못 빠져 나가게 한다. 1998년 이후 약 35억 개의 원자폭탄과 같은 양의 에너지를 지구에 가두고 있다. 인간이 온실가스 배출을 멈추지 않는 한 열이 끊임없이 축적되어 오늘 뜨거움에 더해져 내일 더 뜨거워질 것이다. 온실가스 중 80% 가까이가 이산화탄소다. 화석연료를 태우면 탄소 원자가 공기 중 산소 원자와 결합해 이산화탄소가 만들어진다. 산업혁명 이전의 공기 중에는 이산화탄소가 100만 개의 공기 분자 중 280개를 차지하고 있었는데 오늘날에는 415개까지 늘었다. 현재 매년 2.5개씩 늘어나고 있다. 온실가스는 매우 적은 양의 변화로도 지구 전체를 가열시키는 지구의 급소다.

자연에서도 스스로 기후 변화는 늘 있었다. 하지만 인간에 의한 기온 상승은 신생대(6,500만 년 전) 이후 자연적으로 가장 빠른 기온 상승보다 10배가량이나 빠르다. 더불어 지역에 따라

다른 지구 가열이 기존 기후 균형을 깨뜨린다. 결국 기후 시스템이 비정상적으로 불안정해져 극단적인 날씨가 자주 발생한다. 이처럼 인간에 의한 기후 변화는 크기보다 속도에 달려 있다.

기온 상승이 지구에 미치는 영향은 당뇨병이 우리 몸에 미치는 영향과 비슷하다. 당뇨병으로 혈당을 조절할 수 없게 되면 심장질환, 뇌졸중, 신부전, 실명과 같은 수많은 합병증이 발생한다. 기온 상승은 기후를 조절하는 시스템을 무너뜨려 기후가 변덕스럽고 가혹한 상태에 이르게 만든다. 지구 가열이 더 진행될수록 전 세계가 직면하게 될 극한 상황은 더 커질 것이다. 결국 마실 수 있는 물, 적절한 식량, 안락한 거주지가 더 불안정해진다. 그만큼 더 인류의 생존 기반이 무너지게 된다.

현재 지구의 평균 기온은 이미 산업화 이후 1.1도 상승한 상태다. 평균 기온 상승이 1.5도에 도달하는 해는 2030년대 전반으로 전망된다. 온실가스 배출량이 매우 많으면 2020년대 후반이 될 수도 있다. 향후 수십 년 동안 온실가스 배출량을 크게 줄이지 않는 한, 이번 세기 안에 지구 온난화 정도가 2도를 넘을 것이다. 지구 표면 온도가 1850~1900년보다 2.5도 이상 높았던 마지막 시기는 3백만 년 전이었다. 2도 이상의 지구 온난화는 인류에게 전례가 없는 기후 환경에 진입하게 된다는 것을 의미한다. 그러한 기후 환경에서 인류는 생존할는지 파멸할는지 모르는 불확실한 상황에 빠지게 되는 것이다.

지금까지 기후 변화는 지구 온난화 수준에 비례하여 점진적으로 나타났지만, 앞으로 기후 변화는 기온 상승에 따라 빠르고 심지어 비선형적으로 나타날 것이다. 이에 대해 안토니우 구테흐스 유엔 사무총장은 제27차 유엔기후변화협약총회(COP27)에서 "인류는 기후 지옥으로 가는 고속도로에서 가속 페달을 밟고 있다"고 표현했다.

지구 평균 기온 상승은 자동차 속도가 제한 속도를 넘어설수록 위험 발생이 급격히 커지는 것과 마찬가지다. 시속 50km로 달리다가 10km를 더 가속해 60km로 달릴 때 그 10km 가속으로 인한 위험을 인지하기란 어렵다. 마찬가지로 기온 상승이 0.5도에서 0.1도 더 상승한다 해도 그 0.1도 상승으로 인한 위험을 인지하기란 어렵다. 하지만 시속 100km를 넘으면 10km를 더 가속할 때마다 그 위험이 더 뚜렷해진다. 시속 150km, 200km와 300km는 각각 기온 상승 1.5도, 2도, 3도인 경우라고 여길 수 있다. 시속 150km를 넘으면 위험이 급격히 커진다. 시속 200km를 넘으면 위험을 각오해야 하고, 시속 300km를 넘으면 살 수 있을 확률이 거의 없다. 지구 평균 기온이 3도 이상 올라가게 된다면 우리는 문명 붕괴를 걱정해야 하는 상황에 치달았다고 봐야 한다. 지금부터는 0.1도 더 상승할 때마다 기후 위험이 뚜렷하게 드러날 것이다.

기온 상승이 1.51도에 도달한다고 지구 종말이 일어나지는 않을 것이다. 마찬가지로 기온 상승이 1.49도에 머무른다고 해서 기후 위기가 없음을 의미하지는 않는다. 기온 상승이 1.5도 또는 2도를 넘어서면, 바로 낭떠러지 아래로 떨어진다기보다는 지뢰밭으로 점차 깊이 들어가는 것과 같다. 그러므로 1.4도에서 막으면 1.5도보다 안전하다. 1.6도로 제한하면 1.7도나 1.8도 보다 낫고 2도보다 훨씬 낫다. 0.1도라도 그 상승을 막을 때마다 추가 위험을 피할 수 있다. 이는 1.5도라는 고속도로 출구를 놓쳤다고 해도 그곳에서 빠져나올 수 있는 것과 마찬가지다. 1.6도 출구가 있고 이것을 놓치면 1.7도 출구가 있다. 출구를 놓칠수록 목표 지점을 더 돌아가게 되어 더 힘들지만, 여전히 고속도로에서 빠져나올 기회는 있다. 미래는 여전히 우리 손에 달려 있으며 우리는 여전히 최악의 상황을 피할 수 있다.

하지만 기온 상승이 계속되어도 기회가 여전히 있다는 것은 아니다. 소돔과 고모라는 처음에 의인 50명에서 시작하여 마지막으로 의인 10명만 있어도 멸망에서 벗어날 수 있었지만, 그 의인 10명을 찾지 못해 멸망에 이르렀다고 성서는 우리에게 경고한다. 기후 위기에도 임계점이 있다.

"이번만 더 말씀하리이다. 거기서 십 인을 찾으시면 어찌 하시려나이까. 가라사대 내가 십 인을 인하여도 멸하지 아니하리라" (창세기 18장 32절).

티핑 포인트

지구는 무한한 수용력을 가지고 있어 온실가스 충격에도 잘 굴러가는 것처럼 보일 수 있다. 그러나 기후 위기가 임계 수준을 넘게 되면 어느 순간에 전체 균형이 깨져 버리는 소위 '티핑 포인트'가 일어난다. 젖은 도로에서 표면 온도가 영상 1도에서 영하 1도로 변하는 순간, 약간 미끄럽던 도로가 순식간에 치명적인 도로로 바뀌는 것과 마찬가지다.

기후계는 대기, 바다, 빙하, 육지 간 상호작용이 매우 민감하게 일어난다. 구성 요소 하나의 작은 변화만으로도 다른 구성 요소에서 연쇄 변화를 일으킬 수 있고 되먹임(feedback)을 일으킨다. 되먹임은 변화에 대해 제동기나 가속기 역할을 한다. 음(negative)의 되먹임은 변화를 줄이려는 회복력으로 작용하는 반면, 양(positive)의 되먹임은 변화를 증폭한다.

되먹임으로 인해 인간이 배출한 온실가스가 지구 온난화를 결정하는 유일한 요인은 아니다. 양의 되먹임은 원인이 변화를 일으키고 그 변화가 다시 원인을 키워 더 큰 변화를 일으켜 기후를 근본적으로 불안정하게 만든다. 이렇게 되면 단순히 이산화탄소 농도가 늘어난 만큼 기온이 상승하지 않는다. 인간이 배출한 온실가스가 지구 온난화를 결정하는 유일한 요인은 아니다. 이산화탄소를 배출하지 않는다고 해도 지구 온난화를 결코 멈출 수 없는 티핑 포인트가 일어나는 것이다. 마이크를 스피커에 가까이 두면 자기 증폭적으로 소리가 커져 마침내 귀를 찢는 듯한 굉음이 나는 것과 같은 이치다.

기후 시스템의 주요 구성 요소 중 티핑 포인트를 일으킬 수 있는 것을 '티핑 요소'라고 한다. 2021년 IPCC(Intergovernmental Panel on Climate Change, 기후 변화에 관한 정부 간 협의체) 6차 평가 보고서(AR6)에서는 대표적인 티핑 요소로 빙하 붕괴, 북대서양 자오선 역전순환(AMOC), 영구 동토층과 열대 우림 훼손을 들었다. 이 외에도 수많은 티핑 요소가 지뢰처럼 여기저기에 숨어 있다.

티팅 요소 간에는 양의 되먹임 고리로 연결되어 있다. 도미노처럼 티핑 연쇄반응(tipping cascade)을 일으킬 수 있다. 예를 들어, 북극 지역의 기온이 지구 평균 기온보다 두세 배 더 빠르게 오르는 북극 진폭으로 인해 그린란드 빙상과 북극 빙하가 점점 더 빨리 녹는다. 이는 대서양 자오면 해양 순환(AMOC)의 속도를 늦추어 전 세계에 연결된 해류를 통해 전 세계 기후에 영향을 미친다. AMOC의 변화로 유럽의 계절 날씨가 극단적으로 바뀔 수도 있고 서부 아프리카 몬순이 불안정해져 아프리카의 사헬 지역에서 가뭄이 발생할 수 있으며 동아시아 몬순이 불안정해져 농업에 피해를 줄 수 있고 아마존 열대 우림에서 잦아지는 가뭄이 일어난다. 갈수록 심각해지는 산불은 이산화탄소 대량 방출을 일으켜 이는 다시 지구 온난화를 강화한다.

IPCC는 2001년 3차 평가 보고서에서 티핑 포인트를 처음 본격적으로 다루었다. 그 당시 티핑 포인트는 기온 상승이 5도를 넘는 경우에 일어날 것으로 전망했다. 이후 2018년 IPCC '지구 온난화 1.5도' 특별 보고서에서는 1~2도의 지구 온난화에서도 티핑 포인트가 발생할 수 있다고 보았다. 2021년 AR6에서 다음 세기까지 티핑 포인트가 일어날 증거는 아직 없지만 그 가능성은 배제할 수 없다고 했다. 티핑 포인트가 불확실하기는 하지만 지금 당장 오늘 일어날 수도 있고 바로 이곳에서 일어날 수도 있다는 것이다. 이처럼 IPCC 평가 보고서가 새로 나올 때마다 더 낮은 기온 상승으로도 티핑 포인트가 일어날 가능성이 높아진다고 분석했다.

기후 위기의 원인과 결과 사이의 인과관계가 단선적으로 비례하지는 않는다. 그러므로 티핑 포인트에 도달했다는 것은 '일이 일어난 다음'에야 분명해진다. 이런 시차가 존재하기 때문에 우리는 경고 신호를 너무 늦게 알아차리기 십상이고, 그런 만큼 적시에 대응하기가 쉽지 않다.

"**깨어 있어라. 너희가 그 날과 그 시간을 모르기 때문이다**"(마태복음 25장 13절).

탄소 중립

2018년 인천에서 열린 IPCC 24차 총회에서 기온 상승 1.5도가 위험하다는 결론을 내리고 이를 막으려면 2050년에는 탄소 중립(carbon neutral)에 도달해야 한다는 특별 보고서를 채택했다. 탄소 중립은 탄소 배출을 전혀 하지 않는 '배출 제로'와 다르다. 탄소 중립은 인간이 탄소를 배출한 만큼 인위적으로 탄소를 제거해 순(net) 배출량을 0으로 만든다는 개념이다. 이 경우 배출된 탄소는 삼림 복구 혹은 탄소 포집 등을 통해 흡수해야 한다.

인간 활동으로 배출되는 이산화탄소가 1,000기가톤(GtCO2) 증가할 때마다 지구 평균 기온은 약 0.45도 상승한다. 즉 기온 상승은 지금까지 얼마나 온실가스가 대기 중에 누적되었느냐에 따라 결정된다. 기온 상승을 막고자 할 경우, 지구 온난화 억제 목표까지 인류에게 허용된 누적 탄소 배출량을 '탄소 예산'(carbon budget)이라 한다. 이는 기온 상승으로 인한 파국을 저지하기 위한 마지노선이다. 탄소 예산은 기후 파국을 일으킬 기온 상승이 얼마인지에 따라서 달라진다. 더 높은 기온 상승을 허용할수록 탄소 예산은 커진다. 산업혁명 이전을 기준으로 탄소 예산을 표현할 때는 총 탄소 예산(total carbon budget)이라 하며, 현 시점을 기준으로 할 때는 잔여 탄소 예산(remaining carbon budget)이라 한다.

2021년 IPCC 6차 평가보고서에서 기온 상승을 1.5도로 막을 확률이 50%인 경우(1.5도 〉50%), 총 탄소 예산은 약 2,900기가톤이다. 1850년부터 2019년까지 누적 순 이산화탄소 배출량은 2,400기가톤으로 이는 총 탄소 예산의 약 5분의 4에 해당한다. 이때 잔여 탄소 예산은 500기가톤이다. 2019년 순 탄소 배출량이 약 50기가톤이므로 이 수준으로 배출하면 2020~2030년 동안 순 누적 배출량만으로도 1.5도(50%)에 대한 잔여 탄소 예산을 소진하게 된다.

지구 온난화 2도(〉66%)인 경우 총 탄소 예산은 약 3,550기가톤이며 1850년부터 2019년까지 누적 순 이산화탄소 배출량은 총 탄소 예산의 약 3분의 2에 해당한다. 이때 잔여 탄소 예산은 1,150기가톤이다. 83%의 확률로 지구 온난화 2도를 막으려면 잔여 탄소 예산이 900기가톤이고, 50%의 확률에서는 잔여 탄소 예산이 1,350기가톤이다.

지구 온난화를 막을 수 있는 확률은 100%가 아니다. 100%

로 기온 상승 1.5도를 막는다고 했을 때 남아 있는 이산화탄소량은 이미 전혀 없기 때문이다. 1.5도뿐만 아니라 2도인 경우에도 마찬가지다. 만약 기온 상승 2도를 90% 이상의 확률로 막으려면 지금 당장 모든 탄소 배출을 중단해야 한다. 사실, 확률 66%도 안심할 수 있는 수준은 아니다. 비행기를 타고 가는데 안전할 확률이 66%라면 누가 그 비행기에 타겠는가? 잔여 탄소 예산이 남아 있다고 해도 어디까지나 확률적이지 절대적으로 안전한 것은 아니다. 이미 위험을 완벽하게 막는다는 것은 불가능하다. 탄소 배출량도 빠르게 줄이고 운도 좀 따라 줘야 지금보다 더 악화된 상태에서 멈출 수 있는 여지가 남아 있다는 게 현재 기후 현실이다.

주요 에너지 기업들은 우리가 사용할 수 있는 것보다 더 많은 화석연료가 이미 어디에 저장되어 있다는 것을 알고 있다. 그러나 땅속에 묻혀 있는 대부분의 화석연료는 그곳에 그대로 놔둬야 한다. 즉 탄소 예산은 지구가 보유한 화석연료의 탄소 총량보다 훨씬 적다. 풍부한 음식을 옆에 두고 스스로 배고픔을 참을 수 있을까? 기후 위기 대응은 인류가 스스로 욕망을 제어할 수 있는가의 문제이기도 하다.

"온갖 탐욕을 멀리하여라. 재산이 차고 넘치더라도, 사람의 생명은 거기에 달려 있지 않다"(누가복음 12장 15절).

우리나라의 에너지 전환

우리나라는 정권이 바뀔 때마다 기후 위기 대응 정책이 오락가락한다. 에너지 전환은 기후 위기를 막기 위한 사회윤리적 책무의 영역만이 아니다. 세계 시장에서 살아남을 것인지 도태할 것인지 결정하는 열쇠이기도 하다. 지금대로라면 우리나라는 기후 위기보다 경제 위기가 먼저 찾아올 가능성이 크다. 병든 지구에서 이윤 추구는 가능하지 않기 때문이다.

우리나라는 10여 년 전부터 기후 위기 대응을 외쳐 댔지만 실제 행동은 그 반대였다. 2007년 이후 이산화탄소 배출량이 OECD 회원국 평균은 8% 감소한 데 반해 우리나라는 25% 가까이 증가했다. 우리나라는 2009년 처음 온실가스 감축 목표를 수립한 이후 지금까지 이를 달성하지 못하고 있다. 2009년 약 6톤이었던 배출량은 최근 약 7억 톤으로 증가했다.

우리나라는 정권마다 기후 대응 정책이 번복되기만 했다. 2009년 이명박 정부는 온실가스 배출을 줄이면서 경제를 성장시키는 '저탄소 녹색성장'의 길로 나아가겠다고 선언했다. 저감 정책을 시행하지 않는 경우 예상되는 배출량(BAU)을 2020년까지 30% 줄이는 목표를 세웠다. 그러나 이명박-박근혜 정부 시절 온실가스 배출량은 줄어들기는커녕 오히려 증가했다. 결국 2016년 박근혜 정부는 목표 달성이 어려워 보이자, 달성 연도를 2020년에서 2030년으로 바꾸었다. 2021년 문재인 정부는 2018년 배출량을 기준으로 2030년까지 40%를 줄이는 '2030 국가 온실가스 감축목표'(NDC) 방안을 확정했다.

윤석열 정부는 부문별하게 감축 목표를 재조정했다. 2030년까지 가장 배출량이 많은 산업 부문에서 감축해야 할 온실가스를 지난 정부가 정한 14.5%보다 3.1% 부담을 줄였다. 원전 비중은 기존 목표였던 23.9%에서 8.9% 높였고 재생 에너지 비중은 기존 목표였던 30.2%에서 8.7% 감소시켰다. 이를 위해 노후 원전의 가동을 지속하고 2036년까지 총 6기의 원전을 건설한다는 계획이다. 이미 주류 시장에서 성장이 멈췄고 앞으로도 성장 가능성이 적은 핵 발전은 늘리고 아직 실용화되지 않아 성공 여부가 불확실한 수소와 탄소 포집·저장·활용(CCSU)에서 온실가스 감축 비중을 높였다. 그리고 아직 제대로 된 국제 기준도 없고 다른 나라와 협의를 해야 하는 해외 감축을 늘렸다. 당장 현실적인 해법인 '에너지 효율 개선'과 '재생 에너지 확대'가 있음에도 불구하고, 해외 감축이나 탄소 포집·저장, 원전에 집중하겠다는 것이다. 이는 기후 위기가 가져올 충격과 국제 사회의 변화를 정부가 제대로 감지하지 못하고 있음을 의미한다.

이뿐만이 아니다. 온실가스 배출량을 윤석열 정부 임기가 끝나는 2027년까지 매년 1.99% 줄이고, 2028~2030년 동안 연평균 9.29% 감축하겠다고 밝혔다. 이번 정부가 책임져야 할 부분을 다음 정권에 넘기겠다는 것이다. 이러한 비판에 대해 탄소중립녹색성장위원회는 "국제 기구에서도 탄소 중립에 기여하는 기술이 현실적으로 발휘되는 시점을 2030년 전후로 본다"면서 "2030년 전후로 감축 효과가 나타날 것으로 보는 것으로 다음 정부에 떠넘기려는 것이 아니다"라고 말했다. 하지만 IPCC가 제시한 온실가스 배출량 경로는 초반에는 많이 줄이고 시간이 지날수록 조금씩 줄이는 것이다. 초반에는 현재 기술로도 온실가스를 줄일 수 있는 부분이 크고 과잉으로 쓰는 화석연료가 많아 줄이는 것이 수월하지만, 시간이 지날수록 필수 불가결하게 쓸 수밖에 없는 양을 줄여야 하기 때문이다.

2023년 『네이처』지에 실린 연구에 따르면, 태양광은 더 이상 정책 지원 없이도 전 세계 전기 시장을 지배하는 티핑 포인트에 진입했다고 밝혔다. 태양광 발전이 전 세계적으로 지배적인 에너지 기술이 될 것으로 전망했다. 지난 10년간 태양광 발전소의 비용은 눈에 띄게 감소하여 2010년부터 2022년까지 89% 하락했다. 낮과 밤 그리고 날씨에 따라 달리 공급되는 태양 에너지 균형을 맞추는 데 필수적인 배터리 가격도 2008년부터 2022년 사이에 같은 폭으로 하락했다.

이 연구에서 2023년 기준으로 우리나라, 우크라이나, 러시아는 핵발전 평균 균등화 발전 비용(LCOE)이 다른 전력에 비해 가장 싼 나라였다. 반면 이 세 나라를 제외한 전 세계 모든 나라는 태양광이나 풍력이 가장 싼 전력이었다. 2027년이 되면 우리나라도 태양광이 가장 싼 전력이 될 것으로 전망했다.

태양광 LCOE는 2020년부터 2050년까지 60%나 감소할 것으로 예상된다. 이렇게 되면 2030년에는 전 세계 대부분 지역에서 에너지 저장 장치와 결합한 태양광 에너지가 가장 저렴한 전기 생산 선택이 될 것으로 예상된다. 이는 EU, 미국, 인도, 중국,

일본, 브라질 등 6개 지역에서 신규 석탄 화력 발전소를 건설하는 것보다 50% 저렴할 것으로 전망된다.

윤석열 정부의 에너지 대책의 기본 방침은 "해 본 것을 더 하고 안 해 본 것은 덜 하여 실현 가능성을 높인다"는 것이다. 즉 핵 발전은 더 하고 재생 에너지는 덜 하여 기후 위기 대응을 실현하려고 한다. 지금까지 제대로 안 해 본 재생 에너지를 제대로 해 봐야 기술도 역량도 키울 수 있다. 더군다나 재생 에너지는 지정학적 요인보다는 기술 수준에 의해서 경쟁력이 결정된다. 기술 강국 대한민국이 잘할 수 있는 분야다. 우리나라는 유엔 IPCC가 가장 비용 효율적 수단이라고 평가한 재생 에너지는 홀대하면서 더 비싸고 오랜 시간이 걸리는 핵 발전 확대에만 목매고 있다. 태양광과 풍력을 각종 규제로 얽어매거나 지원책을 축소하고 있다. 이미 다른 나라에 비해 크게 뒤처진 재생 에너지 역량 격차를 더 키우게 될 것이다.

인류는 에너지 전환이 이루어질 때마다 새로운 도약을 해 왔다. 선진국은 산업혁명 이후 지금까지 화석연료를 기반으로 전 세계를 지배했고, 앞으로 재생 에너지를 토대로 계속해서 지배력을 유지하려 한다. 미래 산업 경쟁력은 재생 에너지 경쟁력에 달려 있기 때문이다. 선진국들은 앞선 기술력으로 이른바 '사다리 걷어차기'를 하려고 한다. 우리나라가 세계 재생 에너지 시장에서 걷어차이는 상황에 몰리게 되었다.

우리나라에서 재생 에너지로는 자연 조건의 한계로 인해 전력 수요를 감당하지 못할 것이라는 주장이 너무도 거세다. 태양광 발전은 위도가 낮을수록 유리하다. 우리나라는 독일보다 위도가 무려 15도나 낮다. 독일에 비한다면 우리나라는 태양광을 하기에 천국인 나라다. 풍력의 경우, 북유럽처럼 풍부하지는 않지만 적다고는 볼 수 없다. 보존해야 하는 농지와 산지가 아니어도 건물, 도로와 철도 주변, 주차장, 댐, 저수지와 대륙붕 등 태양광과 풍력 발전을 할 곳이 우리 국토에 널려 있다.

한국의 재생 에너지 발전 잠재력은 태양광에만 국한하더라도 시장성이 있는 잠재 발전량이 약 321기가와트(GW)로 알려졌다. 이는 2030년에 예상되는 총발전량 320기가와트와 같은 수치다. 이는 대략 서울시 면적의 두 배 정도 크기 전체에 태양광판을 설치하면 달성할 수 있다. 골프장이 서울시만큼의 면적을 차지하는 나라에서 재생 에너지 할 곳이 없다고 탓할 수만은 없다.

지금으로부터 30년 전인 1990년만 해도 독일의 재생 에너지 비중은 1%에 불과했다. 그랬던 나라가 30여 년 만에 재생 에너지 발전 비중이 50%에 육박하고 있다. 핵 발전은 2023년에 퇴출당했고, 석탄 발전은 2030년까지 퇴출할 계획이다. 2030년 재생 에너지 전력 비중 목표를 65%에서 80%로 상향하고 2035년 100%를 목표로 하고 있다.

재생 에너지 시설은 초기 투자 비용 외에는 추가로 들어가는 비용이 거의 없다. 설비 비용의 회수 연도는 핵과 석탄 발전이 10년 이상인 반면 재생 에너지는 10년 미만이다. 지금 독일 아이들은 이번 세기 중반 이후 환경친화적인 공짜 전력을 기반으로 그들의 세상을 만들어 가게 될 것이다. 반면 우리나라는 석탄 발전소와 핵 발전소를 늘리려 하고 있다. 지금 우리나라 아이들은 석탄과 핵 연료봉의 비용을 지불해야 하고 그 결과로 미세먼지와 핵 폐기물을 안고 살아가야 한다. 이는 지금 우리나라의 기성 세대가 얼마나 근시안적이고 이기적인지를 보여 준다.

재생 에너지로의 전환은 트렌드를 넘어 패러다임의 변화다. 이 패러다임의 변화에 제대로 올라타지 못하면 재앙을 맞이하게 된다. 전환 시대에 기존 틀로는 아무리 좋은 전략도 필패다. 현실이 모든 것을 지배하는 세계는 새 세상으로 나아갈 수 없다. 우리나라의 가장 큰 위기는 정책 결정자가 에너지 전환 시대에 그 흐름을 제대로 인식하지 못하는 데 있다. 재생 에너지의 미래 전망에 대해서는 눈감고 난제와 한계에만 사로잡혀 있기 때문이다. 해결 방법이 없는 것도 아닌데 이러고 있을 이유가 없다.

다른 나라들에서 이미 달성하고 있는 일을 우리라고 왜 못하겠는가? 물론 재생 에너지 전환에는 해결해야 할 난제들이 있다. 하지만 OECD 국가 중 재생 에너지 꼴찌 수준인 우리나라가 현실 때문에 에너지 전환을 늦출 수밖에 없다는 것이 오히려 비현실적이다. 새로운 에너지 시대의 태양이 떠오르고 있다. 지금이 바로 이를 받아들여야 할 때이다.

"너와 너 자손이 살려거든 생명을 택하라"(신명기 30장 19절).

기후 정의

기후 위기를 일으킨 건 인류 전체가 아니다. 기후 위기는 이미 전 세계 자원의 대부분을 통제하고 있는 사람들의 소비 과잉이 낳은 재앙이며, 거의 아무것도 가진 게 없는 사람들이 그 재앙의 처참한 희생물이 되고 있다. 그러므로 어떻게 기후 위기에서 벗어날 수 있는가는 어떻게 정의롭지 않은 세상을 극복할 수 있는가와 함께 다루어야 할 문제다.

기후 위기는 누가, 언제, 어디서 온실가스를 배출했는지에 상관없이 그 피해가 전혀 다른 계층, 지역, 세대에 닥칠 수 있다. 전 세계 온실가스의 약 80%는 우리나라를 포함한 주요 20개국인 G20이 배출하지만, 전체 기후 피해의 약 75%는 가난한 나라에서 발생한다. 한편 기후 위기는 국가 안에서도 소득 수준이 낮거나 건강 상태가 좋지 않거나 주거 환경이 불량한 사람에게 더 큰 고통을 준다. 우리나라에서도 극한 날씨는 가난하고 힘없는 사람을 더 가혹하게 공격한다. 홍수가 발생하면 반지하에 사는 사람들이 침수 피해를 볼 가능성이 더 크고, 폭염이 일어나면 야외 노동자들과 쪽방에 사는 노인들이 더 고통을 받는다.

기후 위기는 각 계층에 끼치는 영향이 다를 뿐만 아니라 이에 대응할 수 있는 수단과 방법도 계층별로 크게 차이가 난다. 기후 위기로 타격을 입었을 때 소득과 자산의 손실 비율은 가난한 사람이 부유한 사람보다 훨씬 크다. 부유한 사람은 기후 위기를 피해 갈 수 있지만, 가난한 사람은 피할 수 없기에 속수무책으로 당할 수밖에 없고 이 때문에 가난에서 벗어나지 못하는 빈곤의 덫에 갇히게 된다. 따라서 재난 이전에 이미 고통을 겪던 사람들은 재난의 와중에도, 재난이 지나간 뒤에도 훨씬 더 극심한 고통을 짊어진다.

　온실가스는 미세먼지나 감염병처럼 한때 출현했다가 원래 상태로 되돌아가는 것이 아니다. 대기 중에 배출된 온실가스는 종류에 따라 수십 년에서 수천 년 동안 공기 중에 남아 누적되어 미래 세대에 넘어간다. 우리 세대가 잘살기 위해 배출한 온실가스는 다음 세대에 계속 남아 기후 변화를 일으킨다. 다음 세대는 우리 세대가 배출한 온실가스로 인해 편익은 없이 피해만을 감당해야 한다. 우리 세대가 배출한 온실가스는 지금 우리보다 우리 자녀와 손주들의 삶에 훨씬 더 큰 영향을 미칠 것이다.

　우리가 기후 위기에 대응하지 않는다면, 우리는 지속 가능한 지구를 물려받아 망쳐 버린 세대가 될 것이다. 우리 아이들은 우리 어른들이 만들어 놓은 기후 위기로 모진 시련을 겪어야 할 것이다. 마지막에는 이것도 한계에 부딪혀 파국에 도달할 가능성이 크다. 우리가 위대한 업적을 달성했더라도 그것이 다음 세대의 삶을 외면한 결과라면, 그 업적은 비난받게 될 것이다. 우리는 살아 있는 지구 또는 죽어 가는 지구 중 어느 것을 다음 세대에 물려줄 것인가 하는 갈림길에 서 있다. 지금 우리가 어떤 선택을 하느냐가 다음 세대의 삶의 질을 결정할 것이다. 사라질 운명이지만 나 이후에도 누군가 계속 살아가야 한다. 이를 위해 최선을 다하는 것이 유한한 우리 존재의 운명이지 않은가?

　기후 위기는 정의롭지 않은 세상에서 일어나는 것이기에 정의로운 세상을 만들어야 기후 위기에서 벗어날 수 있다. 오늘날 지구는 전 세계 인구를 부양할 능력이 없는 것이 아니라 불평등에 기반한 부유한 소수의 과잉된 욕망을 감당할 능력이 없는 것이다. 우리는 유일한 행성인 지구를 공유하지만, 기후 위기는 우리를 더욱더 나누고 차별을 심화시킨다. 자연의 독점은 반드시 인간의 불평등으로 나타난다. 사회 밑바닥에 있는 모든 부와 자원을 흡수해서 꼭대기로 끌어 올리는 불평등 시스템은 자연과 사회까지 함께 붕괴로 몰아갈 최적의 조건이다. 결국 소수의 무한한 욕망을 충족시키기 위해 내달리는 이 문명은 기후 위기로 더는 지속할 수 없게 되었다. 그러므로 기후 위기 대응은 공정성과 정의에 초점을 맞춰야 한다.

"오직 정의를 물 같이, 공의를 마르지 않는 강 같이 흐르게 할지어다"(아모스 5장 24절).

더 나은 세상을 향한 회심

기후 위기보다 인류에게 강력한 제한을 가하는 지배적인 조건은 없다. 자연은 물리적·객관적 세계이므로 자연 그 자체로는 무의미할 수 있다. 그러나 그 무의미가 이제껏 인간이 만들어 온 그 어떤 의미보다 더욱 강력하게 인간 세상을 지배한다. 예컨대 우리가 10미터 높이에서 낙하한다고 가정해 보자. 너무 위험하다고 중력 가속도를 절반으로 줄일 순 없다. 자연은 타협의 대상이 아니며 타협의 대상이 될 수도 없다. 앞으로 기후 위기가 모든 것을 바꾸어 놓는 지배적인 조건이 될 것이다.

기후 위기가 파멸이 아니라 더 나은 세상을 향한 기회가 될 수 있다. 온실가스 배출량을 줄일수록 공기와 물이 더 깨끗해진다. 대기질 개선 효과만으로도 전 세계적으로 수백만 명의 생명을 구할 수 있다. 토지를 더 현명하게 사용하면 기후 위기를 막고 생물 다양성을 보존할 수 있다. 기후 위기는 저소득층, 어린이, 노인에게 가장 큰 영향을 미치므로 기후 행동은 불평등과 불공정의 유산을 바로잡을 수 있는 기회가 될 수 있다. 우리 공동체의 가치가 돈이나 지위가 아닌 공감, 공유, 자존감, 자연 친화, 자녀를 위한 더 나은 세상, 건강한 음식 등으로 이루어지게 될 것이다.

위험에 빠졌을 때 나를 살아남게 할 최선의 기회는 바로 눈앞에 있는 사람이다. 우리 공동체는 돌봄과 베풂의 손길들이 모아져야 지속될 수 있다. 그것만이 우리 모두가 잘 살아갈 수 있는 유일한 방법이기 때문이다. 우리가 공동체에 헌신하고 서로 연결되는 방식으로 싸워야 하는 이유는 모두가 함께 좋은 세상에서 살고 싶기 때문이다. 기후 위기 시대의 희망은 가지는 것이 아니라 함께 만드는 것에 있다. 다행히 기후 위기를 해결하기 위해 노력하는 사람들은 혼자가 아니다.

우리는 기후 위기라는 깊은 어둠 속으로 들어가고 있으므로 우리를 인도하는 빛도 그 안에서 나와야 한다. 세상의 종말과 새 세상이 동시에 가능한 시대에 우리는 살고 있다. 지구를 파괴할 존재는 우리뿐이다. 지구를 구할 존재도 우리뿐이다. 이제 모든 것은 우리에게 달렸다. 성서에서 멸망 예언은 그것을 실현하기 위해 주어진 것이 아니라 사람들로 회심을 통해 구원을 이루게 하는 것이 그 목적이다. 이것은 최후의 기회이자 최선의 기회이므로 우리는 할 수 있는 한 모든 일을 해야 한다.

"내가 너희를 두고 계획하고 있는 일들은 재앙이 아니라 번영으로서, 너희에게 미래에 대한 희망을 주는 것이다. 나 주의 말이다"(예레미야 29장 11절).

3장

—

기후 재난과 법, 기독교와 십계명

이병주(변호사, 평신도신앙실천운동 대표, 청소년기후소송 대리인)

기후 변화의 영향은 누구도 피해 갈 수 없다. 전 세계적 차원으로 산업화가 본격화된 1870년대 이후로 지구 표면 평균 온도가 이미 1도 이상 상승한 상태여서, 이대로 방치할 경우 지구의 온도는 1.5도, 2도를 넘어 3도 이상 상승하여 결국 미래 세대 청소년이 온전히 살아갈 수 있는 지구의 환경과 인생의 기회를 다 박탈하고 말 것이라는 점에 대해서는 전 세계의 기후학자들과 정부들이 모두 동의하고 있는 상황이다.

심지어 "1.5도 또는 현저하게 2도보다 낮은 수준"을 지구 온도 상승 제한의 목표로 제시한 파리협약에 따라 세계 각국이 보고한 국가별 온실가스 감축목표(국가 결정 기여. Nationally Determined Contribution: NDC)를 다 합해 보더라도 향후 지구 온도가 2.9도까지 상승하는 것을 막을 수 없다는 게 대한민국 정부도 인정하고 있는 유엔환경계획의 평가다. 따라서 이대로는 파리협약 목표의 달성조차 불가능한 상황이므로 무언가 국가 헌법기관들의 추가적인 행동이 반드시 필요한 상황이다.

이에 "우리에게는 더 이상 미래가 없을지도 모른다"는 위기의식을 느낀 대한민국 청소년들이 모인 청소년기후행동은 5년 전인 2020년 3월 13일 헌법재판소에 '저탄소녹색성장기본법'이 위헌임을 주장하는 청소년기후소송 헌법 소원을 제기했다. 정부가 마련한 온실가스 감축 목표와 법 제도가 기후 위기의 파국을 막을 수 없어, 헌법상 기본권을 침해한다는 이유에서다.

청소년기후소송 헌법 소원 제기의 경위와 전망 및 결과

필자를 포함하여 청소년기후행동의 의뢰를 받은 변호인단은 2019년 여름부터 소송 준비를 시작해 2020년 3월 헌법재판소에 헌법 소원을 제기했다. 2010년에 제정된 저탄소녹색성장기본법에 대한 위헌 사유로는 (1) 정부가 2020년 온실가스 감축 목표에 대한 이행 없이 이를 폐지한 점 (2) 저탄소녹색성장기본법이 2030년 온실가스 감축 목표를 법률로 정하지 않고 정부에 백지위임한 점 (3) 2030년 온실가스 감축 목표를 지구 온도 제한 목표를 달성할 수 없는 미흡한 수준으로 정한 점이 제기되었다.

청소년기후소송 대리인단에서는 기후 위기의 문제를 법률과 재판의 용어로 번역하여 치환하는 일에 고민이 많았다. 청소년기후소송의 법적 형식으로 민사 소송, 행정 소송 등 어떤 소송 절차를 택할 것인지를 다 연구해 본 후 가장 좋은 법적 방법으로 헌법재판소에 헌법 소원을 제기하기로 했다. 2010년 제정된 저탄소녹색성장기본법이 정부에 온실가스 감축 목표의 결정을 위임하면서 법률에서 그 위임의 구체적 범위나 기준을 정하지 않은 것은 절차법적으로 헌법 제75조의 '포괄위임금지원칙'을 확실하게 위반한 것이라는 점도 발견했다. 이것은 법률이 온실가스 감축 목표와 관련해서 정부에 그냥 백지수표를 준 것과 마찬가지였다. 이는 대한민국 정부가 2010년 시행령으로 2020년 감축 목표 5.43억 톤를 정해 놓았으나 그 감축 목표를 전혀 이행하지도 않고 오히려 온실가스 배출량을 크게 증가시킨 상태에서 2016년에 시행령을 변경하여 2020년 감축 목표 자체를 스리슬쩍 없애 버리는 지극히 무책임하고 위헌적인 공권력 행사를 낳았다.

2020년 청소년기후소송 헌법 소원을 제기한 후 4년 넘어 헌법재판소의 판결을 기다렸지만, 오히려 우리는 이 소송의 결과에 대해 낙관적인 전망을 가지게 되었다. 소송 제기 후 몇 년 동안 기후 소송과 관련하여 긍정적인 변화가 많이 있었기 때문이다.

5년 전인 2020년 우리가 기후 소송을 시작할 때의 심판 대상 법률이던 2010년 제정 '저탄소녹색성장기본법'에서는 '탄소를 줄여야 한다'는 '저'(低)탄소의 방향은 제시되었지만 그 목표의 지점은 다소 애매했다. 그런데 2021년 9월 '기후 위기 대응을 위한 탄소 중립·녹색성장 기본법'(약칭, 탄소중립기본법)이 제정된 지금은 탄소를 줄이자는 '**저탄소**' 정도가 아니라 탄소 순배출량을 아예 0으로 만들어야 한다는 '**탄소 중립**'의 목표에 우리나라뿐 아니라 전 세계가 동의하고 있다. 심지어 주요 국제 금융 기관들의 기업 평가 기준에 탄소 배출 산업 참여 여부가 들어간 상태다. 세계 1위 자산 운용사인 블랙록은 기업들에 온실가스 감축 목표와 전략을 요구하고 있고, 석탄 산업 비중이 25%가 넘는 기업은 투자 포트폴리오에서 제외하기로 했다. 이후 전 세계 주요 기업들도 앞다퉈 탄소 중립(온실가스 배출량을 줄이고 배출한 양만큼 산림 등을 통해 온실가스를 흡수함으로써 지구 대기에 대한 온실가스 실질 배출량을 '0'으로 만드는 상태)을 지지하고 나섰다. 급기야 2020년 11월에는 우리나라의 한국전력과 6개 발전 회사들까지도 2050년까지 석탄 발전을 전면 중단하겠다는 탈석탄 선언을 내놓기에 이르렀다.

해외의 기후 소송 승소 소식도 이어졌다. 2019년 네덜란드 대법원에서 세계 최초로 기후 소송의 승소 확정 판결이 나왔고, **뒤이어 2021년 3월 독일 연방헌법재판소에서는 독일 연방기후보호법의 온실가스 감축 목표 관련 법률 규정이 미래 세대의 기본권을 침해하여 일부 위헌이라고 하는 역사적인 '사법적 기후 선언'을 하기에 이르렀다.**

독일 연방헌법재판소는 법률에 '2031~2049년 기간에 대한 온실가스 감축 목표가 없는 것'은 위헌이고, '2030년 온실가스 감축 목표'에 대해서는 위헌이라고 단정할 수 없다고 하여 일부 위헌, 일부 합헌 판결을 하였다. 그 후 독일 연방의회는 헌법재판소의 위헌 결정에 따른 독일 연방기후보호법의 개정 과정에서 독일의 2040년 온실가스 감축 목표를 1990년 배출량 대비 88% 감축으로 규정하고, 5년 앞당겨 2045년에 탄소 중립을 조기 달성할 것을 규정하면서 동시에 2030년 감축 목표까지도 1990년 대비 55%에서 65%로 강화함으로써, 독일 연방헌법재판소의 '일부 위헌' 결정이 '전부 위헌' 결정의 효과를 갖도록 만들어 냈다. 독일 연방헌법재판소 위헌 결정의 영향은 최근(2024년 4월 9일) 유럽 인권재판소가 스위스 노인 단체의 청구에 대하여 스위스 정부의 온실가스 감축 노력이 부족하다고 판단하는 승소 판결로까지 그 흐름이 계속 이어졌다.

독일 연방헌법재판소 위헌 결정 등 해외 기후 소송의 판결 결과는 사법기관이 국회와 정부 뒤에 숨지 않고 기후 문제를 적극적으로 풀어내기 시작했다는 데 큰 의의가 있다. 주기적인 선거에 영향을 받을 수밖에 없는 정치적 기관인 국회나 정부는 중장기적 과제인 기후 문제를 다루는 데 한계가 있다. 이처럼 기후 위기 대응을 위한 정치의 기능이 제대로 작동하지 못할 때는 오히려 사법이 그 역할을 하여 국민과 청소년을 살릴 수 있다. 우리 소송 대리인단은 네덜란드, 독일 등 기후 소송 사건 대리인들과도 주장을 공유하고 서로 조언을 주고받고 있다. 전 세계가 기후 소송을 통해서 미래 세대에 '미래'를 주기 위해 함께 힘을 모은 것이다.

우리나라에서도 변화가 있었다. 2021년 9월 대한민국 국회와 정부는 2010년 제정된 '저탄소녹색성장기본법'을 폐지하고,

'탄소중립기본법'을 제정, 시행했다.

하지만 여전히 탄소 중립으로 가는 길은 멀다. 탄소중립기본법에 규정된 2030년 온실가스 감축 목표로는 기후 위기의 방지와 세대 간에 평등한 미래 세대의 기본권 보호가 불가능하고, 더구나 2031년 이후 2049년까지 시기의 온실가스 감축 목표에 대해서는 아무런 규정이 없으며, 온실가스 감축 목표의 집행을 보장하는 규정도 없다. 이에 우리 청소년기후소송 헌법 소원은 2022년 2월 탄소중립기본법에 대한 추가 헌법 소원을 제기했다. 2020년 전에 제기한 기존의 헌법 소원은 그대로 유지한 채 탄소중립기본법의 위헌을 구하는 청구 취지와 청구 이유를 추가하는 형식이다. 여기에 기후위기비상행동과 녹색당이 함께 제기한 '시민기후소송'과, 영유아 및 어린이들이 제기한 '아기기후소송'도 함께 제기하여, 대한민국의 기후 소송은 청소년과 시민, 아기와 어린이 등 모든 세대의 국민과 미래 세대가 함께 힘을 모은 모범적인 모습을 만들어 냈다.

전 세계에 독립 기관으로 있는 50여 개의 헌법재판소 중에서는 독일의 연방헌법재판소와 대한민국의 헌법재판소가 가장 영향력 있고 선도적인 양대 헌법재판소로 인정받고 있다. 특히 아시아에서는 누구나 대한민국 헌법재판소를 가장 활발하고 적극적인 헌법재판소라고 평가하고 있다.

2021년 독일 연방헌법재판소의 위헌 결정은 "정부가 국민의 기본권을 과잉 침해한 것은 맞지만, 국가의 기본권 보호 의무를 위배했다고 단정하기는 어렵다"고 판시해서 헌법 이론상 다소의 아쉬움이 있었다. 그런데 대한민국의 헌법 소원에서는 후발 주자의 이점을 반영하여 헌법 이론적으로 '기본권 과잉 침해'(대한민국헌법 제37조 제2항)뿐만 아니라 '국가의 기본권 보호 의무 위배'(대한민국헌법 제10조 제2문)도 위헌 사유로 인정하는 더 발전된 결과가 나올 수 있기를 기대했다. 헌법 위반 사유에는 크게 두 가지가 있다. '기본권 침해 금지'는 국가가 국민의 자유와 권리를 침해하지 말라는 전통적 헌법 이론, 곧 '국가로부터의 자유'(freedom from the state)를 의미하고, '국가의 기본권 보호 의무'는 국가가 국민의 기본권을 적극적으로 보호해야 한다는 현대적 헌법 이론, 곧 '국가에 대한 권리'(right to the state)를 의미한다. 우리 대리인단은 21세기 기후 위기 대응에 관한 헌법 이론으로서는 전통적 '기본권 침해' 이론보다 '국가의 기본권 보호 의무 위배' 이론이 더 적절하다고 주장했다.

이 책을 공동 집필하고 있던 2024년 봄, 대한민국 기후 소송에 대한 헌법재판소의 공개 변론이 개최되어 4월 23일의 1차 공개 변론과 5월 21일의 2차 공개 변론이 치열하게 진행되었다. 그리고 2024년 8월 27일 마침내 대한민국 헌법재판소에서 탄소중립기본법 제8조 제1항에 대한 헌법 불합치 결정(위헌 결정)이 내려졌다. ('헌법 불합치 결정'은 '위헌 결정'의 한 종류인데 '단순 위헌 결정'은 판결 즉시 해당 법률을 무효로 만드는 문제가 있으므로, 국회에 대해서 일정 시기까지 위헌으로 판단된 법률 조항을 개정하라고 명령하는 변형된 위헌 결정으로, 헌법재판소의 위헌 결정은 대부분 헌법 불합치 결정이라는 이름으로 내려진다.) 우리나라의 위헌 결정은 독일의 위헌 결정과 마찬가지로 탄소중립기본법에서 2031~2049년까지의 기간에 대한 온실가스 감축 목표가 없는 것이 위헌이고, 2030년 온실가스 감축 목표에 대해서는 위헌이라고 판단하기 어렵다고 하는 일부 위헌 결정이 나와서 상당한 아쉬움도 있었으나, 아시아에서는 최초로 기후 소송의 승소 판결이 내려졌다는 점, 그리고 대한민국 헌법재판에서는 처음으로 '기후 위기 대응에 관한 국가의 헌법적 기본권 보호 의무가 존재한다'는 것이 명시적으로 인정되었다는 점에서 국제적으로나 국내적으로나 매우 소중한 기후 소송 승소 판결이라는 평가를 받고 있다.

탄소중립기본법의 위헌성: 미래 세대의 자유권 침해 및 국가의 기본권 보호 의무 위배

탄소중립기본법의 위헌성에 대한 청구 취지

청소년기후소송 헌법 소원의 청구인들은 2020년 3월 13일 제기한 저탄소녹색성장기본법에 대한 헌법 소원을 유지하면서, 2021년 9월 제정된 탄소중립기본법 제8조 등의 위헌 결정을 구하는 청구 취지 및 청구 이유를 다음과 같이 추가했다. 그리고 2021년 제기된 시민기후소송과 2022년 제기된 아기기후소송 및 2023년 제기된 '2030년 탄소중립기본계획'에 대한 헌법 소원의 청구 취지까지 포함하면, 우리나라 기후 소송 헌법 소원의 핵심적 청구 취지는 다음의 세 가지 위헌 주장으로 요약될 수 있다.

(1) 탄소중립기본법 제8조에 탄소중립기본법 시행령 제3조

제1항으로 규정된 대한민국의 '2030년 국가 온실가스 감축목표'(2018년 배출량 대비 40% 감축)는 파리협약의 지구 온도 목표 1.5도를 달성하기에 현저히 부족한 목표로서, 국민과 미래 세대에 대한 국가의 기본권 보호 의무를 다하지 못하고 미래 세대의 기본권을 전반적으로 침해하는 것으로서 위헌이다.

(2) 탄소중립기본법이 2031~2049년 기간에 대한 국가 온실가스 감축목표를 법률로 정하지 않은 것은 국가가 미래 세대 국민에 대한 기본권 보호 의무를 위반한 것으로 위헌이다.

(3) 2030년까지의 온실가스 감축 목표를 실행하기 위해서 정부가 공표한 '탄소중립기본계획'(약칭, '탄기본')은 기준년도인 2018년의 온실가스 배출량은 '총배출량'으로 하고 목표 연도인 2030년의 온실가스 배출량은 '순배출량'(총배출량-산림 등 흡수량)으로 하는 이중 기준을 적용하여 실제 감축 비율을 법률이 정한 40%가 아닌 30% 수준으로 약화시키는 기만적인 계획이므로 위헌이다.

2030년 온실가스 감축 목표의 위헌성

(1) '전 세계 탄소 예산'과 대한민국의 '국가별 탄소 예산': 미래 세대의 기본권 침해. 세계 195개국 650여 명 대표단의 만장일치 승인을 통해 최종 확정된 '기후 변화에 관한 정부 간 협의체'(Intergovernmental Panel on Climate Change: IPCC) 6차 보고서의 '정책 결정자를 위한 요약본'에 의하면, 달성 가능성 50% 수준에서 지구 평균 온도 상승을 1.5도 이내로 제한하기 위해 전 인

류가 2020년 이후 대기에 배출할 수 있는 전 세계 탄소 배출량의 한도, 즉 '전 세계 탄소 예산'(global carbon budget)은 5천억 이산화탄소톤밖에 남지 않았다. 이는 2020년 이후 인류가 5천억 톤 이상의 탄소를 지구 대기에 배출하면 지구 평균 온도가 1.5도 이상으로 상승하게 되고 임박한 기후 위기의 파국을 막을 수 없다는 것으로, 이 탄소 예산의 개념은 기후 위기 대응에 있어서 매우 중요한 기준이 된다.

문제는 전 세계 탄소 예산 이상의 탄소 배출을 막기 위해서는 모든 나라가 자기 나라 몫의 탄소(국가별 탄소 예산) 이상을 대기에 배출해서는 안 된다는 점이다. 각 나라가 서로 다른 나라의 핑계를 대고 자기의 책임을 다하지 않으면 기후 파국을 막는 것은 도저히 불가능한 일이기 때문이다. 탄소 예산의 국가별 분배 기준으로는 모든 인류에게 동등한 1인당 배출량을 부여하는 '인구비례기준'(per capita)과 국가별 현재 배출량을 기준으로 향후의 탄소 예산을 부여하는 '현재배출량기준'(grandfathering) 등이 있다. 현재배출량기준은 현재 많이 배출하는 나라에 더 많은 배출량을 부여하는 것으로 불공평한 기준이라고 비판받고 있으며, 인구비례기준이 현실적으로 가장 공평하고 합리적인 기준으로 평가받고 있는데, 독일의 위헌 결정은 바로 이 인구비례기준에 따라 계산한 독일의 국가 탄소 예산이 2030년 이후 2~3년 내에 조기 소진되는 점을 독일 온실가스 감축 목표의 핵심적 위헌 사유로 판결했다. 인구비례기준에 따라 전 세계 탄소 예산 5천억 톤을 대한민국의 인구 비율 0.67%에 따라 배정하면 대한민국의 국가 탄소 예산은 약 33억 5천만 톤 정도로 계산된다.

(2) 파리협약 지구 온도 목표의 달성 불가능으로 인한 기후 위기 대응 실패의 명백성: 국가의 기본권 보호 의무 위배. 헌법재판소의 기후 소송 1차 변론 기일인 2024년 4월 23일, 헌법재판관들과 정부측 참고인 간의 문답 과정에서도 "현재 대한민국을 포함한 세계 각국의 국가 온실가스 감축목표(NDC)들을 다 지키더라도, 파리협약의 지구 온도 목표 1.5도를 달성하는 것은 불가능하고 지구 온도 2.9도 이상의 초과 상승을 막을 수 없다"는 명제가 청구인들과 대한민국 정부 간에 다툼 없는, 기후 소송의 명백한 사실로 확인되었다.

결국 현재 대한민국의 온실가스 감축 목표에 의하면, 청소년, 아동 및 성년 시민들을 포함하여 대한민국의 국민과 미래 세대 모두는 앞으로 지구 온도가 2.9도 이상으로 초과 상승하여 발생하는 모든 기후 위기의 파국을 직접 몸으로 감당하면서, 청구인들의 정상적인 생명권과 환경권과 인간다운 생활을 할 권리를 모두 보호받을 수 없다는 명백한 전망 아래 모든 인생의 앞날이 놓여 있는 것이다.

기후 소송 공개 변론 과정에서 정부는 '대한민국이 파리협약에 따른 온실가스 감축목표를 제출한 것만으로 국민의 환경권과 생명권에 대한 헌법적 보호를 다한 것'처럼 주장하고 있으나, 이러한 정부측 주장은 비유적으로 높이 1미터의 둑 위로 3미터 높이의 해일이 닥칠 것이 유엔 환경계획의 평가에 의해서나 정부의 평가에 의해서나 명백하게 전망되고 있는 상황에서, 대한민국 정부가 진심 없이 적당히 둑 위에 모래 부대를 몇 개를 던져 쌓는 정도로 다가올 비극적 파국을 구경하며 '나는 둑 옆에서 내 할 일을 다했다'라고 변명하고 있는 것과 아무 차이가 없는 것으로 매우 무책임한 태도다.

헌법재판에서 국가의 기본권 보호 의무의 심사 기준인 '과소보호금지원칙', 즉 적절하고 효율적인 최소한의 보호 조치가 존재하는지 여부에 있어서, 현재의 기후 위기 파국과 관련하여 대한민국을 포함한 전 세계의 국가 온실가스 감축목표들로는 파리협약의 지구 온도 목표 달성이 불가능하다는 점이 명백한 것으로 전망되고 있으므로, 현재의 온실가스 감축 목표는 기후 위기로부터 국민의 기본권을 보호하기에 적절하고 효율적인 최소한의 보호 조치에 해당하지 못함이 분명한 상황이 아닐 수 없다.

(3) 평등권 침해. 대한민국의 2030년 온실가스 감축 목표는 또한 대한민국 헌법 제11조의 평등권을 침해한 위헌의 법률 규정이기도 하다. 아래 그림과 같이 대한민국의 탄소 예산을 공간적으로 나누어 지역 A에만 거의 대부분 배정하고 다른 지역 B에는 거의 배정하지 않는다면 그 지역적 평등권 침해가 분명하게 인정될 수 있듯이, 대한민국 탄소 예산을 시간적으로 나누어 2020~2030년의 시간 A에만 거의 전부 배정하고 2031~2050년의 시간 B에는 거의 배정하지 않는다면, 이 또한 동일한 맥락에서 헌법적 평등권의 침해가 아닐 수 없다.

2031년 이후 온실가스 감축 목표의 부존재:
미래 세대의 기본권 보호 의무 위반

탄소중립기본법은 2050년까지 탄소 중립을 달성한다고 하면서도, 2030년 온실가스 감축 목표만 규정하고 2031~2049년의 감축 목표는 전혀 규정하지 않음으로써, 탄소 중립의 실질적인 실현에 관한 규정을 미비하고 2031년 이후 미래 세대에 대한 국가의 기본권 보호 의무를 위반한 위헌의 법률에 해당한다. 이 점은 독일 연방헌법재판소의 위헌 결정과 달리 대한민국의 헌법재판소에서는 '국가의 기본권 보호 의무 위반'을 이유로 독일의 경우보다 진일보한 위헌 결정을 내릴 수 있는 매우 유력한 근거가 된다.

탄소중립기본계획의 위헌성: 기만적인 배출량 계산

탄소중립기본계획은 2018년의 배출량은 산림 등 온실가스 흡수량을 전적으로 배제한 '총배출량'으로 산정하고, 2030년의 배출량을 아직 실현 가능성조차 분명치 않은 모든 온실가스 흡수량을 총동원한 '순배출량'(총배출량-흡수량)으로 계산함으로써, '총배출량/총배출량 기준'으로는 2018년 대비 29.6% 감축, '순배출량/순배출량 기준'으로는 2018년 대비 36.4%에 불과한 감축 목표를 정함으로써, 탄소중립기본법 및 시행령이 정한 온실가스 감축 목표 40%보다도 훨씬 부족한 감축 목표치를 만들어 내고 있다. 이것은 초등학교 수준의 산수로도 인정받을 수 없는 기만적인 계산 방법으로, 결국 기후 위기 대응과 온실가스 감축에 관해서 정부가 헌법적 진심을 전혀 가지고 있지 않다는 헌법 위반적 태도를 보여 주고 있다.

헌법적 소송을 통한 기후 위기 대응의 의미: 이길 수 있는 소송, 이겨야 하는 소송

필자는 사실 4~5년 전까지만 해도 기후나 환경 문제에 대해서 적극적인 관심이 없었던 사람이다. 기후 위기가 있다는 사실을 부정하지는 않았지만, 기후 문제 대응에 직접적으로 참여할 길을 찾지 못했고, 솔직히 말해서 그럴 의지도 강하지 않았다. 오랫동안 생업으로 일반 소송을 하는 비즈니스 변호사로 살아오면서 공익적 활동에 참여하는 공익적 감수성이 매우 약해지기도 했고, 환경 변호사로 헌신한 주변 친구들이 환경 소송을 하면서 고생하는 모습을 보며 '아, 저 일은 너무 힘든데!'라는 느낌으로 감히 기후나 환경 소송 쪽으로는 접근할 의지도 없었던 게 사실이다.

그런데 2019년 여름부터 가까운 선배 변호사의 권유로 청소년기후소송단(현 '청소년기후행동')이 주최하는 토론회와 심포지움에 몇 차례 참여하면서 이런 필자의 태도가 서서히 바뀌기 시작했다. 처음에는 청소년기후소송에 참여하자는 선배들의 권유에 역시 '소송이 잘 구성되지 않는 캠페인적 소송을 시작하면 재판부로부터도 무시를 당하고, 그 일을 담당하는 변호사의 인생은 비참하게 되는데'라는 두려움으로 계속 엉덩이를 뒤로 빼고 있었지만 "우리에게도 미래를 달라! 지금의 어른 세대는 우리 청소년 세대가 앞으로 살아갈 기회를 빼앗지 말라!"는 고등학생 청소년들의 절절한 호소를 들으면서 그것을 나의 아들이 아빠인 내게 직접 호소하는 외침으로 듣게 되었다.

"아, 청소년들이 제기하는 기후 소송은 말이 될 수 있겠구나. 어른들이 제기하는 소송이라면 일반적인 관행처럼 법원의 소극적인 태도로 쉽게 무시될 수도 있겠지만, 자녀 세대가 부모 세대에 대해 우리의 앞날을 빼앗지 말아 달라고 외치는 소송은 그 스토리 자체로서 상당한 호소력을 가질 수 있겠구나!"라고 나의 마음을 바꿔 먹게 되었다.

그리하여 2019년 하반기부터 청소년기후소송 대리인단에 적극적으로 참여했고, 20여 년 동안 소송 변호사로서 일반 기업과 개인 사건들로 밤새워 일하면서 습득한 모든 소송 전략과 전술 및 노하우를 총동원하여 2020년 3월 13일 헌법재판소에 제출하는 청소년기후소송 헌법 소원 심판 청구서를 작성했고, 2022년 2월 16일에는 개정된 탄소중립기본법에 대한 헌법 소원 청구 취지 추가 신청서를 제출하는 등, 이제 5년 넘어 청소년기후소송을 책임지는 변호사로서 기후 위기 대응 운동에 참여하고 있다.

청소년기후소송을 제기하고 진행하면서 필자가 깨닫고 노력한 것은 이 소송은 의외로 **"이겨야 하는 소송일 뿐만 아니라, 이길 수 있는 소송"**이었다는 점이다.

2019년 말 네델란드에서 '긴급한 의제'(Urgent Ageda)라는 말의 약자인 우르헨다(Urgenda) 재단이 제기한 기후 소송에 대해서 네덜란드 대법원이 '네덜란드 정부는 더 적극적으로 온실가스 감축 목표를 설정하는 노력을 해야 한다'는 승소 확정 판결을 내린 것으로 전 세계 기후 소송의 승리가 시작되었다. 이어서 2021년 3월에는 우리나라와 헌법 체계 및 헌법 이론이 가장 비슷하며 한국 헌법재판소와 함께 전 세계의 양대 헌법재판소로 인정되고 있는 독일의 연방헌법재판소에서 '**독일의 연방기후보호법이 정하고 있는 2030년 온실가스 감축 목표는 2030년 이후 미래 세대에게 남겨지는 탄소 예산을 그 이전에 대부분 소진하게 만드는 내용으로서 미래 세대의 전반적 자유권을 사전에 미리 침해하는 헌법 위반 규정으로 무효**'라는 기후 판결, 역사적으로 획기적인 '사법적 기후 선언'이 내려지기에 이르렀다. 이제 전 세계의 기후 소송은 패소 사건보다 승소 사건이 더 많아지는 상황이다. 물결의 흐름이 크게 바뀌고 있는 것이다. 그래서 필자를 비롯하여 한국의 기후 소송 헌법 소원 대리인단은 독일에서와 마찬가지로, 아시아에서 가장 활발한 대한민국의 헌법재판소에서도 탄소중립기본법에 대한 위헌 결정이 내려질 것으로 기대했다.

대한민국 헌법재판소 위헌 결정의 내용과 의미: 2024년 8월 29일

2024년 2월 드디어 헌법재판소에서 변호인단과 255명의 청구인들에게 헌법재판소가 4월과 5월 두 차례의 공개 변론을 열겠다는 연락이 왔다. 오랫동안 기다려 왔던 공개 변론이었다. 헌법재판소 대법정에서 9명의 헌법재판관들을 앞에 두고, 전 국민에게 변론 동영상이 제공되는 공개 변론이 오후 2시부터 7시까지 5시간 동안 두 차례에 걸쳐 치열하게 진행되었다.

2024년 8월 29일 마침내 대한민국의 헌법재판소는 대한민국의 기후 소송 헌법 소원에 대한 위헌 결정(헌법 불합치 결정)을 선고했다. 선고된 헌법 불합치 결정의 주문은 "기후 위기 대응을 위한 탄소중립녹색성장기본법(2021. 9. 24. 법률 제18469호로 제정된 것) 제8조 제1항은 헌법에 합치되지 아니한다"는 것이었다.

마침내 아시아 최초로 기후 소송의 승소 판결이 내려진 것이다. 이 위헌 판결은 (1) '위험 상황으로서의 기후 위기'를 헌법적 사실로 인정했고, (2) '기후 위기 대응을 위한 국가의 기본권 보호 의무'를 처음으로 인정했으며, (3) 대한민국의 탄소중립기본법이 '2030년의 온실가스 감축 목표만 규정하고 2031년 이후 2049년까지의 미래 기간에 대한 온실가스 감축 목표를 법률에 명시하지 않은 것'이 위헌이라고 판결했다. 그리고 헌법재판소는 2026년 2월 말까지 국회가 탄소중립기본법의 위헌 법률 조항을 개정하라고 명령했다.

이 판결이 우리나라의 2030년 온실가스 감축 목표가 위헌이라고 선언하지 않은 것은 조금 아쉬운 내용이다. 그러나 2030년 온실가스 감축 목표는 독일에서 있었던 모범적인 선례처럼, 2026년 2월 말까지 대한민국 국회가 탄소중립기본법 제8조 제1항을 개정하는 과정에서 2031~2049년까지의 온실가스 감축 목표를 새로 정하는 것과 함께 2030년 감축 목표까지도 더 강화하여 개선하는 방법이 있다. 그러니까 너무 실망하고 좌절할 일은 아니다. 이것은 헌법재판소의 위헌 판결이 다 해결하지 않고 우리에게 남겨 준 숙제인 셈이다. 헌법재판소에서 위헌 결정이 내려진 부분은 탄소중립기본법의 '개정'으로 헌법재판소에서 합헌 결정이 내려진 부분은 탄소중립기본법의 '개선'으로 해결할 수 있다.

2015년 세계 최초로 네덜란드의 지방법원에서 정부의 온실가스 감축 목표를 강화하라는 우르헨다 사건 기후 소송의 승소 판결이 있었다. 이 판결은 2019년 말에 네덜란드 대법원에서 승소 판결로 확정되었다. 2021년에는 독일의 연방헌법재판소에서 우리나라의 기후 소송 위헌 결정과 비슷한 내용의 기후 소송 위헌 결정이 있었다. 유럽과 달리 미국에서는 청소년들이 연방법원에 제기한 줄리아나(Juliana) 사건 기후 소송이 패소했다.

그러나 아시아의 대한민국에서 2020년 3월 청소년들이 쏘아올린 청소년기후소송 헌법 소송은 시민소송과 아기소송의 힘을 더 모아서 당당한 승리를 거두었다. 전 세계적으로도 아시아 최초로 내려진 대한민국 기후 소송 승소 판결이 앞으로 아시아와 유럽과 전 세계의 많은 기후 소송에 큰 힘이 될 것이라고 기뻐하고 있다. 헌법 재판을 많이 경험한 한국의 헌법학자들은 이번의 위헌 판결이 헌법 재판의 관점에서는 '기적적인 판결'이라고 평가하기도 한다. 비록 완전하지는 못하지만, 대한민국 기후 소송의 승리는 앞으로 기후 위기의 극복에 상당한 힘이 될 것이다.

필자가 청소년기후소송을 진행하기 위해 자료를 공부하고

서면을 쓰면서 느낀 또 하나의 중요한 내용은, 기후 위기의 임박성과 그에 대한 대응의 미흡성에도 불구하고 기후 위기 대응 운동이 지금까지 이루어 낸 성과와 전진은 결코 무시할 수 없는 괄목할 만한 것이며 그 자체로서도 사실 기적적인 면이 있다는 점이다.

첫째, 21세기 이후 이제는 기후 위기의 존재 자체를 부정하는 사람이 거의 없어졌다.

둘째, 기후 위기에 관한 기후과학계의 연구 내용이 전 세계의 거의 모든 정부에 받아들여져 '기후 변화에 관한 정부 간 협의체'(IPCC)의 정부 간에 공인된 보고서가 6차례 발간되었고, 2015년에는 파리협약이 체결되었으며, 대한민국 정부도 이 IPCC 및 파리협약에 참가하여 기후 위기의 존재 및 그 대응 필요성 자체에 대해서는 결코 부정을 할 수 없는 입장에 있다.

셋째, 2010년의 저탄소탄소중립기본법은 그 이름에서 저탄소, 즉 '탄소 배출의 감소'라는 막연한 방향만을 제시하고 있었던 데 비해, 2021년에 제정된 탄소중립기본법은 탄소 중립, 즉 2050년까지 탄소의 순배출량을 '0'로 만들어야 한다는 구체적인 기후 위기 대응의 목표를 확정하고 있다. 탄소 중립은 현재 세계의 각 정부가 정책적 목표로 제시하고 있을 뿐만 아니라 각국의 구체적인 법률로 규정되고 있다. 이제 '탄소 중립이라는 목표가 필요한가'(whether)는 것은 더 이상 논쟁의 대상이 아닌 것이 되었고, '어떻게 실제로 탄소 중립을 달성할 것인가'(how)라는 실질적인 방법과 의지가 문제로 되고 있다.

넷째, 여기에서 더 주목할 만한 사실은 탄소 중립에 대해서는 의외로 각국의 '정부'와 '시민'들뿐만 아니라 주요 '기업'들 또한 탄소 중립을 지지하면서 적극적으로 개입과 행동에 나서고 있다는 점이다. 특히 "산업 활동의 숨줄을 쥐고 있는 주요 투자회사 등 국제 금융이 탄소 중립을 지지하고 그 실현을 위해서 매우 적극적으로 나서고 있다는 사실"은 놀라운 일이며, 이것이 현재 탄소 중립의 목표 달성을 위해 산업 활동의 커다란 지각 변화를 추동하는 결정적 동인으로 작동하고 있다. 그리고 세계적 거대 기업들의 RE100(Reusable Energy 100) 정책, 즉 앞으로 재생 에너지 100%로 생산한 제품만 구매, 수입하겠다는 정책은 대한민국 정부와 산업에도 탄소 배출 경제를 탈바꿈하지 않으면 더 이상 생산 활동을 할 수 없다는 강력한 압력으로 작용하고 있다.

이것은 시민과 청소년들뿐만 아니라 기업들 또한 "지구의 기후 환경이 무너지는 경우 더 이상 기업 활동을 통한 이윤 추구가 불가능하다는 현실"을 직시하고 전 세계적인 탄소 중립의 실현이라는 공익적 목표에 동참하면서 기업의 단기적 이익 추구를 부인할 수밖에 없어진 인류의 집단 지성이 작동하는 모습을 일부 보여 주고 있다.

필자는 현재를 살아가는 우리 모든 시민과 청년들이 기후 위기 대응 운동에 대해서 결코 실망하거나 절망하지 말자고 주장한다. 상황은 어려울 수 있고 지금처럼 우크라이나 전쟁으로 인한 전 세계적 기후 위기 대응에 일정한 후퇴나 망설임이 발생할 수도 있다. 그러나 이미 전 세계적인 기후 위기 대응 운동이

상당한 전진을 이뤄 냈고, 거기에 전혀 움직일 것 같지 않았던 전 세계의 사법기관들조차 기후 위기 대응에 대한 각국 정부의 진지한 대응을 명령하고 있는 지금의 현실은 우리에게 조금 더 우리 각자가 있는 자리에서 유의미한 사회적, 정치적, 법률적, 경제적, 신앙적 기후 위기 대응 운동을 만들어 내고 함께 참여할 것을 촉구하고 있다고 생각한다.

기독교는 기후 재난 위기에 대해 뭐라 하는가?

요한계시록의 종말론은 "하늘이 두루마리처럼 말려 떠나가는"(6:14) 기후 재난의 위기를 그냥 승인하고 묵인하고 있는 것으로 해석할 수 있을까? 인류의 종말은 성경에 쓰여 있으니 기후 위기로 지구가 망해도 좋다거나 우리는 어쩔 수 없다 할 것인가? 아니다! 그럴 수 없다. 성경의 종말(심판)은 하나님의 일곱 인(印)을 '어린양이' 떼실 때 일어난다(계 6:1, 12). 그러나 현재의 기후 재난 위기는 예수님이 아닌 '사람들의' 온실가스 배출로 인해 일어나고 있다. 주어가 다르다! 하나님의 심판 시기를 인간들이 자신들의 방종으로 인해 마음대로 앞당길 수는 없다. 우리는 사람의 일을 하면서 하나님의 시간을 지켜야 한다. 기후 위기의 본질과 기후 위기 대응에 관한 우리 기독교인들의 사명과 책임을 아래와 같이 십계명 중의 주요 계명들을 통해서도 토론하고 확인할 필요가 있다.

첫째, 우리 기독교인들이 기후 위기 대응에 함께 참여할 이유는 제4계명 곧 안식일 계명에 대한 진실한 고민과 실천을 요구한다. 기온 상승의 결과 야기될 치명적 '기후 재난'과 지난 3년간 전 세계의 일상적·경제적 활동을 충격적으로 중단시켰던 '코로나 팬데믹 사태'는 둘 다 '인간의 문명에 대한 자연의 반격'이라는 점에서 본질적 공통성을 가지고 있다. 인간의 문명은 그동안 멈추지 않는 속도감을 자랑해 왔다. 그러나 코로나 팬데믹은 문명이 멈추도록 강제하고 있고, 기후 재난의 위기는 문명의 감속을 요구했다. 하나님이 인생의 계명으로 주신 십계명의 네 번째 계명 곧 안식일 계명은 사람들에게 때때로 또한 지속적으로 '일하는 손을 놓고 쉴 것'을 명하고 있다. 제4계명은 7일마다 쉬며 하나님께 예배드리는 것도 요구하지만, 7년마다 땅을 쉬도록 하는 자연과 노동의 감속을 함께 명하고 있다. 쉬지 않는 인간의 문명은 고장이 날 수밖에 없다. 코로나 팬데믹 사태의 비극이 인간의 문명을 강제로 감속시켰던 경험처럼, 기후 재난으로 인한 더 큰 비극을 피하기 위해서는 우리가 인간의 문명이 온실가스 감축과 탄소 중립의 실현이라는 방법으로 스스로를 감속시켜야 한다.

이것이 가능할까? 의외로, 크게 발전한 인류의 현재 기술 수준은 2035년까지 100% 재생 에너지 발전을 선언한 독일의 경우처럼 가까운 시기에 태양열과 풍력만으로 전력 생산을 모두 대체할 수 있는 비탄소 에너지 시대로의 전환을 가능하게 만들었다. 탄소 문명에서 비탄소 문명으로의 전환은 이제 불가능이 아니고 의지와 결단의 문제로 바뀌었다. 그러므로 현재의 기후 위기는 매우 역설적으로 우리 인류에게 제4계명에 부합하는 '안식적 문명'의 필요성과 가능성을 열어 주고 있다.

둘째, 기후 재난의 위기는 또한 자녀가 부모를 공경하고 부모는 자녀를 보호하라는, 제5계명에 대한 심각한 묵상을 함께 요청하고 있다. 모든 부모는 개인적으로 자기 집의 자녀가 행복하고 잘살 수 있도록 자기의 모든 것을 희생하고 애쓰고 노력한다. 그런데 어찌하여 이 부모들이 집단적으로는 자녀 세대 전체의 집단적 운명을 재앙에 빠뜨리는 온실가스 배출과 기후 재난의 위기를 가속화하고 있단 말인가? 오죽하면 나이 어린 청소년들이 부모들 세대를 대상으로 하는 청소년기후소송으로 직접 나서야 했겠는가? 자녀의 공경을 희망하는 우리 부모들은 이제 우리를 공경할 자녀들의 생존과 인생을 망치는 일을 멈추어야 한다. 개인적으로 또한 집단적으로, 정치적으로 또한 경제적으로, 법적으로 또한 신앙적으로.

셋째, 기후 위기의 위험은 '살인하지 말라'는 제6계명의 집단적·세대적 위반으로 벌어지고 있다. 한 개인이 다른 개인을 살인하는 일은 매우 드물고 어려운 일이다. 그러나 한 집단이 다른 집단을 공격하고 살상하는 일은 역사 속에서 빈번하게 벌어져 왔다. 6.25 한국전쟁처럼 한 나라의 계층과 지역 간에 벌어지는 내전이 수많은 사람들의 생명을 살상해 온 것을 우리는 잘 알고 있다. 국가나 민족 공동체 가운데 벌어지는 전쟁은 오히려 다른 집단 구성원에 대한 살인을 영웅시하고 의롭다 하여 집단적으로 제6계명을 위반하는 극도의 폭력성을 만들어 낸다.

그런데 현재 21세기에는 제6계명의 집단적 위반이 기후 위기의 악화 내지 방치를 통한 '세대와 세대 간'의 집단적 살상으로 전개되고 있다. 현재의 세대가 자기들의 생명이 원하는 것을 원하는 만큼 누리려고 하는 것은 곧 미래의 세대가 그들의 생존과 생명을 누리지 못하고 인류 멸종이라고 불리는 집단적 생존 위기에 몰리게 하는 '세대적 살상'의 결과를 초래하고 있다. 나쁜 사람들만 살인을 하는 것이 아니다. 흉기로만 살상을 하는 것도 아니다. 악의와 살의를 가져야만 살상을 하는 것도 아니다. 우리는 자기 집의 '자녀'를 사랑하면서 다른 모든 집의 '자녀들'을 살상할 수 있다.

지금의 시대는 '세대적인 차원의 자기부인'을 요구하고 있다. 너희는 자기 십자가를 지고 자기를 부인하라고 하신 예수님의 말씀(막 8:34)은 단지 개인적인 차원, 신앙적인 차원에서 교회 일에 헌신하고 봉사하는 것에 국한되는 것이 아니다. 지금의 기후 위기는 현 시대의 자원과 경제에 대한 결정권과 처분 권한을 가진 성년 세대에게 '집단적·세대적 자기부인'을 요구하고 있다. 기후 위기와 관련된 현재 세대의 '집단적·세대적 자기애'는 지구를 망칠 뿐만 아니라 다음 세대, 자녀 세대의 생명을 집단적으로 해치고 위협하는 것으로, 제6계명의 전면적인 위반 행위가 된다.

넷째, 기후 위기의 본질은 또한 '훔치지 말라'는 제8계명과도 깊이 연결되어 있다. 지금 제기되어 있는 청소년기후소송 헌법소원은 '미래 세대, 청소년 세대'의 '현재 세대, 성인 세대'에 대한 간절한 헌법적 호소다. "우리 청소년 세대의 것을 빼앗지 말라. 우리의 탄소 예산을 빼앗지 말라. 우리 미래 세대의 인생과 자유와 기본권을 미리 빼앗지 말라." 세대 간의 평등권, 세대 간에 평등하게 나누어 누릴 권리에 대한 현재 성인 세대의 박탈과 탄소 예산의 도둑질. 이 내용은 앞서 말한 독일 연방헌법재판소가 독일의 연방기후보호법을 위헌이라고 선언한 결정적인 이유다. 현재 세대는 미래 세대의 권리를 미리 빼앗지 말라.

십계명의 제8계명은 '훔치지 말라'고 명령하고 있음에도 개인적으로는 독실한 기독교인들, 점잖은 기독교인 부모들이 실은 현재의 안일한 생활과 기후 위기의 심각성에 대한 신앙적·사회적 태만을 통해 '미래 세대의 인생과 자유와 생활에 관한 권리'를 빼앗는 집단적 도둑질을 함께 행하고 있다. 이 점에서 우리 기성 세대는 모두 제8계명을 위반하고 있는 죄인이다. 우리는 모두 회개해야 하고, 어떤 방식으로든 우리가 할 수 있는 일을 찾아서 나서야 한다.

기후 위기의 극복은 개인적인 차원에서의 쓰레기 감소만으로 해결되지 않는다. 재활용품 등 폐기물의 처리는 기후 위기의 극복을 위해 중요한 일이지만, 우리나라의 전체 온실가스 배출량 중 폐기물 부문의 비중은 2018년 배출량 통계 기준으로 2.4% 정도밖에 되지 않는다. 온실가스 배출량을 크게 차지하는 것은 발전 부문이 37.1%, 산업 부문이 35.8%로 각각 1/3이 넘고 운송 부문이 13.5%, 건물이 7.2%로, 에너지와 산업, 운송과 건물 부문을 합하면 온실가스 배출의 90%가 넘는다. 그러므로 기후 위기에 대한 진정한 대응을 위해서는 경제 활동의 최종 단계인 폐기물 처리보다 경제 활동의 시작과 중심 단계에서 에너지, 산업, 운송 부문 전체의 탄소 배출을 줄이기 위한 법과 정책과 제도를 바꾸는 것이 더 중요하다. 그러므로 우리의 자녀들과 미래 세대가 누려야 할 정당한 경제적 권리를 도둑질하지 않으려면, 탄소 중립 사회의 진정한 실현을 위해 기독교인들을 포함한 모든 사람들이 현재의 경제 활동에 관한 전 사회적·정책적 변화를 위해 진심으로 힘을 보태야 한다.

최근 기후위기기독인연대를 포함하여 많은 기독교인들, 특히 젊은 기독교인들이 기후 위기 대응을 위한 적극적인 운동을 만들어 가고 있는 것에 큰 기쁨과 많은 기대를 가지고 있다. 한국의 기독교인들은 더 이상 내 교회, 개별 교회의 안정과 성장에만 매달리지 않고, 하나님이 창조하신 이 세계를 사람의 죄악과 욕망으로 무너뜨리지 않으려는 노력, 하나님이 창조하신 우리의 미래 세대, 하나님의 백성, 우리의 아들딸들이 이전 세대의 죄로 인해 '하나님의 영광을 체험하며 하나님의 구원을 누리며 하나님의 백성으로 함께 씨름하며 살아갈 수 있는 기회'를 박탈당하지 않고, 온전한 지구에서 하나님이 주신 삶의 기쁨과 슬픔과 은혜를 온전하게 함께 누릴 수 있도록 하는 '기후 위기 기독인 운동'에 함께 참여할 것을 촉구하고 기대한다.

4장

—

어머니 대지로 돌아가기:
에코페미니즘과 기후 정의

구미정 (숭실대 기독교학과 초빙교수, 이은교회 목사)

부도난 문명

독일의 그림 형제가 수집한 민담 가운데 「헨젤과 그레텔」이 있다. 세계적으로 널리 알려진 동화인데, 곱씹어 보면 내용이 잔혹하다. 기근으로 굶어 죽게 생긴 부모가 자식을 숲에 내버린다는 설정이다. 지금의 감수성으로는 천인공노할 범죄이지만, 과거에는 그렇지 않았다. 어린이는 그저 밥만 축내는 성가신 존재로 취급받았다.

 계몽주의 시대의 동화답게 헨젤과 그레텔은 피해자 서사에 머물지 않는다. 숲속에서 길을 잃은 남매는 우연히 '빵과 케이크로 만든 집'을 발견하고 홀린 듯이 그리로 들어간다. 그 집에 '늙은 마녀'가 살고 있다는 걸 까맣게 모른 채로 말이다. 두 아이는

'머리'를 써서 마녀를 '활활 타오르는 화로' 속에 밀어 넣어 잿더미로 만들고는 마녀의 집에 있던 '보물들'을 찾아 숲을 빠져나온다. 집으로 돌아오니, 그새 자기들을 버렸던 '(새)엄마'[1]가 죽고 없다. 두 아이는 결국 마녀에게서 약탈해 온 보물들을 가지고 아빠와 행복한 삶을 누렸단다.

나는 이 이야기를 근대 과학혁명의 정당화로 읽는다. 근대는 신이 퇴위한 자리에 인간의 이성이 올라선 시기다. 이와 더불어 자연은 인간에 '대'(對)하여 '상화'(象化)되고 말았다. 객관적으로 존재하는 자연, 곧 스스로 그러한 상태를 있는 그대로 보존하는 자연은 없다. 인간의 이성에 의해 주관적으로 표상된 자연만 있을 뿐이다.[2]

이렇게 표상된 자연은, '근대 과학의 아버지' 프랜시스 베이컨에 따르면 정확히 '마녀'로 치환된다. 그가 근대를 예찬하며 쓴 시를 읽어 보자.

진실로 내가 왔노라.

---

1 초판에는 '친엄마'로 나왔다가 독자들의 반발로 개정판에서 '새엄마'로 수정되었다.
2 서구 근대정신을 형성하는 관념론적 세계관에서는 "즉자적으로 비치는 1차적 자연이란 없고, 있지도 않으며 언제나 2차적 자연 즉 사람을 통해 '되'비치는 자연, 다시 말하면 '인공적 자연'이" 있을 뿐인데, 이것이 기술적 세계관과 연결된다. 양명수, 『호모 테크니쿠스』(한국신학연구소, 1995) 참고, 특히 21.

그녀의 아이들을 다 거느리고 자연을 네게 데리고 왔노라.
그녀를 네게 주어 네 시중을 들게 하고,
그녀를 네 노예로 묶어놓기 위해 자연을 네게 이끌어 왔노라.[3]

우선 이 시의 제목이 「남성적 시간의 탄생」이라는 점이 눈길을 끈다. 베이컨에게 근대는 '남성적 시간'을 상징한다. 시에 등장하는 '나'는 두말할 나위 없이 근대를, '그녀'는 자연을 가리킨다. 근대는 인간이 자연을 노예화하도록 축성된 시간이다. 자연의 본유적 가치 따위는 없다. 자연이 가치 있을 때는 오로지 인간이 '이용' 가능할 때뿐이다. 인간은 '지식'을 활용하여 자연이 문명에 봉사하도록 '변형'시키고 '조작'해야만 한다. 자연이 자신의 아이들, 이른바 천연 자연을 순순히 내주지 않을 때는 '고문'을 가해서 파내야 한다. "자연을 복종시킬 때 비로소 인간은 자연을 지배할 수 있다."[4]

여기 나오는 '인간'은 '남성적 시간'을 내면화한 신인류다. '빵'과 '보물'을 움켜쥔 '못된 마녀'를 응징하는 헨젤과 그레텔이야말로 근대인의 전형이다. 그들의 행복은 '자연'(마녀)과 '여성'(엄마)의 죽음으로 성취된다. 남은 건 아버지의 지배다. 근대 문

---

3 Evelyn Fox-Keller, *Reflections on Gender and Science* (New Haven: Yale University Press, 1985), 38-39. 구미정, 『생태여성주의와 기독교윤리』(한들, 2005), 28에서 다시 따옴.
4 Francis Bacon, "Novum Organum"(1620). 구미정, 앞의 글, 27에서 다시 따옴.

명의 가부장적 정체를 이토록 적나라하게 드러낸 이야기도 드물 것이다.

이런 유의 이야기가 유통된 지 불과 삼사백 년 만에 지구가 중병에 걸렸다. 모든 질병이 하루아침에 발생하지 않듯이, 모든 위기에는 전조가 있는 법이다. 기후위기가 대표적이다. "지구가 불타고 있다"는 그레타 툰베리의 말은 절대 과장이 아니다.[5] '기후 변화의 할아버지'라 불리는 제임스 핸슨은 지구가 금성처럼 변해 갈 것을 염려하며 경고한다.[6] 오랜 세월 누적된 지구의 이상 증후가 기후위기로 나타나고 있다.

기후는 기상보다 큰 단어다. 기상은 하루하루의 날씨 상태를 가리키지만, 기후는 수십 년, 수백 년에 걸쳐 기온, 눈, 비, 바람에 의해 형성된 종합적인 대기 상태를 가리킨다. 지구 위 장

---

[5] 스웨덴의 그레타 툰베리는 그녀의 나이 16세 때인 2019년 1월 다보스 포럼에서 세계 지도자들을 향해 "우리 집이 불타고 있다"고 호소하는 연설을 계기로 세계적인 환경 운동가가 되었다. 관련 책으로, 마이클 파트, 『우리 집이 불타고 있다: 툰베리와 위기의 행성』, 김연정 옮김(굿모닝미디어, 2020). 나오미 클라인, 『미래가 불타고 있다: 기후 재앙 대 그린 뉴딜』, 이순희 옮김(열린책들, 2021) 등을 볼 것.}

[6] 제임스 핸슨은 본래 금성의 대기권 연구자였다가 지구 대기권의 온실가스 농도 상승의 심각성을 깨닫고 환경 운동가로 변신했다. 2006년 『타임』지가 뽑은 '가장 영향력 있는 100인'에 선정되었다. 2001년에 첫 손녀를 얻은 뒤 일어난 심경 변화를 다음의 책에 담았다. James Hansen, *Storms of My Grandchildren: The Truth About the Coming Climate Catastrophe and Our Last Chance to Save Humanity* (New York: Bloomsbury Publishing USA, 2010).

소에 따라 달라지나, 같은 장소에서는 대체로 일정한 게 특징이다.[7] 사람에 비유하자면, 기상은 그날그날의 기분 상태에 해당하고, 기후는 그 사람의 일관된 성격을 나타낸다. 기분이야 아침 다르고 저녁 다를 수 있지만, 성격은 어지간해서는 잘 바뀌지 않는 게 특징이다. 이렇게 비유하니, 기후 변화가 얼마나 심각한 문제인지 확 와 닿는다.

지구에서 일어날 여섯 번째 대멸종을 우려하는 목소리가 높다. 과학혁명과 산업혁명을 거치며 인간이 쌓아 온 문명의 궤적으로 인해 지구가 몸살을 앓기 시작했다. 이제 지구가 망한다면 원인은 기후 변화이며 주범은 인간이라는 인식이 팽배하다. 이 글은 에코페미니즘의 관점에서 부도난 문명의 발자취를 더듬는다. 지구와 화해하지 않고는 지속 가능한 삶이 보장될 수 없다는 대전제 아래 환경 정의와 젠더 정의가 별개가 아님을 들여다보고자 한다.

따라잡기 신화의 함정

컴퓨터 용어 가운데 '디폴트'(default)가 있다. 시스템에서 특별한 명령 없이도 저절로 돌아가도록 설정된 기본값 또는 애초에 미리 정해진 초기값을 가리킨다. 우리 사회의 '디폴트'는 남성이

---

[7] 기후는 일정한 지역에서 보통 30년 이상의 오랜 기간에 걸쳐 나타나는 날씨의 평균 상태를 말한다. 기상청 홈페이지 참고.

라는 각성에서 페미니즘이 나왔다. 2차 세계대전이 끝난 즈음에 프랑스 철학자 시몬 드 보부아르가 여성은 '제2의 성'이라고 폭로한 것이 페미니즘 운동에 기름을 부었다.

> 여자들은 남성들에 의하여 지배되는 집단에 합류되고, 거기서 그녀들은 종속적인 지위를 차지하고 있다⋯⋯ 여자는 그녀 자신도 세계가 전체적으로 남성의 것임을 인정하고 있다. 이 세계를 만들고 관리하고 오늘날도 지배하고 있는 것은 남자들이다.[8]

더러는 여자들이 얼마나 드세졌는데 여전히 페미니즘 운운하냐고 지청구할지 모른다. 지금은 '애 봐 주는 장모님' 권력이 제일 세다고, '마눌님' 말을 잘 들어야 집에서 밥이라도 얻어먹는다고, 직장에서도 여자 동료에게 '입 조심, 손 조심' 하지 않으면 뼈도 못 추린다고 우스갯말처럼 언성을 높이는 남자들을 종종 보게 된다. 아예 틀린 말도 아니다. 바야흐로 '센 언니'들의 전성시대가 열렸다.[9] 요즘 젊은 여성들은 "홍도야 우지 마라, 오빠가 있다"[10]는 노래를 들으면 경악을 할 테다. 차라리 "내가 이끌

---

[8] 시몬 드 보부아르, 『제2의 성』 하, 조홍식 옮김(을유문화사, 1996), 346-367.
[9] 구미정, 『교회 밖 인문학 수업』(옥당, 2019), 14.
[10] 일제강점기인 1936년 연극으로 초연되고 1939년 영화로 제작된 〈사랑에 속고 돈에 울고〉의 주제곡으로 김영춘이 불렀다.

어 줄게. 세상 남자들이여, 난 넘버 원, 지혜를 주는 아테나"[11]를 따라 부르며 전투력을 키우는 쪽을 택한다. 이 두 노래의 감수성을 가르는 건 시대정신이다. 이른바 페미니즘 운동이 여성의 권리 향상에 공헌했다.

이론 공부를 따로 하지 않았어도 이전 세대의 어머니들 스스로가 가부장제의 희생양이라는 인식이 있었기에 딸만큼은 아들과 동등하게 키우려고 애썼다. 여자도 얼마든지 남자를 '따라잡을' 수 있다고 가르쳤다. 그 성과가 '알파 걸'로 나타났다.[12] 학업, 운동, 친구 관계, 미래 비전, 지도력 등 모든 면에서 남학생들보다 뛰어난 '엘리트' 여학생들이 대거 배출됐다. 금녀 구역이 사라지고, 전문직 여성들이 쏟아져 나왔다. 말 그대로 '여성 시대'가 도래했다는 인상마저 든다. 그런데도 가부장제의 위력은 주술적이다. '82년생 김지영'[13]은 여전히 불행하다. 남성이라고

---

11   2007년 데뷔한 소녀시대가 2011년에 발표한 곡 "더 보이즈"의 한 대목.

12   미국 하버드대 아동심리학 교수 댄 킨들런은 미국과 캐나다의 15개 학교를 방문해 10대 소녀 113명을 인터뷰하고 900여 소녀들을 대상으로 설문 조사한 결과, 이전 세대와 근본적으로 다른 새로운 사회 계층이 출현하고 있다는 의미로 '알파 걸' 개념을 내세웠다. 그리스어 알파벳 첫 글자인 '알파'(α)에서 유래한 이 신조어는 개인주의자이고 평등주의자이며 관심 영역이 광범위해 인생의 모든 가능성에 열려 있는 저돌적인 도전 정신을 가진 유능한 소녀 집단을 가리킨다. 댄 킨들러, 『알파 걸: 새로운 여자의 탄생』, 최정숙 옮김(미래의 창, 2007).

13   2017년 민음사에서 나온 조남주의 베스트셀러 제목으로, 2019년 영화로도 제작되었다.

사정이 낫지도 않다. 자본주의 자체가 가부장제를 기본값으로 하기에 남성의 어깨가 여전히 무겁다. 왜 세상은 풍요로워졌는데, 우리네 삶은 더 쪼그라들었을까?

시몬 드 보부아르가 페미니즘 운동의 불씨를 다시 지폈던 전후 시대로 거슬러 올라가 찬찬히 짚어 보아야겠다. 2차 세계 대전이 끝나고 식민지에서 독립한 나라들이 저마다 '재건'에 힘썼다. 미국이나 유럽 같은 북반구의 잘사는 나라들을 '따라잡기 위한 개발'(catching up development)에 돌입했다. '백인 앵글로-색슨 프로테스탄트'(WASP)의 생활 양식이 표준으로 자리 잡았다. 선진국이냐 아니냐를 가르는 기준이 오로지 경제 성장으로 환원되는 데 의문을 제기하는 이가 없었다. 이른바 저개발 국가들과 사회주의 국가들의 목표가 하나로 통일됐다. 부유한 자본주의 나라들을 따라잡는 것, 나아가 추월하는 것! 좀 더 교육받고 좀 더 노력하고 좀 더 개발되면 부자 나라들만큼 잘살 수 있다는 '신화'가 팽배했다.

1970년대에 접어들면서 이 신화에 질문을 던지는 목소리가 새어 나오기 시작했다.[14] 이들은 저개발국의 빈곤이 '자연스러

---

14 이를테면 다음을 보라. Johan Galtung, "A Structural Theory of Imperialism", *Journal of Peace Research*, Vol. 8, No. 2 (1971), 81-117. Samir Amin, *Accumulation on a World Scale: A Critique of the Theory of Underdevelopment* (New York: Monthly Review Press, 1974). Andre Gunder Frank, *World Accumulation 1492-1789* (New York: Macmillan, 1978).

운' 현상이 아니라 남반구, 곧 아시아, 아프리카, 남아메리카를 착취함으로써 부를 챙긴 선진국의 과잉 개발에서 비롯된 '인위적인' 현상이라고 고발했다. 과잉 개발된 '중심'과 저개발된 '주변'의 식민지 관계가 전후에도 여전히 계속되고 있는 점을 지적했다. 이른바 외형상의 독립이 전부가 아니었다. 정치와 경제의 독립보다 더 중요한 과제가 남아 있었다. 바로 의식의 독립을 이루는 일, 달리 말하면 진정한 인간이 되기 위해 자기 내부에 고착된 식민지 근성을 극복하는 일이었다.[15]

페미니즘, 자연에 접속하다

식민 관계는 나라와 나라 사이에만 있는 게 아니다. 도시와 시골 사이에, 남성과 여성 사이에, 인간과 자연 사이에 존재한다. 아니, 식민주의 자체가 자본주의 성장의 필수 조건이라고 해야 맞다.[16] 1970년대 들어 선각자들은 전 세계가 '높은 물질적 생활 수준'을 목표로 무한 경쟁에 돌입하는 게 장차 어떤 결과를 낳을지 염려하기 시작했다. 인간이 지구의 '유한 자원'을 끝도 없이 마

---

15 이에 대해서는 탈식민주의자들의 글이 도움이 된다. 프란츠 파농, 『검은 피부 하얀 가면』, 노서경 옮김(문학동네, 2014). 알베르 멤미, 『소금기둥』, 송시형 옮김(중앙일보사, 1983). 파울로 프레이리, 『페다고지』, 남경태/허진 옮김(그린비, 2018) 등을 볼 것.

16 Rosa Luxemburg, *The Accumulation of Capital* (London: Routledge and Kegan Paul, 1951).

구 파먹어도 되는지 질문을 던졌다.

'해방의 시대'였던 1960년대, 곧 인간을 가르는 계급차별(classism), 인종차별(racism), 성차별(sexism)에 맞서 평등과 정의를 부르짖던 당시에도 생태 위기를 고발하는 예언의 목소리는 이미 있었다. 1962년에 나온 레이첼 카슨의 『침묵의 봄』이 그것이다.[17] 이 불후의 명작에서 그녀는 자연과 조화를 이루며 아름답게 공존하던 마을이 마치 저주의 마법에 걸린 듯 생기를 잃고 죽음의 공간으로 변모한 까닭을 파헤쳤다. 원인은 화학살충제(DDT)였다. 제초제가 과다 살포된 탓에 먹이사슬의 균형이 깨져 봄이 와도 더 이상 종달새 울음소리가 들리지 않게 된 것이다. 종달새가 죽으면 다음에는 숲이, 그다음에는 인간이 죽게 될 것이라는 그녀의 경고는 즉각 해당 군수업체의 반격을 불러왔다. '노처녀의 과대망상'이라는 인신공격 속에서 그녀는 끝내 1964년 암으로 세상을 떠났다.

1967년 유명한 『사이언스』지에 실린 린 화이트의 논문도 기억되어야 한다. 역사학자인 그는 "우리 시대 생태 위기의 역사적 뿌리"라는 제목의 논문에서 서구 사회가 자연에 대해 착취적인 태도를 보인 점을 문제 삼으며, 노골적으로 기독교를 겨냥했

---

17 Rachel Carson, *Silent Spring* (Boston: Houghton Mifflin Company, 1962). 우리말 번역은 레이첼 카슨, 『침묵의 봄』, 김은령 옮김(에코리브르, 2011) 참고.

다.[18] "생육하고 번성하여 땅에 충만하여라. 땅을 정복하여라. 바다의 고기와 공중의 새와 땅 위에서 살아 움직이는 모든 생물을 다스려라"(창 1:28)는 성경 말씀을 문자 그대로 지킨 탓에 인간 중심적 세계관이 형성되었고, 따라서 기독교가 전파되는 곳마다 자연에 대한 무제한 약탈과 훼손이 자행됐다는 비판이다.

그러다가 1969년 1월 28일 미국 캘리포니아주 산타 바바라에서 원유 시추 작업 중에 원유 10만 배럴이 바다에 방류되는 폭발 사고가 일어났다. 사시사철 푸르던 생명의 바다가 졸지에 시커먼 죽음의 바다로 돌변했다. 해양 생물이 줄지어 떼죽음을 당했다. 산업 문명의 취약성과 위험성이 단박에 각인된 순간이었다. 달리 말하면 인류에게 '지구'가 살려 달라고 말을 건 순간이었다고도 풀이할 수 있겠다.

그해 여름 인간은 달에 첫발을 내디뎠다. 지구에 몸 붙여 살아온 인류가 최초로 지구의 중력을 이기고 지구 궤도를 벗어나 태양계의 다른 천체에 발을 디딘 대사건이었다. 달에서 전송된 지구 사진은 눈물겹도록 아름다웠다. 암흑 물질로 가득한 광활한 우주 태양계 안에서 홀로 에메랄드 빛을 뿜어내는 섬세하고 연약한 행성, 지구(地球)라기보다는 수구(水球)에 가까웠다. 인간처럼 지구도 물이 많기에 생명이었다. 이 신비로운 지구를 지켜야 한다는 책무감에서 서둘러 '지구의 날'이 제정되었다. 1970년

---

18   Lynn White, Jr. "The Historical Roots of Our Ecological Crisis", *Science*, Vol. 155 (March 10, 1967), 1203-1207.

4월 22일 인류는 처음으로 지구의 날을 경축했다.

 이를 기점으로 페미니즘의 지평이 확장됐다. 자연이 해를 입으면 그 피해가 일차적으로 여성에게 돌아간다는 걸 지적하는 이들이 생겨났다. 산타 바바라 원유 사고만 해도 그렇다. 밥상에 올릴 생선을 염려하는 건 여성의 몫이었다. "오염되지 않은 음식을 구하지 못할 경우 죄책감을 느낀 것도 정치가나 과학자가 아니라 여성들이었다."[19]

 오염된 물과 물고기가 뱃속의 태아와 다음 세대의 안녕에 어떤 영향을 미칠지 걱정하는 역할도 여성의 몫이었다. 생태계가 오염되면 그 직접적인 부메랑은 여성에게 돌아간다. 여성의 신체는 출산과 양육의 주된 책임을 담당하기에 생명권의 오염에 즉각 반응하게 되어 있다. '생태 질환'은 남녀 모두가 걸릴 수 있지만, 특히 여성이 더 취약하다.[20] 미나마타병, 페놀 사태, 보팔 사고, 체르노빌 사고 등은 "여성의 자궁이 성역이라기보다는 하나의 웅덩이"[21]가 되어 버렸다는 신호다.

---

19 마리아 미스, 「누가 자연을 우리의 적으로 만들었는가?」, 마리아 미스/반다나 쉬바, 『에코페미니즘』, 손덕수/이난아 옮김(창작과비평사, 2003), 120-121.

20 생태 질환은 '20세기의 알레르기'로 불린다. 독성 화학물질에 중독되거나 면역체계를 파괴하는 물질에 장기간 노출됨으로써 발생한다. Iris Bell, *Clinical Ecology: A New Medical Approach to Environmental Illness* (Bolinas, CA: Common Knowledge Press, 1982).

21 린 넬슨, 「오염된 땅에서의 여성의 위치」, 『다시 꾸며보는 세상: 생태여성주의의 대두』, 아이린 다이아몬드/글로리아 페만 오렌스타인 엮음, 정현

이렇듯 여성과 자연의 연관성에 눈을 뜨는 이들이 늘어나고, 여성 억압과 자연 억압이 쌍둥이 억압이라는 인식이 생기면서, 이른바 에코페미니즘이 탄생했다.[22] 이 용어는 1974년 프랑스 페미니스트 프랑수아 드본느(Françoise d'Eaubonne)에 의해 처음 사용되었다고 알려져 있다. 『페미니즘인가 아니면 죽음인가』라는 책에서 그녀는 남근 중심의 세계 질서가 인간에게 인구 과잉과 자원 착취라는 이중 위협을 가져다준 주요 요인이라고 지적하면서, 생태학적 혁명을 일으킬 수 있는 여성의 잠재력을 표현하기 위해 에코페미니즘이라는 용어를 소환했다.[23]

일찍이 독일 녹색당을 창당한 패트라 켈리(Petra Kelly)는 "한 여성이 능욕당하는 것과 지구가 능욕당하는 것은 구조적으로 연결되어 있다"[24]는 말로 여성과 자연의 상관성을 압축해서 표현한 바 있다. 미국 에코페미니즘의 창시자 중 하나인 이네스트라 킹(Ynestra King)은 여성 억압의 주요 원인이 '멸시받는 대

경/황혜숙 옮김(이화여대출판부, 1996), 268.

22 구미정, 『생태여성주의와 기독교윤리』(한들, 2005), 103-116을 볼 것. 특히 '쌍둥이 억압'이라는 표현은 미국의 에코페미니스트 철학자 캐롤린 머천트에게서 빌려 왔다. Carolyn Merchant, *Radical Ecology: The Search for a Livable World* (New York: Routledge, 1992), 185. 이 책은 우리말로도 옮겨져 있다. 캐롤린 머천트, 『레디컬 에콜로지』, 허남혁 옮김(이후, 2001).

23 Françoise d'Eaubonne, *Le féminisme ou la mort* (1974), *Feminism or Death*, trans. by Ruth A. Hottell (New York: Verso Books, 2022).

24 페트라 켈리, 「여성과 권력」, 『녹색평론』(1994, 3-4월호), 101.

지'와 '멸시받는 여성' 사이의 연관성 때문이라고 명확히 지적한 한편, 이른바 환경 운동에 매진하는 남성들이 이 연관성을 제대로 인식하지 못한 채 대지에만 관심 가지는 것은 위선이라고 경고했다.[25]

그리하여 미국의 에코페미니스트 철학자 카렌 워렌(Karen J. Warren)에 따르면, 에코페미니즘의 기반에는 다음과 같은 네 가지 통찰이 들어 있다. 첫째, 여성 억압과 자연 억압은 깊이 맞물려 있다. 둘째, 두 억압을 적절히 이해하려면 둘 사이의 연관성의 본질을 깨달아야 한다. 셋째, 여성주의 이론과 실천은 생태학적 관점을 요구한다. 넷째, 생태학적 문제들은 오로지 여성주의적 관점을 포함할 때에만 해결될 수 있다.[26]

요컨대, 에코페미니즘은 지구상에 만연한 여성차별(sexism)과 자연차별(naturism), 인종차별(racism)과 계급차별(classism)이 서로 동떨어져 있지 않고 구조적으로 얽혀 있음을 자각한다.

---

25 Ynestra King, "The Ecology of Feminism and the Feminism of Ecology", *Healing the Wounds: The Promise of Ecofeminism*, ed. by *Judith Plant* (Philadelphia: New Society Publishers, 1989), 18. Ynestra King, "Engendering a Peaceful Planet: Ecology, Economy, and Ecofeminism in Contemporary Context", *Rethinking Women's Peace Studies*, Vol. 23, No. 3/4 (1995), 15-21도 볼 것.

26 Karen J. Warren, "Feminism and ecology: Making connections", *Environmental Ethics*, Vol. 9, No. 1 (1987), 3-20. Karen J. Warren/Jim Cheney, "Ecological Feminism and Ecosystem Ecology", *Hypatia*, Vol. 6, No. 1 (1991), 179-197도 볼 것.

이 억압의 뿌리에는 가부장적 위계적 이원론이 자리한다. 한쪽이 다른 쪽보다 더 높고 우월하다고 보는 생각, 특히 여성보다 남성, 자연보다 문화, 유색인보다 백색인, 무산자보다 유산자를 우위에 놓는 사고방식이 세계를 떠받치는 '네 기둥'이라는 고발이다.

그리하여 에코페미니스트 신학자 로즈마리 류터(Rosemary R. Ruether)는 "지배의 관계가 사회관계의 근본 모형으로 계속 유지되고 있는 사회에서는 여성의 해방이 있을 수 없고, 생태 위기에 대한 해결도 있을 수 없다"고 일찍이 천명했다.[27] 여성들은 여성 운동의 요구와 생태 운동의 요구를 하나로 통합시켜, 모든 사회적 지배구조를 무너뜨리는 생태 혁명을 도모해야 한다는 것이다.

지구촌의 실향민

인류 역사의 첫 단계부터 자연이 인간의 이용이나 착취에 내맡겨졌던 건 아니다. 고대에는 자연을 귀하게 여겼다. 인간은 먹거리와 쉴 자리를 얻기 위해 자연의 선처에 호소했다. 더불어 여성의 지위도 딱히 낮지 않았다. 석기 시대 동굴 벽화에 보면 생명

---

[27] R. R. 류터, 『새 여성·새 세계·성차별주의와 인간의 해방』, 손승희 옮김 (현대사상사, 1975), 275. 로즈마리 류터, 『가이아와 하느님: 생태여성학적 신학』, 전현식 옮김(이화여대출판부, 2000)도 볼 것.

을 품은 여성의 둥근 배와 젖가슴이 신적으로 추앙받은 흔적이 종종 나타난다.[28] 그러나 청동기 이후 농경 시대가 개막되면서 자연에 대한 인간의 개입과 통제가 요청되기 시작했다. 가부장제가 등장하고 국가와 제국이 출현했다.

근대 과학혁명과 더불어 기계론적 세계관이 대두하면서 자연과 여성의 지위에 동반 하락이 일어났다. 이를테면 '아는 것이 힘'이라는 명제로 유명한 영국 철학자 프랜시스 베이컨에게 자연은 '아직 가공되지 않은 원료'에 지나지 않았다. 자연에 대한 지식이 인간의 지배력을 강화한다고 믿은 그가 영국 제국주의 팽창의 이론적 근거를 마련했을 뿐만 아니라 마녀 재판관으로도 봉직했다는 사실은 별로 놀랍지 않다.

사회계약설로 유명한 계몽주의자 존 로크나 자연 상태의 인간 조건이란 '만인의 만인에 대한 투쟁'이라고 본 토마스 홉스 같은 계몽주의자들에 의해 자연은 계속 폄훼됐다. 인간의 노동에 지극한 가치가 덧붙여지는 동안 자연은 공짜로 이용할 수 있는, 가능하면 싸게 이용할 수 있는 모든 걸 의미하게 됐다. 이 과정에서 '인간=남성', '남성=이성'의 등식이 저절로 성립되면서 여성은 자연 그리고 감성(혹은 육체)과 동일시되기에 이르렀다.

이렇게 해서 독일 사회학자 막스 베버가 '세계의 탈(脫)마법

---

28 Merlin Stone, "When God was a Woman", *Womanspirit Rising: A Feminist Reader in Religion*, eds. by Carol P. Christ and Judith Plaskow (New York: Harper & Row, 1979), 120-130을 볼 것.

화'라고 부른 과정이 완성되었다.[29] 숲에는 요정이나 정령이 살지 않는다. 바다에는 용왕님이 계신 게 아니다. 과학혁명을 거치며 인간은 자연에서 일체의 주술을 거세했지만, 그 대신 자연을 지배하고 착취하는 새로운 길이 열리게 됐다. 미국의 에코페미니스트 철학자 캐롤린 머천트는 이 시기에 '자연의 죽음'이 일어났다고 단언한다.[30] 우주가 살아 있고 그 안에 깃든 만물이 서로 연결되어 있다는 유기체적 믿음이 사라지면서 자연 파괴가 절정에 달했다는 분석이다.

인간 본성에 결정적인 변화가 생겼다. 자본주의가 싹틀 당시, 곧 고전자유주의 경제가 자리 잡기 시작할 때만 해도 시장에 '얼굴'이 있었다. 마을 단위 시장에서 서로 생산한 물품들을 거래하면서 이웃의 얼굴을 모른 체하기는 어려운 일이었다. 게다가 이웃은 대개 마을의 중심을 이루는 교회의 교우인 경우가 많았다. 그러니 아무리 경제 활동의 목적이 개인의 이윤 추구라 해도 어떤 선을 넘지는 못했다. 아담 스미스 식으로 말하면, '보이지 않는 손'이 넘지 말아야 할 선을 지켜 준 셈이다. 하지만 20세

---

29 베버에 따르면, 우리 시대의 운명은 합리주의와 이성주의, 또 무엇보다도 먼저 '세계의 탈마법화'의 특징을 가지므로, 이로써 궁극적이고 가장 숭고한 가치들이 공공의 삶에서 빠져나가고 말았다고 지적한다. H. H. Gerth and C. Wright Milles(eds.), *From Max Weber: Essays in Sociology* (New York: Oxford University Press, 1958), 155.

30 캐롤린 머천트, 『자연의 죽음: 여성과 생태학 그리고 과학혁명』, 전규찬 옮김(미토, 2005), 특히 1장과 5장을 볼 것.

기 후반에 등장한 신자유주의 인간관은 그때와 질적으로 다르다. 문제의 심각성을 미국의 에코페미니스트 철학자 맥스 올슐리거는 다음과 같이 짚는다.

> 미국인들에게 집단적 정체성이 하나 있다면 그것은 경제 인간(Homo economicus)일 것이다. 그것은 전례가 없는 물질적 풍요 속에 사는 대중이자 소비자이며, 사실상 무제한적인 인간의 목적을 위해 지구를 굴복시킨 생산자다.[31]

시장에 얼굴이 없다. 그도 그럴 것이 지금의 시장은 '글로벌'하기 때문이다. 이 시장이 창조한 새로운 피조물, 곧 경제 인간은 돈이면 다 된다, 돈으로 하지 못할 일은 아무것도 없다고 믿는다. 돈 신의 전능한 위력 앞에 무릎 꿇는다. 18세기의 인간이 공동체 안에 있었다면, 21세기의 인간은 공동체 밖에 존재한다. "모든 홀리데이인 호텔과 힐튼 호텔을 자기 집으로 삼는 초국적 기업의 간부들"[32]이 성공한 인간의 기호가 되었다.

지구촌에 두 계급의 실향민이 넘쳐난다. 한 집단은 지상에

---

31 Max Oelschlaeger, *Caring for Creation: An Ecumenical Approach to the Environmental Crisis* (New Haven, Conn.: Yale University Press, 1994), 96. 샐리 맥페이그, 『풍성한 생명』, 장윤재/장양미 옮김(이화여대출판부, 2008), 132에서 다시 따옴.
32 반다나 쉬바, 「'지구촌'의 실향민」, 마리아 미스/반다나 쉬바, 『에코페미니즘』, 129.

있는 시간보다 공중에 있는 시간이 더 많은, 노트북과 휴대전화로 무장하고 세계 곳곳을 떠돌아다니는 부유층이다. 다른 한 집단은 개발이나 환경 파괴로 인해 고향을 떠나게 된 빈민층이다. 대지에 뿌리를 내리고 공동체를 이루며 고유한 문화를 지키고 살아가는 사람들이 많지 않다. 땅의 신성성을 보존하기 위해 인간의 행위를 제한해야 한다고 주장하는 사람들에게는 가차 없이 '후진', '원시'의 딱지를 붙이는 게 오늘날 '문명화'된 사람들의 획일적인 습속이다.

호모 심비우스의 탄생

지구 시장경제 질서에서 우리가 먹는 건 '석유'라는 말을 곱씹어 보아야 한다.[33] 이제 우리의 밥상은 자연이 허락하는 제철 음식에 만족할 줄 모른다. '철' 없는 음식을 먹으려니 자동차나 배 또는 비행기로 실어 와야 한다. '철' 없는 음식을 재배하는 데도 화석 에너지가 들어가고, 운송하는 데도 화석 에너지가 들어간다. 석탄이나 석유는 인류가 꺼내 쓰는 족족 다시 생겨나는 화수분이 아니다. 지구는 재생 불가능한 자원을 계속 공급해 주는 '황금알을 낳는 거위'가 아니다. 지구 위 모든 사람이 서구 중산층

---

33 '대지의 청지기'라 불리는 웬델 베리가 줄곧 주장한 게 이 점이다. 그의 풍부한 통찰을 보려면, 웬델 베리, 『온 삶을 먹다』, 이한중 옮김(낮은산, 2020) 참고.

의 생활 양식을 누리려면 지구가 4개나 더 필요하다. 그런데도 욕망이라는 이름의 전차는 멈출 줄을 모른다.

2016년 8월 남아프리카공화국 케이프타운에서 열린 국제지질학총회(International Geological Congress)에서는 지구가 새로운 지질학의 시대, 곧 '인류세'(人類世, anthropocene)에 접어들었음을 공식 선포해야 한다는 주장까지 등장했다. '인류세'란 말 그대로 인류가 지구의 변화에 가장 큰 영향력을 미친 시기라는 뜻이다.[34] 유력한 '황금 못'(golden spike, 각 시대를 구분하는 중대한 계기가 되는 기준)으로는 핵실험에 의한 방사성 물질 확산, 플라스틱 공해, 석탄 연소의 그을음 증대, 콘크리트 확대, 비료 사용에 따른 질소와 인(燐) 축적, 심지어 닭뼈의 폭발적인 증가 등이 지목되었다. 모두가 인간 활동의 결과물이다. 미래의 지질학자들은 인류세를 정의하는 화석으로 '플라스틱'과 '닭뼈'를 꼽을 것이라는 전망이 제기되는 실정이다.

캐롤린 머천트는 인류세에 이르러 '두 번째 자연의 죽음'이 야기됐다고 진단한다.[35] 첫 번째 자연의 죽음이 과학혁명기에 자연에 대한 은유가 바뀜으로써 시작되었다면, 1784년 스코틀랜드 발명가 제임스 와트가 증기 기관을 발명한 이래 박차가 가

---

34 Paul J. Crutzen and Eugene F. Stoermer, "The Anthropocene", *IGPB(International Geosphere-Biosphere Programme) Newsletter*, No. 41(2000. 5), 17.
35 캐롤린 머천트, 『인류세의 인문학: 기후변화 시대에서 지속가능성의 시대로』, 우석영 옮김(동아시아, 2022).

해진 산업혁명이 과도한 화석연료 사용으로 이산화탄소를 대량 방출하여 기후 위기를 일으켰으니, 이것이야말로 실질적인 지구 살해, 곧 '두 번째 자연의 죽음'이 아니냐는 지적이다.

인류세라는 용어는 그 자체가 종말론적이다. 현생 인류에 대한 근본적인 회의와 반성, 나아가 심판의 뜻이 내포되어 있다. 그러니까 호모 사피엔스로는 안 된다는 말이다. 저 혼자 살자고 그 좋은 머리를 '소유'와 '독점'에만 쓰는 사람, 세상을 '사랑'하기보다는 '이용'하려 드는 사람, 더 많이 '소비'할수록 '능력'이 많은 양 으스대는 사람은 지구 시민의 자격이 없다. '슬기로운 사람'이라는 이름값에 걸맞지 않게 어리석은 사람이다.

신앙고백적 언어로 옮기면, '옛사람'을 벗어 버리고 '새 사람'을 입어야 한다(엡 4:22-24). 새사람의 이름을 뭐라 부를까? 호모 심비우스(Homo symbious)로 부르자는 제안이 일리 있다.[36] 공생의 지혜가 있는 사람이다. 자기를 '공동체 안의 개체'(individual in community)로 인식한다. 타자에 대한 연대 책임을 느낄 줄 안다. 개인의 자유 확대나 권리 신장도 중요하지만, 꿀벌과 우정을 나누는 실천 역시 중요하다는 걸 인정하는 사람이다. 남의 도움에 의지하지 않고 '독립 주체'로 우뚝 서는 걸 예찬

---

36 최재천, 『호모 심비우스: 이기적인 인간이 살아남을 수 있는가』(이음, 2016). 나도 같은 제목의 책을 쓴 적이 있다. 구미정, 『호모 심비우스: 더불어 삶의 지혜를 위한 기독교윤리』(북코리아, 2009). 그 밖에 나의 졸고, 「코로나 시대에 다시 생각하는 '하나님의 형상'」, 『신학연구』 76(2020. 6), 73-99, 특히 92-94을 볼 것.

하기보다는 서로 의존하지 않으면 생존할 수 없는 생명의 취약성을 은총으로 받아들인다.

미국의 에코페미니스트 신학자 샐리 맥페이그는 "기후 비상사태는 우리가 과거에 이 행성에서 가장 강력하고 똑똑하며 필요한 동물의 지위에서부터 행성의 최악의 적으로 어떻게 타락했는지를" 보여 준다고 단언한다.[37] 바꾸어 말하면 기후 비상사태는 우리가 누구인지 성찰하도록 촉구한다. 부도난 문명을 일궈 놓고도 번영이라 속이는 인간의 뻔뻔함은 어디서 왔을까? 이 질문은 이렇게 바꿀 수 있다. 대체 어떤 신이기에 인간이 이토록 방자하게 굴어도 용인하는가?

기후 비상사태는 전통 신학의 유통기한이 끝났다는 선언이기도 하다. "지구가 황폐화된 가장 치명적인 원인은 다른 존재들을 근본적으로 무시한 채 모든 권리를 당연하다는 듯 인간에게 부여하는 태도에 있다"면,[38] 그런 태도를 부추긴 전통 신학의 인간중심주의가 재고돼야 마땅하다. 개인 구원, 영혼 구원, 내세 구원의 삼박자로 이루어진 전통 신학은 기후 비상사태에 적절한 답을 주지 못한다. 신학이 에코페미니즘과 대화해야 하는 이유가 여기에 있다.

그럴 때 신학은 하나님에 대한 전통적인 은유들, 곧 가부장

---

[37] 샐리 맥페이그, 『불타는 세상 속의 희망 그리스도』, 김준우 옮김(생태문명연구소, 2023), 25.
[38] 토마스 베리, 『위대한 과업』, 이영숙 옮김(대화문화아카데미, 2009), 16.

적 이미지로 점철된 '왕, 군주, 아버지'를 재고하지 않을 수 없다.[39] 하나님은 이 세상의 고난에 초연한 분이 아니시다. "어머니가 어찌 제 젖먹이를 잊겠으며, 제 태에서 낳은 아들을 어찌 긍휼히 여기지 않겠느냐!"(사 49:15). 이사야 예언자의 입을 빌려 표현된 하나님은 전통 신학이 정통 교리로 주장해 온 '절대 타자'로서의 하나님 이미지를 전복한다.

도로테 죌레(Dorothee Soelle)는 하나님을 '전적 타자'로 보는 관점이 세 가지 왜곡된 신앙을 낳는다고 꼬집는다.[40] 첫째는 하나님에 대해서다. 하나님을 절대 초월자로 이해하면 하나님 자신이 고립된다. 하나님의 존재와 활동은 인간이 도저히 알 수 없는 불가해한 것으로 남고, 하나님과 인간 사이에는 아무런 상호작용도 일어날 수 없다. 둘째로, 대지에 대해서다. 하나님이 피조세계와 무관하게 동떨어져 존재하는 분으로 이해될 때 대지의 신성성은 거세될 수밖에 없다. 성례전적 감각이 배제된 창조 신앙은 자연 착취의 도구로 전락할 소지가 다분하다. 셋째는 인간에 대해서다. 절대 초월적 하나님 관념의 부정적 영향은 대지와 인간의 공동 운명성을 망각하는 데로 이어진다. 하나님과 세계의 분리가 자명한 한, 무엇으로 인간의 지배권을 제어한단

---

39 샐리 맥페이그, 『은유신학: 종교 언어와 하느님 모델』, 정애성 옮김(다산글방, 2001). 샐리 맥페이그, 『어머니·연인·친구: 생태학적 핵 시대와 하나님의 세 모델』, 정애성 옮김(뜰밖, 2006) 참고.
40 도로테 죌레, 『사랑과 노동』, 박재순 옮김(한국신학연구소, 1992), 32-42.

말인가?

그리하여 에코페미니즘은 하나님과 세계 사이의 '유기적 모델'(organic model)을 지지한다. 우주는 자동 기계도, 죽은 물질도, 혹은 뉴턴이 생각한 것처럼 '닫힌 탁구공'도 아니다. 살아 있는 유기체로서 서로 긴밀한 영향을 주고받으며 공생하고 공진화한다. 이러한 이해를 가장 혁명적인 명제에 담아낸 에코페미니스트 신학자가 샐리 맥페이그(Sallie McFague)다. 그녀는 피조세계가 하나님의 몸이라고 주장한다. 이 유비는 모든 육체적인 것, 물질적인 것, 자연적인 것을 더럽고 천한 것의 원천으로 본 전통 신학의 편견을 뒤집어엎는 것이다.

맥페이그는 기독교가 그 어느 종교보다 탁월한 '몸의 종교'라고 강조한다.[41] 왜냐하면 기독교는 성육신의 종교이기 때문이다. 기독교는 하나님이 세계를 창조하셨을 뿐만 아니라 인간의 몸을 입고 세계 안에 육화하셨다고 이야기한다. 세계가 하나님의 몸이라면, 게다가 그 몸이 심각하게 고통을 겪고 있고 심지어 아파서 죽어 간다면, 세계에 대한 인간의 태도는 착취와 억압, 지배 대신에 경외와 돌봄과 책임으로 전환될 것이다.

세계가 하나님의 몸일 때, 하나님은 세계 안에 임재하신 '육화된 영'으로 이해된다. 이 영은 전통 신학이 말하는 '(세상) 초월적인 영'과 다르다. 오히려 창조 이전에 "물 위를 거닐던"(창 1:2) 바람이며, 모든 피조물의 생명을 살리는 '숨결'이다. 살아 있는

---

[41] 앞의 글, 14.

피조물은 이 숨결에 의지하여 살아간다. 바울 사도의 고백대로 "우리는 하나님 안에서 살고 움직이고 존재"한다(행 17:28). 맥페이그는 이러한 유기적 모델이 상호의존적인 세계 안의 모든 '몸'들을 향해 윤리적으로 응답하는 동기가 된다고 말한다.

다시 말해, 거룩한 삶이란 이 땅에서 우리가 하나님을 드러내는 길이다. "신성화는 이 세상에서의 문제다."[42] "우리는 하나님의 몸이다. 우리는 '펼쳐진'(spread out) 하나님이다. 우리는 육신이 된 하나님이다."[43] 예수의 십자가는 이것으로 집약된다. 하나님이 어떻게 세상을 구원하시는지, 또 우리 인간은 어떻게 세상을 살아 내야 하는지 보여 준다. 예수가 우리의 구원을 위해 '모든 것을 다 해 주었다'는 일방적인 대속(代贖) 신앙으로는 충분하지 않다. "우리는 예수와 함께 타자들을 위한 자기희생적 사랑의 삶을 사는 것을 통해 구원을 얻는다."[44] 거듭 말하자면, 타자에는 인간만 포함되지 않는다. 지구 위 만물이, 하나님이 지으신 천지가 다 들어가야 한다. 예수의 '하나님 나라'는 누구도, 무엇도 배제하지 않는다는 점에서 혁명이었다.

호모 심비우스의 예언자적 선택을 보여 주는 고무적인 사례가 있다. 21세기 들어 뉴질랜드 의회가 황거누이강과 타라나

---

42   샐리 맥페이그, 『풍성한 생명』, 265.
43   앞의 글, 273.
44   샐리 맥페이그, 『불타는 세상 속의 희망 그리스도』, 31. 그 밖에 1장도 볼 것.

키산에 살아 있는 인간과 똑같이 법적 권리를 부여하는 법안을 통과시킨 사건이다. 세계가 다시 재(再)마법화의 길에 들어섰다. 민주주의(democracy)가 생주주의(biocracy)로 진화하는 모양새다.[45] 샐리 맥페이그는 다음의 질문 앞에 우리를 세운다. 지구의 미래가 우리의 대답에 달려 있다.

> 우리는 생주주의가 나무, 산, 새, 심지어 민달팽이에게조차 살아갈 '권리'와 번창할 '권리'를 주는 지구적 정부의 올바른 형태라고 상상할 수 있는가? 우리가 정말로 다른 모두를 포함시킬 수 있는가? 도대체 세계는 누구의 것인가?[46]

---

45 구미정, 「종전선언과 반공기독교 성찰-황석영의 '손님'을 중심으로」, 『신학연구』 78집(2021. 6), 163.
46 샐리 맥페이그, 『불타는 세상 속의 희망 그리스도』, 104-105. 번역서에는 원문의 'biocracy'가 '생명주의'로 표현되어 있지만, 필자는 '생주주의'로 옮기는 게 더 적합하다고 본다.

5장

'대지의 공동체'와 '하느님 나라의 경제'

박경미 (성서학자, 이화여자대학교 명예교수)

이야기와 '대지의 공동체'

근래 들어 뉴스를 검색하기가 망설여질 정도로 폭력적이고 끔찍한 사건들이 자주 일어나고 있다. 공정과 상식을 앞세우지만 우리가 목도하는 것은 무법, 무도한 세상이다. 현 정권(윤석열 정권) 들어 정치권, 기득권층의 무교양이 더욱 노골적으로 드러나기도 하지만, 이와 함께 자본주의 산업사회를 움직이는 심리적 동력으로서 분노와 시기가 이제 거의 한계 상황에 달해 사회 전반에 폭력의 수위가 위험 수준에 도달했다는 생각이 든다. 단군 이래 그 어느 때보다 풍부한 물질적 혜택을 누리고 봉건적·위계적 사회관계가 주는 압력으로부터 상대적으로 자유롭지만, 개인주의와 물질주의가 활개 치는 상황에서 사람들은 불안하거나 두렵거나 화가 나 있다. 과연 행복한 삶이란 어떤 것인가? 지금 우리가 목도하고 있는 세상은 다시 한번 이런 질문을 하게 만든다. 아무리 물질적으로 풍부하고 권위와 위계로부터 자유롭더라도 너그럽고 행복한 삶에 대한 동경을 잃어버릴 때 인간은 너무나 쉽게 천박하고 저급해진다.

이런 생각을 할 때마다 우리 세대의 무책임과 무능을 떠올리게 된다. 우리는 삶의 의미를 재구성해 주고 세계를 이해하게 해 주는 '이야기'를 우리 아이들에게 전해 주지 못했다. 적어도 우리의 부모 세대는 어떤 종류의 삶을 사는 것이 가치 있는지 암묵적으로라도 전해 줄 '이야기'가 있었는데 우리 세대는 그러지 못했다. 우리 윗 세대는 식민지 시대와 전쟁, 가난을 겪으며 힘겹게 살았지만 그 속에서 우러나온 정직하고 순진한 삶의 이야기들은 어떻게 사는 것이 가치 있는 삶인지 어렴풋이나마 자식들에게 각인시켜 줄 수 있었다. 그런 이야기들은 굳이 의도하지 않더라도 계급적 성격을 분명히 지녔고, 그럼에도 계급 이데올로기에 결코 포획당하지 않으면서 그 세대의 살아 있는 삶을 표현해 내는 특성이 있었다. 어릴 적 나는 어른들이 일제 강점기에 얼마나 억울하고 분한 일을 당했는지, 그리고 전쟁으로 어떻게 부모형제와 생이별을 했는지 고생담을 들려줄 때마다 이상하게도 그런 슬픈 이야기들이 내 몸속으로 들어와 따뜻하고도 행복한 느낌으로 나를 채워 주는 경험을 했다. 가난하고 고단한 이야기들임에도 불구하고 그것은 내 안에서 풍부하고 윤택한 느낌을 불러일으켰다. 출세나 국가 발전에 대한 멋진 이야기가 아니라 신기하게도 그런 소박하고 순진한 이야기들이 오래도록 가슴에 남았고, 어른이 되어서는 그런 이야기들이 사람과 관계를 맺고 세상을 이해하는 내 나름의 방식을 찾아가는 데 가장 원초적인 바탕이 되는 '기분'을 형성한 것 같다. 그처럼 우리 윗 세대가 우리에게 전해 줄 '이야기'를 가지고 있었던 것은 아마도 그들이 땅과 땅에 뿌리내린 삶에 우리보다 훨씬 더 밀착해 있었기 때문이 아닌가 싶다. 괴롭고 힘들게 살았을망정 대지에 뿌리내린 삶의 강력한 힘이 살아 있었기 때문이라고 생각한다.

　세대에서 세대를 거쳐 전해져 오는 삶의 지혜, 덕스러운 삶에 대한 이야기들, 이런 것은 전통이라는 말로도 지칭할 수 있고, 넓은 의미에서 문화라고 할 수 있으며, 종교는 그 핵심에 있다. 그런 것들은 구체적인 장소와 장소에 결부된 사람들에 대한 이야기를 통해 우리가 원래 연결되어 있다는 기억을 일깨우며, 그럼으로써 고향에 있다는 안전한 느낌을 갖게 한다. 우연과 역사를 통해 구체적인 장소에 육화된 존재로, 상호 연결된 전체의 일부로 겸허하게 자기 존재를 받아들이게 하고, 그럼으로써 위대한 영웅만이 아니라 보통 사람도 자기 삶을 긍정하고 개별 자아의 왜소함을 넘어설 수 있게 한다. 그리고 이러한 전통과 문화, 종교는 땅과 땅에 뿌리내린 민중의 공동체적 삶에서 자연스럽게 길어올려지며, 성서가 그렇듯이 세계 안에 있는 존재의 유한성과 상호 의존성에 대한 진솔한 인식을 그 핵심으로 한다. 행복한 삶에 대한 생각이나 도덕적 가치관 역시 무슨 정언적 도덕 명령에 대한 개인의 수용이나 공리주의적 효율성에 근거하는 것이 아니라, 땅과 땅에 뿌리내린 공동체적 삶에 근거한다. 그러므로 우리가 아무리 다른 존재와 담을 쌓고 분리된 독립적 존재인 양 물리적으로, 인식론적으로 폭력을 행사해도, 또 우리가 자연과 타인을 통제하고 지배한다고 착각해도 원래 세계가 연결된 전체로서 하나라는 특성은 사라지지 않는다. 가족과 이웃, 자연과 더불어, 그들 '덕분에', 그들의 '은혜로' 우리가 살아간다는 사실은 변하지 않는다.

종교적 언어로 말하자면 우리는 '나'와 나 이외의 모든 존재를 아우르는 알 수 없는 신비로서의 '전체', 그것을 표상하는 언어로서 신, 또는 근원적 존재 앞에서, 아니, 그의 품 안에서 살아간다. 성서에서 세계를 피조세계로 이해하는 것 역시 우주 만물의 상호 연결성과 의존성, 유한성에 대한 인식을 드러내는 한 방식이다. 창조주로서 '하느님'은 세계를 연결된 전체로, 하나로 받아들일 수 있게 하는 인식론적 아르키메데스의 점이다. 성서가 가르쳐 주는 바에 따르면, 하느님의 피조물로서 동료 피조물과 조화로운 협력 관계를 이루고 가족과 이웃을 돌보고 사랑하며 살다가 때가 되면 평화롭게 죽음을 받아들이고 스올로 내려가는 것이 하느님이 허락한 삶이며 유한하고 의존적인 존재로서 인간의 행복한 삶이다. 죽음과 가난 역시 무찌르고 박멸해야 할 대상이 아니라 '전체'의 일부이자 인간 삶의 구성적 요소로서 어떤 방식으로든 감내하면서 극복해야 한다는 것이 성서가 보여 주는 삶에 대한 합리적이고 지혜로운 태도이다. 원자론적으로 고립된 개체들을 권력에 의해 통합하고 동원하는 것이 파시즘적 전체주의라면, 신앙은 사랑의 힘에 의해 원래 우리 자신이 속해 있는 전체 속으로 융해되려는 노력이다. 따라서 우리가 원래 속한 '전체'에 대한 기억을 불러일으키지 못하는 신앙은 가짜이며, 하느님은 나를 이웃과 자연에, 전체에 조화롭게 연결시켜 주는 중심이다.

그러므로 성서의 인간들은 이웃, 세계와 끈끈한 유대를 이루고 있을 뿐만 아니라 땅에 든든히 뿌리내리고 있다. 성서에서는 가령 아브라함이나 모세, 다윗 같은 이스라엘 역사의 위대한 인물들도 그저 위계적 권력자로 또는 존재의 중핵을 결여한 채 형식적이고 이상적인 인물로만 그리지 않는다. 성서에서 인간을 보는 관점은 철저히 이웃과 세계, 땅과의 관계, 즉 '대지의 공동체'와의 관계에 바탕을 두고 있다. '대지의 공동체'는 미국의 자연보존주의자 알도 레오폴드(Aldo Leopold)가 무생물과 생물, 인간을 포함하여 자연을 통전적인 생명 공동체로 지칭하면서 사용한 말이다.[1] 그는 서로 연결되어 상호 의존하는 전체 생명 공동체를 '대지의 공동체'라고 지칭했으며, 여기에는 흙과 바위 같은 무생물만이 아니라 인간도 포함된다. 분리된 개인이 아니라 자신과 이웃, 자연과의 사이에 궁극적 근원에 있어서 공감

---

1   Aldo Leopold, "Engineering and Conservation," *The River of the Mother of God and Other Essays by Aldo Leopold*, ed. Susan L. Flader and J. Baird Callicot (Madison: University of Wisconsin Press, 1991) 참조.

과 연결성을 유지하고 있을 때 비로소 인간은 그 자신일 수 있다는 인식이 '대지의 공동체'라는 말의 근저에 깔려 있다. 그리고 이것은 성서가 인간을 그리는 관점의 가장 밑바탕에 깔린 생각이며, 바로 그것이 인간은 하느님의 피조물이라는 믿음의 실질적인 의미라고 생각한다.

그러므로 성서가 전해 주는 믿음의 전통은 사람과 사람, 인간과 자연의 내적 유대와 교감을 확인시켜 주는 강력한 정신적 기술이라고 할 수 있다. 성서에 따르면 인간은 유한한 세계 안에서 유한한 존재로 살아가고 결국 죽을 수밖에 없지만, 하느님이 창조하신 세계 안에서 타자와 더불어 살아가면서 개체로서의 자기를 초월하여 더 큰 생명의 영속성에 참여한다. 땅과 후손에 대한 하느님의 약속 역시 이러한 맥락에서 이해된다. 대지는 공동체이고 우리는 그 일부분이다. 우리는 땅에 뿌리박고 살아가며 궁극적으로 땅에 의존한다. 땅은 단순히 자원이 쌓여 있는 창고도 아니고 화폐 가치에 근거해서 그 안의 어떤 것은 가치 있고 어떤 것은 가치가 없다고 평가할 수 있는 것도 아니다. 땅은 우리가 살아가는 커다란 맥락이며, 우리가 하는 모든 일은 그 안에서 분별 있게 잘 들어맞아야 한다. 경제는 이러한 '대지의 공동체'의 하위 시스템이어야 하며 자연의 건강한 기능과 일치되게 작동해야 한다.

우리 시대 행복한 삶에 관한 생각 역시 자연과 자연 안에서 인간의 위치에 대한 이해와 깊은 관련이 있다. 성서에서 땅은 생명 공동체, 즉 서로 연결되어 상호 의존하는 생명 요소들의 공동체, '대지의 공동체'이며 인간은 그 구성원 중 하나다. 성서는 이 '대지의 공동체'의 일원으로서 주어진 운명에 순응 또는 저항하며 살아가는 인간 군상의 모습을 그려 낸다. 성서는 '대지의 공동체'의 일원으로서 쓰라린 시련을 겪으면서도 타자와의 관계 속에서 고통을 안으로 보듬으면서 절대적인 삶의 긍정에 도달한 지극히 부드럽고 너그러운 영혼들에 대한 찬미라고 할 수 있다. 이를 통해 성서는 존재의 내적 풍부성과 근원적 밝음 가운데로 우리를 인도하고 거기서 우리의 가난하고 고단한 삶을 홀연히 아름다운 축제로 꽃피게 해 줄 지혜를 선사한다.

근대 산업 문명과 '대지의 공동체'의 파괴

지금 우리가 목도하고 있는 사회적 혼란은 거슬러 올라가면 삶과 세계를 통일된 전체로 이해할 수 있게 해 주는 이야기, 전통을 잃어버린 우리 시대의 근원적 오류와 관련이 있다. 땅과 땅에 뿌리내린 삶에서 벗어난 '불경'이 문제의 근원이다. 성서를 비롯해서 땅에 뿌리내린 인류의 가장 오래된 지혜들은 보다 많은 소유가 아니라 인간과 공동체, 자연 사이에 조화로운 관계가 이루어져야 행복한 삶, 좋은 삶이 가능하다고 가르쳐 준다. 인간은 세계와 우주 안에서 자신의 고유한 자리를 이해해야만 온전한 존재로 살아갈 수 있는데, 이 사실을 망각한 결과를 우리는 지금 겪고 있는 것이다. 그러니까 만물의 하나됨이라는 진실이 오늘날 지극히 부정적인 방식으로 인류에게 그 위력을 과시하고 있는 셈이다.

　　성서가 '대지의 공동체'에 뿌리내린 삶의 통전성과 영속성을 지지한다면, 근대 산업 문명은 재산권에 기반한 추상적 개인의 권리와 자유가 행복한 삶의 조건이라고 주장한다. 재산권에 기반한 개인의 자유와 권리 추구는 실은 서구 근대화 과정에서 소수의 특권 부르주아 계급이 자신들의 권리를 정당화하면서 전파한 이념인데, 사람들은 마치 그것이 만인에게 해당할 수 있기라도 한 듯이 착각하고 있다. 이런 환상적인 기대 속에서 우리는 상호 협동과 의존을 기반으로 했던 전통적인 공동체적 삶의 방식을 후진적이라 여기고 서구 근대의 사고방식과 생활 방식을 기꺼이, 그리고 열렬히 받아들였다. 그래서 오늘 우리 사회는 각자 자신의 권리와 욕망을 충족시켜 주기를 요구하는 개인들의 목소리로 떠들썩하고, 그로 인해 정치는 시시각각 요동친다. 그러나 자신의 이해관계에 몰두해 있는 개인들의 집합체로 구성된 사회는 필연적으로 공동체적 도덕성을 결여하며, 그러한 상태에서 민중은 전통적인 사회적 안전망을 상실한 채 벌거벗은 개인으로 위기에 내던져진다. 인간이 아니라 인간이라는 형체를 지닌 물질 덩어리로 살아가도록 강요받는다. 오늘날 우리는 각자 물질적 풍요와 안정을 이루어야 행복해질 수 있다고 생각하지만, 그것이야말로 현대의 신화이며 "모두가 부자 되는 세상"은 우리 시대의 미신이다. 그리고 이제 우리는 생태적으로, 사회경제적으로 그러한 기대가 무망해지는 시점에 이르렀다.

　　지금 우리가 직면해 있는 기후 위기는 문명과 그 문명을 떠받치고 있는 토대의 위기, 과거 인류가 경험해 본 적이 없는 미증유의 위기이고 경험해 본 적이 없는 만큼 상상하기도 어렵다. 그러나 이제 기후 위기는 과학적으로 부정할 수 없다. 2023년 4월에 발표된 유엔 기후 변화에 관한 정부 간 협의체(IPCC) 6차 보고서는 상대적으로 보수적이라고 평가받지만, 대기와 해양, 육지에서 벌어지고 있는 온난화가 자연적인 현상이 아니라 명백히 인간이 유발한 것임을 유례없이 강조하고 있으며, 산업혁명 이후 불과 200년 남짓 짧은 기간에 지구 평균 온도가 1.1도 이상 상승한 것은 지난 200만 년 동안 전례가 없다는 점을 확인해 주었다.[2] 그 결과, 인류가 농사를 시작하고 현재와 같은 문명을 건설할 수 있게 된 12,000년 동안의 안정된 기후 체계가 붕괴하고 있다고 경고하고 있다. 얼마 전 유엔 사무총장은 이제 global warming의 시대는 끝나고 global boiling, 즉 지구가 끓어오르는 시대로 넘어갔다고 말했다. 불과 몇 년 사이에 global warming에서 global heating으로, 다시 global boiling의 시대로 넘어간 것이다. 실제로 유엔은 2022년 현재 전 세계 국가들이 자발적으로 약속한 온실가스 감축을 모두 이행하더라도 섭씨 1.5도가 아니라 2.4-2.6도 이상 지구 평균 온도가 높아질 것이라

---

2   IPCC(International Panel of Climate Crisis) 6차보고서에서는 만일 지금과 같은 속도로 온실가스 배출이 증가하면 2100년까지 최고 4.4-5.7도 상승할 것이라고 예측했다. 김준우, 『인류의 미래를 위한 마지막 경고: IPCC 6차 보고서(2023)와 그리스도인의 과제』(생태문명연구소, 2023) 참조.

고 분석했다.³ 기후과학자 빌 맥과이어는 그린란드와 남극 서부 빙하가 녹는 속도 등을 감안할 때 1.5도 가드레일은 이미 무너졌다고 경고하면서 이제 기후 위기가 아니라 기후 붕괴(climate breakdown)가 맞다고 했다.⁴ 기후 붕괴는 곧 총체적인 사회 붕괴를 의미한다. 이것은 절망적인 이야기로 위협하려는 것이 아니라, 더 이상 기후 위기라는 눈앞의 빙산을 외면해서는 안 되고 어떻게든 그것을 막고 어쩔 수 없이 기후 파국이 오더라도 사회적 피해를 최소화하기 위해 노력하는 것이 인간다운 삶의 자세임을 말하고자 하는 것이다.

단순화해서 말하자면, 기후 위기는 과도한 탄소 배출 때문에 발생하는 것이니 탄소 배출을 줄여야 하고, 오늘날 탄소 배출의 주원인은 화석연료 사용 때문이니 화석연료 사용을 줄여야 한다. 문제는 화석연료가 현대 자본주의 경제를 작동시키는 동력이라는 데 있다. 우리는 석유를 태워 이동할 뿐만 아니라 석유를 먹고 마시고 입으며 석유로 만든 집에 거주한다. 어쩌면 우리 몸속에는 피 대신 석유가 흐를지도 모른다. 결국 실질적이고 구

---

3   UNFCCC(United Nations Framework Convention on Climate Change), 2022. 2022 NDC(Nationally Determined Contribution) Synthesis Repport". https://unfccc.int/ndc-synthesis-report-2022#Mandate-and-background.
4   Bill McGuire, "Why we should forget about 1.5C global heating target?" https://www.theguardian.com/commentisfree/2022/sep/12/global-heating-fighting-degree-target-2030.

체적인 대안은 두 가지 방향에서 제시될 수밖에 없다. 사회경제적으로 자본주의 이후 사회, 탈성장 사회를 모색하거나,[5] 기술적으로 화석연료를 대체할 재생 에너지를 개발하고 실용화하는 것이다.[6] 조천호 박사는 현재 인류가 발전시킨 과학기술의 수준이나 재정의 규모는 기후 위기를 극복할 역량을 갖추고 있지만, 사회·정치·경제 시스템의 문제 때문에 효과적인 대처를 못하고 있다고 했다.

기후 위기는 총체적인 위기이고 경제·사회·문화, 즉 삶 전체의 근본적인 변화를 요구한다. 오늘날 세계적으로 기후 위기에 대한 인식은 상당히 높아졌지만, 여전히 대다수는 지금과 같은 대량 생산, 대량 소비, 대량 폐기 시스템을 유지하면서 기후 위기 대응을 해야 한다는 강박에 사로잡혀 있다. 게다가 생활 수준의 향상에 대한 세계인의 기대는 예전과 비교할 수 없이 높아졌다. 이 점은 기후 위기에 대한 국가적 차원의 대처를 어렵게 만드는 요인이다. 재생 에너지 산업이 아무리 발전한다 한들 그런 기대를 충족시킬 수 있을까? 독일 녹색당의 사상적 아버지라고 할 수 있는 심층생태주의자 루돌프 바로는 생태적 근대화(ecological modernization)야말로 최후의 제국주의(final

---

5   나오미 클라인, 『이것이 모든 것을 바꾼다: 자본주의 대 기후』, 이순희 옮김(열린책들, 2016), 173, 291-293. 이 책에서 나오미 클라인은 수많은 자료와 사건들을 분석하고 탈자본주의, 탈성장주의의 방향을 제시했다.

6   이 외에 탄소 포집, 성층권 에어로졸 분사, 인공 지진 등 지구공학적 방법도 있지만, 이것은 문제 해결을 위해 더 많은 문제를 발생시킨다.

imperialism)일 것이라고 했다. 이런 관점에서 보면 근대적 생활방식을 그대로 유지한 채 신재생 에너지로 화석연료를 대체할 수 있다는 생각 자체가 문제적이다. 그런 생각 근저에 깔린 탐욕이 근원적 문제인 것이다. 과연 인간이 행복을 느끼고 만족할 수 있는 물질적 삶의 수준은 어느 정도일까? 그런 것을 정할 수 있을까? 이런 질문은 어떻게 사는 것이 행복하고 인간다운 삶인지에 대한 가치의 문제로 귀결된다. 결국 인간 자신이 문제인 것이다. 이 점에서 그의 말대로 우리에게는 생태학(ecology)이 아니라 신학(theology)이 필요한 것인지도 모른다.[7]

근대 문명의 압도적이고도 결정적인 특징인 자본주의 시장 중심주의는 여러 세대를 거치면서 우리가 자연과 인간을 인식하고 평가하는 방식을 형성하게 되었다. 그것은 하나의 세계관이며, 우리가 우리 자신을 어떻게 이해할지, 또 무엇을 가치 있다고 여기고 원해야 할지를 규정한다. 자본가들이 자본을 축적하기 위해서는 사람들이 더 많이 돈을 쓰고 소비를 해야 하고, 그러기 위해서는 사회적으로 탐욕을 부추기고 탐욕을 미덕으로 만들어야 한다. 자본의 축적을 위해서는 대규모 산업 생산이 이루어져야 하고, 산업 생산이 유지되기 위해서는 근본적으로 대중이 소비자로 규정되어야 한다. 자본주의, 산업주의, 소비주의로 이어지는 시장경제 시스템에 의해 인간은 그 어느 때보다 탐

---

7 Rudolf Bahro, "Theology, not Ecology" https://onlinelibrary.wiley.com/doi/epdf/10.1111/npqu.11426.

욕스러워졌고 지구 생태계는 위기에 처했다.

자본주의 시장에서 인간은 철저하게 소비자로 규정되며, 소비자로서의 인간은 기본적으로 개인이다. 개인의 자기중심주의가 오늘날 경제의 뿌리에 놓여 있다. 인간은 도덕과 무관한 시장 참여자로서 개인이며, 개인으로서 자유롭게 자신의 선호에 따라 행동한다. 소비자로서 인간은 혼자서 행동하는 자율적 행위자이며 기본적으로 개인이다. 그러므로 시장적 세계관의 근본적인 문제는 도덕 가치와 행위를 모두 개인적 선호의 범주 안에 밀어 넣어 버리고, 그럼으로써 대안적인 도덕 가치와 공동체적 비전의 형성을 가로막는다는 점이다. 기후 위기 대응 역시 개인의 주관적 가치관이나 선호의 문제로 취급되며, 따라서 실질적인 대응이 어려워진다.[8] 또한 시장이 지배하는 세계에서 자연은 사적인 부분들로 구획되고 상품으로 파편화된다. 자연은 그 자체로 통전적인 생명의 그물망, '대지의 공동체'가 아니라 소유주의 통제를 받고 시장에 의해 가치가 평가되는 단순한 물리적 실체일 뿐이다. 자연은 그 자체로서는 특별한 가치가 없다.[9] 이러한 문화적 경향은 인간 역시 지구 행성의 거대한 생태적 그물망에 속해 있다는 인식을 가로막으며 서슴없이 '대지의 공동체'를 파괴할 수 있게 한다.

---

8 에릭 T. 프레이포글, 『가장 오래된 과제: 자연 안에서 인간의 위치를 생각하다』, 박경미 옮김(한울 아카데미, 2021), 258.
9 프레이포글, 172-176.

현재의 사회경제 시스템은 기후 위기 대응을 근본적으로 어렵게 한다. 우리에게는 어떤 미래가 기다리고 있을까? 물질적 삶의 향상에 대한 기대도 무망해지고 돌아갈 과거도, 정신적·실질적 고향도 사라졌다는 사실을 깨달았을 때 사람들은 어떤 반응을 보일까? 그 절망과 분노가 가져올 연쇄반응은 생각만 해도 두렵다. 이미 19세기 말 영국의 소설가 조지프 콘래드는 이렇게 말했다. "인간의 삶, 그의 성격과 능력, 대담한 행동들은 그 본질에서 보면 결국 자기 주변 세계가 안전하다는 믿음의 표현일 뿐이다. 발전한 문명 세계의 거주자들은 제도와 도덕, 경찰력과 여론의 힘을 맹목적으로 믿는다. 어느 문명이든 그런 확신에 근거해 있다. 그리고 그것은 주변의 다른 사람들도 똑같이 생각하고 믿고 있다는 관념에 의해서만 유지될 수 있다."[10] 그러나 전쟁이든 자연 재난이든 어떤 원인에 의해서든, 일단 그 믿음들이 흔들리기 시작하면 문명의 붕괴는 걷잡을 수 없다. 결국 근대 문명이란 조지프 콘래드가 말하듯이 일종의 얇은 베니어판 같은 것인지도 모른다. 어떤 계기로 인해 그 얇은 베니어판이 사라지고 나면 그가 보았던 내면의 거대하고 깊은 심연과 어둠이 드러난다. 사실 우리가 안전하다고 착각하고 있는 문명의 담장 아래는 훨씬 크고 교활한 힘이, 문명과 자연을 비롯하여 모든 것을 포괄하는 예측 불허의 거대한 '전체'의 힘이 피부 바로 밑에 피가 흐르고 있는 것처럼 가까이 있다. 다만 근대 기술 문명에 취한 우

---

10 조지프 콘래드, 『어둠의 심연』, 이석구 옮김(을유문화사, 2011), 312.

리가 그 세계와 직접 대면할 능력을 잃어버렸을 따름이다. 그러므로 이제 우리는 가짜 안전, 가짜 위안을 떨치고 위기의 본질에 직접 대면해야 한다.

두 개의 경제

미국의 농부이자 작가인 웬델 베리(Wendell Berry)는 그의 수많은 에세이에서 농부의 삶으로부터 우러나오는 사실적인 예와 비유를 통해 성서와 기독교 전통의 진리를 아주 평이한 언어로 전해 주고 있다. 그는 성서나 신학에 대한 전문적인 지식에 근거해서가 아니라, 오래된 농업 문화에 뿌리를 둔 전통적인 지혜에 근거해서 일련의 가르침을 주는데, 그의 글은 어떤 신학자의 글보다 기독교 신앙의 핵심에 다가가 있으며 깊은 울림을 준다. 원래 영문학을 전공한 교수였으나 제도권 대학에서 희망을 발견하지 못한 그는 교수직을 떠나 캔터키에서 농장을 일구며 소설을 쓰고 에세이를 쓴다. 그의 에세이에는 이웃에 사는 농부 친구들, 농장의 꽃과 풀, 양 떼, 강물이 등장한다. 물과 공기, 흙처럼 싱겁고 순한 언어를 쓰지만 그 기조는 더할 수 없이 강경하다. 1983년에 그는 「두 가지 경제」라는 에세이를 썼다.[11]

이 에세이에서 그는 인간 경제에 대비되는 개념으로 '하느

---

11 Wendell Berry, "Two Economies", 186-201. www.worldwisdom.com/public/library/default.aspx 23

님 나라의 경제'라는 말을 썼다. '하느님 나라의 경제'는 모든 것을 포괄하는 경제다. 이것은 의식을 하든 못하든 인간이 그 안에서 살아갈 수밖에 없는 전체적인 맥락을 가리키며, 인간 경제가 이루어지는 자리이면서 동시에 인간의 지식이 결코 완벽하게 뚫고 들어갈 수 없는 신비한 영역으로서 종교적 인식과 실천이 이루어지는 자리이기도 하다. '하느님 나라'라는 말이 풍기는 기독교적 색채가 방해가 될 수 있기 때문에 그는 이것을 '큰 경제'(great economy)라고 칭하기도 했지만, 사실 종교적 전통에 의지하지 않고는 그가 말하려는 바를 제대로 전달하기 어렵다. 그에 따르면 '하느님 나라의 경제'는 아무것도, 참새 한 마리도 빠뜨리지 않는 데 반해 '작은 경제'이자 대표적인 인간 경제인 산업 경제는 "포괄적이지 못한 데다가 자신이 포괄하지 못하는 것을 파괴하는 경향이 있고, 그러면서도 자신이 포괄하지 못하는 많은 것들에 의존한다."[12] 계속해서 그는 '큰 경제', 곧 '하느님 나라의 경제'에서는 모든 것이 연결된 하나의 질서를 이루고 있으며 우리는 이 질서 안에서 살지만 그 질서는 우리가 알고 규명할 수 있는 것보다 훨씬 크고 복잡하다고 한다. 그리고 만일 우리가 알지 못하는 그 질서를 악용하거나 위반한다면 혹독한 벌이 우리를 기다리고 있다고 한다.

그는 이 '큰 경제'와 '작은 경제'의 관계를 설명하기 위해 마태복음 6장을 인용한다. 거기서 예수는 공중의 새와 들의 백합

---

12   Wendell Berry, 186.

같은 자연에 대한 하느님의 돌보심을 이야기한 뒤 이렇게 말씀하신다. "그러므로 무엇을 먹을까, 무엇을 마실까, 무엇을 입을까 하고 걱정하지 말아라…… 너희는 먼저 하느님의 나라와 하느님의 의를 구하라. 그리하면 이 모든 것을 너희에게 더하여 주실 것이다"(마 6:33-36). 베리는 이 본문을 작은 경제, 즉 이 세상 경제의 가치를 부정하는 방식으로 해석하는 데 반대한다. 이 구절에서는 '오직' 하느님 나라'만을' 구하라고 하지 않고 '먼저' 하느님 나라를 구하라고 했다. 다시 말해 '큰 경제', '하느님 나라의 경제'가 그 안에 포함된 그 어떤 '작은 경제'보다 우선한다는 것이다. 그러므로 '큰 경제'는 '작은 경제'를 배제하지 않으며, '큰 경제' 역시 실용적인 의미에서 실제 경제이다.

그는 '큰 경제'와 일반적인 인간 경제 사이의 차이를 황금알을 낳는 거위와 황금알의 차이를 예로 들어 비유적으로 설명한다. 거위가 계속해서 황금알을 낳는 거위이려면 살아 있는 거위여야 하며 따라서 생명의 순환에 참여하고 있어야 한다. 언제든 인간의 이해력을 뛰어넘을 수 있는 온갖 유형의 사물과 그 형성 과정에 참여하고 있어야 한다. 이와 달리 황금알의 경우, 그 가치를 '정확히' 계산하려면 우리는 그것을 삶으로부터 분리해내야 한다. 즉 죽은 알로 황금알로 만들어서 그 무게와 형태, 크기에 따라 가치를 정해야 한다. 그러나 이것은 알을 낳는 거위를 보존하는 것과 배치될 수 있다. 거위를 보존하는 방식으로 알의 가치를 측정하려면 우리는 과학적으로가 아니라 인간적으로 행동해야 한다. 정확한 계산과 합리성만이 아니라 겸손과 동정심과 자제심, 관대함과 상상력에 근거해서 행동해야 한다. 왜냐하면 '큰 경제' 밖에서 살아가는 것은 불가능하며, 만일 우리 자신이 어떤 조건을 정해서 '큰 경제' 안에서 살려고 한다면, 그때는 반드시 '큰 경제'와 조화를 이루어야 하기 때문이다.

사용하는 언어가 다르기는 하지만, 이것은 생태경제학의 기본 전제와 일맥상통한다. 생태경제학에서는 경제를 품고 있는 지구 생태계에 둔감한 채 무한 성장 패러다임에 매몰된 기존의 경제관과 경제 정책을 뛰어넘지 않으면 제대로 된 기후 위기 대응이 불가능하다고 한다.[13] 사실, 인간 경제는 어떠한 가치도 독자적으로 만들어 내지 못한다. 인간 경제는 사물의 가치를 평가하고 분배하고 이용할 수 있을 뿐 최초의 가치를 창조해 내지는 못한다. 진정한 가치는 오로지 '큰 경제'에서만 시작된다. 물론 인간은 노동을 통해 자연물에 가치를 보탤 수 있다. 이때 인간이 덧붙인 가치는 인공적인 것이며 기술(art)에 의한 것이다. 이렇게 덧붙여진 가치는 인간 삶에서 대단히 중요하지만, 어디까지나 이차적이다. 그러므로 정말로 좋은 인간 경제라면 자신들이 다루는 물자와 에너지가 실은 자기가 만든 것이 아님을 알아야 한다.

그러나 인간이 자기 스스로 처음부터 가치를 만들어 낸다고 착각할 때, 그때 만들어 내는 가치는 추상적이고 그릇되고 포

---

[13] 김병권, 『기후를 위한 경제학: 지구 한계 안에서 좋은 삶을 모색하는 생태경제학 입문』(착한 책가게, 2023), 97.

악하며 진정한 가치를 파괴한다. 가령 화폐는 궁극적으로 '큰 경제'에서 비롯하는 옷이나 음식, 보금자리 같은 필수적인 재화의 가치를 정확하게 나타낼 때 그 기능을 제대로 한다. 그러나 '큰 경제'와의 연결성에서 벗어나 화폐가 독립적으로 인간 경제 안에서 작동할 때 화폐는 추상적 숫자로 환원되며 인플레이션과 고이율을 통해 작동한다. 생태경제학자들은 생산의 주요 요소 중 하나인 자연 자원은 열역학 제1·제2 법칙의 영향 아래 있는 반면, 금융은 그러한 제한을 받지 않기 때문에 파괴적으로 작용할 수밖에 없다고 설명한다. 가령 프레데릭 소디(Frederick Soddy)는 이렇게 말했다. "부채는 복리의 속도로 성장하고 순수한 수량으로서 그 성장을 느리게 만들 아무런 제한도 없다. 실물 자산은 한동안 복리의 속도로 성장할 수 있지만, 물질적 차원을 가지고 있기 때문에 그 성장은 이내 한계에 부딪힌다. 부채는 영원히 지속될 수 있지만 자산은 그럴 수 없다. 실물 자산의 물질적 차원이 엔트로피라는 파괴적 힘에 종속되었기 때문이다."[14] 결국 미쳐 날뛰는 금융 경제는 인간 삶에 필수적인 것들의 가치를 왜곡하고, 자연 자원과 인간에게 해를 끼친다. 이 점에서 인플레이션이나 금융 경제로 인한 피해는 인간이 스스로 가치를 창조해 낼 수 있다고 착각한 데 대한 응보라고 할 수 있다.

베리는 이러한 나쁜 경제의 예로 복음서에 나오는 어리석

---

14   허먼 데일리, 『성장을 넘어서: 지속가능한 발전의 경제학』, 박형준 옮김 (열린책들, 2016), 326에서 재인용.

은 부자의 예를 든다. 그는 미래를 위해 너무나 많은 것을 준비했다. 그에 따르면 누가복음 12장에 나오는 어리석은 부자의 죄는 "여러 해 동안 쓸 많은 재산을 쌓아 두었으니" "먹고 마시며 즐길" 수 있다고 생각했다는 데 있다. 그의 죄는 너무 많은 것을 쌓아 놓음으로써 미래를 축소시켜 버린 데 있다. 그는 미래를 자신이 희망하고 기대하는 크기만큼으로 줄여 버렸다. 그는 자신이 번영하는 미래에 대해서는 준비되어 있었지만 자신이 죽는 미래에 대해서는 준비되어 있지 않았다. 거기에 그의 어리석음이 있다. 우리 역시 영적으로나 실천적으로 미래를 축소시키며 살아간다. 지금 "많은 재산을", 추상적인 부를 쌓아 놓기 위해 구체적인 사물들, 가령 표토층과 화석연료, 지하수를 고갈시키고 그럼으로써 우리가 감당할 수 없는 빚을 미래로 떠넘긴다.

그러므로 좋은 인간 경제는 반드시 '큰 경제' 안에서 삶의 다른 차원들과 조화를 이루어야 하며 '큰 경제'와 일치해야 한다. 그것은 '큰 경제'의 유비가 되어야 한다. 이것은 달리 표현하자면 인간 경제의 궁극적 목적을 재설정할 필요가 있다는 말이다. 탈성장 사상의 원조라고 할 수 있는 코르넬리우스 카스토리아디스(Cornelius Castoriadis)는 인간의 경제 행위의 궁극적 목적에 대해 이렇게 말했다. "경제적인 가치들을 중심에 두는 (또는 유일한 것으로 생각하는) 일을 중지하고 경제가 최종 목적이 아니라 인간 생활의 단순한 수단으로서 합당한 위치로 돌아간 사회, 따라서 끝없이 증가하는 소비의 이 미친 경쟁을 사람들이 털어 버리는 사회를 원하지 않으면 안 될 것이다. 그것은 단순히 지구 환경의 결정적인 파괴를 피하기 위해서뿐만 아니라, 특히 현대인의 정신적·도덕적 재앙에서 탈출하기 위해 필요한 것이다."[15]

따라서 '하느님 나라의 경제'와 조화를 이루는 인간 경제 안에서 살아가려 할 때 전통적인 가치들이 필수적이다. 좋은 경제에서는 더 많이 쓰고 더 많이 버리는 것이 아니라 아끼고 보존하는 전통적인 미덕이 선이다. 베리에 의하면 산업 경제는 스스로가 '작은 경제'라는 사실을 보지 못한다. 산업 경제는 자신만이 유일한 경제라고 본다. 산업 경제는 이용 가능한 것, 즉 기계적으로 다른 것으로 변형시킬 수 있는 '원자재'에만 가치를 부여하고, 이용할 수 없는 것에 대해서는 "쓸모없다", "무가치하다", "하찮다"고 낙인찍는다. 그리고 결국 그것들을 망쳐 놓거나 싸구려로 만들어 버린다. 그렇게 해서 산업 경제는 유일한 경제로 군림하지만, 실은 '큰 경제'에 대한 침략과 약탈에 바탕을 두고 있다. 그러므로 우리가 일단 '큰 경제', '하느님 나라의 경제'의 존재를 깨닫고 나면 그것이 얼마나 '휘브리스'의 산물인지, 즉 오랜 기간에 걸쳐 인간의 지적 전통이 세워 놓은 인간의 한계를 한참 뛰어넘은 '오만'인지 깨닫게 된다. 기독교적 언어로 말하자면 그것은 '죄'다.

사실 '큰 경제'에 대한 베리의 서술은 성서만이 아니라 동서

---

15 Cornelius Castoriadis, *La Montée de l'insignifiance. Les carrefours du labyrinthe VI* (Seuil, Paris: 1996), 96. 세르쥬 라투슈, 『탈성장사회: 소비사회로부터의 탈출』(2010), 양상모 옮김(오래된 생각, 2014), 179에서 재인용.

양의 오랜 지적 전통이 일관되게 가르치는 것과 일맥상통한다. 구약 성서나 그리스 비극은 우리는 신이 아니라 인간이며, 인간으로서 분수를 알아야 한다고 반복해서 말한다. 그리스인들은 인간의 한계를 넘어서려는 오만을 휘브리스(hubris)라고 했고, 휘브리스는 그리스인들이 이해한 비극의 원인이었다. 구약 성서에서도 인간은 어디까지나 하느님 앞에 선 인간이고 그의 신비로운 경륜 앞에 인간은 조용히 고개 숙이고 복종할 뿐이다. 알수 없는 고난 가운데 하느님께 항의하는 욥을 향해 하느님은 "내가 땅의 기초를 놓을 때, 네가 거기 있기라도 하였느냐"(욥 38:4)고 묻는다. 폭풍 가운데 임하는 하느님 앞에서 욥은 조용히 머리 숙이고 입을 가릴 뿐이다. 욥은 자신의 한계를 인식하고 자신이 진정으로 의존하고 있는 것이 무엇인지 깨달아야 했다.

오늘날 이러한 오만, 죄에서 벗어나기 위해서는 자연이 단순히 자원이 아니라 '하느님의 경제'가 이루어지는 장소, 즉 모든 살아 있는 존재들의 요람이자 무덤이며 동시에 부활의 장소로서 그 자체가 '대지의 공동체'라는 사실을 깨닫는 데서 출발해야 한다. 그러한 깨달음은 우리로 하여금 세계 안에, '대지의 공동체' 안에 가득 찬 아름다움과 신비, 하느님의 경륜에 눈뜨게 한다. 생명으로 가득 찬 이 대지의 공동체를 지키고 보살펴야 한다는 간절한 소망을 갖게 한다. 그리고 대지의 공동체를 지키기 위해서는 합리적인 도구, 기계도 필요하지만 무엇보다도 행동을 하지 않을 수 있는 능력, 인내력과 자제력, 동정심, 관대함 같은 부드럽고 너그러운 능력이 필요하다. 무언가를 할 수 있는 능력만이 아니라 어떻게 하지 말아야 하는지, 언제 그만두어야 하는지를 아는 능력이 필요하다. 그것은 어느 지점에 이르면 인간의 이해 능력은 너무나 보잘것없고, 따라서 그때는 '큰 경제'의 활동에 경의를 표하고 인간 경제의 활동은 멈추어야 하기 때문이다. 웬델 베리는 이것이 안식일 사상의 실천적인 의미라고 했다.

그러므로 그 지점을 넘어서까지 인간의 활동을 밀고 나가 '큰 경제'를 침범하는 것은 실제 자신보다 더 큰 것처럼 가장하는 휘브리스의 죄를 범하는 것이다. 하느님이 하시는 일을 우리가 할 수 없고 제비가 하는 일을 우리가 할 수 없듯이, 흙이, 표토가 하는 일도 우리가 할 수 없다. 특히 우리에게는 방사성 폐기물을 처리할 수 있는 능력이 없다. 그러므로 거기까지 밀고 나가는 것은 죄다. 오늘 우리는 과학기술의 힘을 빌려 신적 능력을 전유할 수 있고, 특정한 방식으로 그 힘을 사용할 수도 있다. 그러나 우리는 결코 그 힘을 안전하게 사용할 수 없으며, 그 결과를 통제할 수 없다. 이제 우리는 인공 지능을 비롯해 우리를 도와줄 어마어마한 힘을 얻었다. 그러나 지금이야말로 근원적인 인간 조건이 얼마나 확고하게 우리를 붙들고 있는지 알아야 한다. 아무리 인간의 가능성을 확장시켜 주는 것처럼 보여도 우리가 만든 기계는 항상 죄인으로서 우리의 한계 안에 머물러 있다. 때로 기계는 인간의 가능성을 확장시킴으로써 인간의 한계를 줄여 주고 우리를 더 강력하게 만들어 준다. 지금까지 근대 세계는 그러한 기계의 가능성을 진보와 동일시했지만, 반드시 우리는 그 대가를 치러야 한다. 그러므로 타락한 피조물이라는 인간 조건을 넘어선다고 하면서 우리는 에덴의 동쪽으로 점점 더 멀리 가는 것이 아닌지 성찰해야 한다.

결국 지금 우리 앞에 놓인 가장 중요한 과제는 우리가 '하느님 나라의 경제', 즉 '큰 경제' 안에서 살아가고 있다는 사실을 다 같이 깨닫는 일이다. 베리는 바퀴의 비유를 들어 말했다. '하느님 나라의 경제'가 큰 바퀴라면, 인간 경제는 작은 바퀴다. 작은 바퀴는 큰 바퀴에 맞추어서 돌아가야 하고 큰 바퀴로부터 그 존재와 동력을 얻는다. 그렇지 않으면 작은 바퀴는 부서지거나 떨어져 나간다. 농사를 비롯해서 인간 경제의 모든 행위를 가능하게 하는 것, 곧 물, 공기, 흙, 에너지는 모두 '큰 경제'의 핵심적인 원리이며 하느님의 질서 안에 있다. 그것들은 '하느님 나라의 경제' 안에서 역동적으로 움직이며, 삶과 죽음과 부활로 끊임없이 이어지는 역동적인 과정을 유지시키고, 그 속에 사는 모든 존재에게 먹이와 물을 공급해 준다. 대지 위에서 잘 살려면 우리는 이 과정이 끝없이 지속된다는 믿음을 가져야 하며 그런 믿음에 걸맞게 행동해야 한다. 자발적으로 그렇게 행동할 수 있는 능력이 우리에게 있다고 믿어야 한다. "일용할 양식"을 달라는 '주의 기도'는 이러한 믿음을 확인하는 것이며 "재산을 많이 쌓아두는" 것에 대한 믿음을 거부하는 것이다. 이것이야말로 오늘 우리에게 요구되는 이웃 사랑이다. '하느님 나라의 경제' 안에서 대지의 공동체를, 물과 흙과 공기와 살아 있는 모든 것을 잘 보존하고 돌보며, 그로부터 건강한 밥을 얻고, 그럼으로써 생명과 삶을 하느님으로부터 선물로 받는 것이다. 감사하지 않을 수 없다.

희망, 장소에 뿌리내리기

'하느님 나라의 경제'와 조화를 이루지 못하는 인간 경제는 지속 불가능하다. 철옹성처럼 우리 앞에 버티고 있는 기후 위기는 완강하게 그 불가능성을 보여 준다. 문명적 전환이 필요한데 시간은 우리 편이 아니다. 여전히 사람들은 행복하려면 물질적 안정이 이뤄져야 하고, 물질적 안정을 이루려면 경제 성장이 이뤄져야 한다고 생각한다. 성장 경제는 우리 시대의 우상이다. 이것은 우리 사회에 환경 위기에 대한 인식이 높아졌다고는 하나 아직 대부분 단순한 정보와 지식의 차원에 머물 뿐 내면적으로 깊이 침투하지 못했음을 말해 준다. 위기를 느낀다 해도 먹고살기 바쁜 대다수 사람들은 생각할 여유도 없고 정부 정책과 과학기술의 힘으로 이 위기도 넘어갈 수 있으리라고 안이하게 생각한다. 그러므로 이 시점에서 절실하게 요구되는 것은 내면화의 과정, 생태적 존재로서 우리 자신의 본성을 느낄 수 있는 능력이다. 이 대목에서 기독교를 비롯한 종교의 책임은 막중하다. 급진적 전환을 위해서는 정치적 변화 역시 절실하지만, 정치적 변화를 위해서도 구성원들의 내적 변화가 필수적이다. 생태경제학자 허먼 데일리(Herman Daly)는 기후 위기에 직면한 오늘의 상황에 대해 물리적 불가능성과 정치적 불가능성 사이의 싸움이라고 했다.[16] 그리고 물리적 불가능성은 타협이 불가능하지만 어렵더

---

16   http://www.conversationearth.org/economic-heresy#113.

라도 정치적 불가능성은 타협이 가능하니 정치적 변화를 위해 노력해야 한다고 했다. 데일리가 말하는 정치적 변화를 위해서도 우리 자신의 내적 변화가 필요하다. 우리가 속한 믿음의 전통 안에서 우리의 생태적 본성을 일깨워 주는 가르침들을 확인하는 것은 그 첫걸음이다.

웬델 베리는 그의 책 『소농, 문명의 뿌리』에서 호메로스의 서사시 『오디세이아』와 『일리아드』를 서로 대비시키며 각기 두 가지 인간 삶의 형태, 즉 뜨내기(boomers)와 붙박이(stickers)형 삶의 형태를 보여 준다고 했다.[17] 분노와 시기, 욕망에 불이 붙어 전쟁에 뛰어들고 그로 인해 삶이 파괴되는 뜨내기 삶에 대한 이야기가 『일리아드』라면 『오디세이아』는 반대로 그 전쟁에 참여했던 한 남자가 20년이나 집을 떠났다가 마침내 늙은 아내가 기다리는 고향으로, 집으로 돌아가는 이야기다. 『일리아드』가 영웅담이라면 『오디세이아』는 고향의 대지로 돌아와 다시 가정을 이루고 삶의 뿌리를 내리는 평범한 사람의 이야기다. 고향으로 돌아가는 과정에서 오디세우스는 칼립소의 유혹을 받는다. 여신 칼립소는 오디세우스와 하룻밤을 보내면서 쾌락을 맛보게 하고 불멸의 삶과 안락한 낙원을 보장해 주겠다고 유혹한다. 그러나 오디세우스는 칼립소의 제안을 마다하고 고향으로 향한다. 오디세우스가 칼립소의 동굴에 남아 불멸의 신이 되기를 거부하

17　웬델 베리, 『소농, 문명의 뿌리: 미국의 뿌리는 어떻게 뽑혔는가』, 이승렬 옮김 (한티재, 2016), 254-266.

고 집으로 돌아가 병들고 아프고 죽는 인간의 길을 택한 것은 단순히 아내에 대한 사랑이나 애국심으로 설명되지 않는다. 베리에 따르면 오디세우스에게 집이란 아내 페넬로페만이 아니라 가족과 가문, 그들이 뿌리내린 공동체와 그 터전으로서의 땅, 거기 속한 전통과 기억, 그 모든 것과 연결되어 있다. 고향의 대지와 거기 속한 사람들, 늙은 개, 집 앞의 오래된 올리브나무, 그 사이로 부는 바람, 그 모든 것에 대한 이야기로서 그의 존재의 뿌리를 이루는 것들이다. 그러므로 칼립소의 세계 대신 페넬로페의 세계를 선택함으로써 오디세우스는 전쟁으로 뿌리뽑힌 자신의 삶을 고향 땅 위에 다시 뿌리내리는 길, 존재의 뿌리로 돌아가는 길을 선택한 것이다.[18] 베리에 의하면 그 여행은 존재와 장소 간의 근원적인 결합을 상징한다. 오디세우스의 귀향이 감동적인 것은 그의 여행이 존재와 장소 간의 근원적인 결합을 상기시키기 때문이다. 원형으로서 오디세우스의 귀향은 삶이란 궁극적으로는 지상에 뿌리를 내리는 것이고 삶의 평화는 친숙한 일상으로 둘러싸인 집에서 시작되는 것임을 말해 준다. 모든 존재에겐 삶의 여정을 기댈 오래된 장소가 필요하다. 지금 우리 역시 아끼고 지킬 오래된 장소를 찾는 힘든 여정을 시작해야 한다.

과거에는 신적 계시에 사로잡힌 예언자들이나 환상가들이 우주 대파국에 대한 어두운 종말론적 비전을 펼쳐 보였다면, 오

---

18 박혜영, 「웬델 베리」, 『느낌의 0도: 다른 날을 여는 아홉 개의 상상력』(돌베개, 2018), 94–119.

늘날 우리는 과학자들로부터 지구 종말에 관한 이야기를 듣는다. 성서의 묵시문학적 환상가들이 인간의 타락과 죄로 인해 끓어오르는 신적 분노의 표현으로서 마지막 때의 대파국에 대한 환상을 펼쳐 보였다면, 현대의 묵시가인 과학자들은 산업 문명 이후 250여 년간 이어져 온 인간에 의한 극단적 자연 파괴 행위의 결과를 객관적 수치와 사실들로 보여 준다. 또한 성서의 유대 환상가들이 묵시적 은유를 통해 말하고 싶었던 것이 실은 '세계의 종말'이 아니라 식민지 피지배 민족이었던 유대인들을 억압하는 '제국의 종말'에 대한 기대였다면, 오늘날 과학자들이 펼쳐 보이는 파국적인 미래의 모습은 결코 은유가 아니며 그 일차적인 희생자들은 전 세계의 가난한 약자들일 공산이 크다. 결정적으로 성서의 고대 묵시가들은 파국 이후 도래할 새 하늘과 새 땅, 새 인간을 이야기했다. 다시 말해 그들은 끝이 아니라 새로운 시작을, 절망이 아니라 희망을 이야기했던 것이다. 절망적인 상황 속에서도 세상의 악과 고통을 하느님이 펼치는 거대한 드라마의 전개에 반드시 필요한 요소로 파악함으로써 불행한 경험들이 더 이상 뿔뿔이 흩어진 무의미한 파편이 되지 않고 하나의 통일된 질서 속에서 의미를 부여받게 만들고 그럼으로써 희망을 가질 수 있게 했다. 묵시적 환상가들이 했던 일은 고통스러운 현실이 오히려 삶을 더 심화시키고 삶에 궁극적 결실을 가져다주는 계기가 되도록 인간 경험들을 해석해 주는 것이었다. 그래서 하느님이 펼치는 종말론적 드라마, 즉 새로운 시작을 향해서 다시 한번 심호흡을 하고 행동할 수 있게 했던 것이다. 대파국 너머 새 하늘, 새 땅, 새 인간을 꿈꾸는 것이 그들에게는 가능했다. 우리에게도 그것이 가능할까? 오늘 우리는 고대의 환상가들이 코끼리 다리처럼 든든하게 발딛고 있던 토대, 삶의 지속성에 대한 기대가 사라질 위기에 처해 있다. 그들이 아니라 우리야말로 진정한 묵시록적 상황에 직면해 있다. 그렇다면 오늘의 이 묵시록적 상황에 직면하여 우리가 물어야 할 질문은 이런 것이다. 고대의 묵시가들이 그랬듯이 우리도 희망을 이야기할 수 있는가? 만일 희망이 있다면 그 희망은 어떤 형태를 띠겠는가?

이 절체절명의 시대에 우리가 가질 수 있는 희망은 무조건적 희망뿐이다. 외적 조건에 대한 영리한 판단에 근거해서 이러저러하게 잘 행동하면 잘 되리라는 기대(expectation)가 아니라 진실한 삶, 인간다운 삶의 길을 걸으면서 기다리는 것, 즉 이반 일리치가 말한 진정한 의미에서의 희망(hope), 인간 실존에 각인된 본질적 구조로서의 희망뿐이다. 아마도 그것은 타르코프스키 감독의 영화 〈희생〉의 모티브가 되었다는 한 수도사, 죽은 나무에 계속해서 물을 주었다는 저 중세 수도사의 행위를 성실하게 계속하는 것이리라. 죽은 나무에서 푸른 싹이 돋아나기를 기다리며 계속해서 물을 주는 행위, 그것이 지금 우리가 해야 할 일이 아닌가 싶다. 그리고 그것은 우리 믿음의 오래된 습관인 종말론적 신앙을 지켜 나가는 것이기도 하다.

6장

기후 위기는 체제 전환을 요구한다
그리스도인이 체제 전환을 지지해야 하는 이유

박득훈(성서한국 사회선교사, 전 교회개혁실천연대 공동대표)

체제란 나와 나 자신, 인간과 인간, 그리고 인간과 자연의 관계를 매개하는 제도 전체를 뜻한다. 어느 시대나 인간은 사회를 구성하고 사는 한 특정한 체제 속에서 살기 마련이다. 체제 전환이란 단순히 기존 체제의 약점을 보완해 개선하는 게 아니라 근본적으로 해체하고 새로운 체제를 만들어 가는 것이다.

    나는 이 글에서 기후 위기는 체제 전환을 요구한다는 주장을 펼치려 한다. 사실 이런 주장은 전혀 새로운 건 아니다. 하지만 여전히 매우 조심스러울 수밖에 없다. 자본주의 체제를 공기처럼 무의식적으로 자연스럽게 받아들이며 살아가는 이들을 괜히 불편하게 만든다. 거의 70년 동안 북한과 적대적 관계 속에 살아온 우리에겐 일단 경계심을 불러일으킨다. 특히 북한 공산

당에게 박해와 학살을 당한 비극적 경험을 기억하는 기독인들로 하여금 저항감을 품게 만든다. 다른 한편으로 체제 전환이 구체적으로 무엇을 뜻하는지에 대해 전반적인 합의가 이루어졌다고 보기도 어려운 실정이다.

하여 우선, 체제 전환 자체에 거부감을 지니고 있는 그리스도인들을 위해, 그것이 바로 하나님 나라가 끊임없이 요청하는 바라는 점부터 간략하게 밝히고자 한다. 둘째, 기후 위기는 자본주의 체제가 안고 있는 본질적 한계이기 때문에, 자본주의 체제를 고쳐 쓰는 방식으론 해결할 수 없다는 점을 살펴본다. 셋째, 기후 위기 극복을 위한 체제 전환은 어떤 방향으로 나아가야 하며 그 방향을 위해 어떤 실천이 필요한지 고찰한다. 넷째, 기독인은 왜 그러한 체제 전환적 실천에 헌신해야 하는지를 살펴본다.

하나님 나라는 본질적으로 체제 전환적이다

체제 전환과 관련해 가장 기본적으로 기억해야 할 진리는 하나님께서는 "하나님 나라"를 이 땅에 펼쳐 가길 원하신다는 사실이다(막 1:15). 하나님 나라의 핵심적 본질은 하나님의 다스림에 있다.[1] 그 나라는 한 개인의 영혼 구원과 내세 진입에 머물 수 없다. 인간이 만들어 가는 삶의 영역 전체, 즉 사회와 나라, 그리

---

1 양용의, 『하나님 나라 어떻게 이해할 것인가』(성서유니온선교회, 2005), 특히 15-67.

고 자연까지 포괄하는 건 너무나 당연한 이치다. 이는 성경에 기록된 역사에서 분명하게 나타난다.

첫째, 하나님께서 아브라함을 택하신 이유는 그를 통해 "정의와 공의"에 기반을 둔 새로운 나라를 건설해 감으로써 세계 모든 나라를 축복하시기 위함이었다(창 18:18, 시 89:14, 97:1-2).[2] 정의와 공의 위에 세워진 나라를 지구화하려 하신 것이다. 이는 당연히 불의에 기초한 체제의 혁명적 전환을 의미하지 않을 수 없다.

둘째, 하나님은 이집트의 불의한 바로 체제 하에서 노예살이 하던 히브리인들을 해방시키실 뿐 아니라(출 1-14장), 역시 심각한 불의에 젖어 있던 가나안을 정복해 하나님의 정의와 공의에 기초한 새로운 체제를 만들어 가게 하셨다.[3] 그 체제의 근간을 이루는 건 안식년(혹은 휴경년)과 희년에 관련된 법들이다. 그 법들의 목적은 불운, 성별, 신분, 국적, 그리고 억압과 착취 때문에 가난과 영속적인 경제적 양극화 그리고 그에 따른 부자유에 시달리는 사람이 없게 하고 땅의 비옥도를 보존하는 데 있었다. 하나님께서 역사 속에서 직접 체제 전환을 진두지휘하신 셈이다.

셋째, 하나님은 여러 예언자들을 보내셔서, 하나님의 정의

---

2   이 주제를 깊이 성찰한 책인 크리스토퍼 라이트, 『하나님의 선교: 하나님의 선교 관점으로 성경 내러티브를 읽다』, 한화룡 옮김(IVP, 2010)를 참조하라.

3   정의와 공의에 기초한 새로운 체제의 모습을 그려 볼 수 있는 말씀은 언약 법전 혹은 언약의 책(출 20:22-23:19), 신명기 법전(신 5-26장), 성결 법전(레 17-26장) 등이다.

와 공의에 반하는 지배 체제를 합법적으로 영속화하려는 지배 세력과 그 추종자들을 엄중히 책망하시며 심판을 경고하셨다(암 5-6장, 미 2-3장, 사 10:1-4, 렘 5장, 특히 31절). 불의한 체제 위에 세워진 나라는 그 존재 이유가 없기에 마땅히 해체되어야 함을 분명히 하셨다. 이사야는 하나님께서 궁극적으로 실현하실 새로운 나라를 시적 언어로 아름답게 노래한다(사 11:6-9, 65:17-25). 그 나라는 주님을 아는 지식이 온 땅에 가득하여 마침내 모든 형태의 억압과 착취, 갈등과 폭력이 사라져 사람과 모든 피조물이 더불어 풍성한 생명을 누리며 평화롭게 살아가는 나라다.

넷째, 마리아는 메시아가 사회경제적으로 비천한 한 여인에 지나지 않은 자신의 몸에 잉태된 사실에서 하나님 나라는 근본적으로 체제 전복적임을 깨닫고 노래한다(눅 1:46-55). 메시아를 통해 실현되는 하나님 나라에선 불의한 정치권력을 제멋대로 휘두르던 극소수의 제왕들이 왕좌에서 쫓겨난다. 반면 그들에게 짓눌렸던 비천한 대중들이 높임을 받는다. 또한 가난에 시달리던 대중들이 경제적 풍요를 누리게 된다. 부를 불의하게 독식해 오던 소수의 지배 세력이 빈손으로 퇴출된다. 이 둘을 종합하면 정치·경제 체제의 대전환이다.

다섯째, 예수님은 마리아의 노래를 행동으로 옮기셨다. 체제 전환적 하나님 나라의 선포를 자신의 소명으로 받아들이시고(눅 4:18-19), 몸소 하나님 나라가 되셔서 당대의 시대적 한계 속에서 그 나라를 최대한 펼쳐 가셨다. 물론 그건 당연히 각 개인이 회개와 믿음을 통해 죄 사함과 구원을 누리며 존재의 변화를 실현해 가는 것을 포함했다. 더 나아가 예수님 사역의 체제 전환적인 면은 지방 차원에선 불의한 회당 체제에, 중앙 차원에선 불의한 성전 체제에 강력히 저항하는 것으로 드러난다.

당시 회당 체제를 장악한 지방 지배 세력은 자신들이 가난, 배고픔 그리고 질병에 시달리는 사회적 약자들 위에 군림하는 것을 정당화하기 위해 안식일 법을 뒤틀었다. 이에 격분한 예수님은 엄중하게 책망하셨다(막 2:36-3:6). 당시 안정적이었던 회당 체제를 뒤흔드신 셈이다. 성전 체제를 장악하고 있던 중앙 지배 세력은 제사법을 뒤틀어, 자신들의 불의한 정치적 권력과 경제적 이권을 정당화했다. 이에 예수님은 성전에 들어가서서 대혼란을 일으키시며 그 지배 세력들이야말로 하나님의 집이요 기도하는 집인 성전을 강도의 소굴로 만든 장본인이라며 엄중히 책망하신다. 이는 불의한 성전 체제를 해체시키려는 상징적 저항이었기에(눅 19:45-47) 예수님께서 십자가에 처형당하게 된 결정적 계기가 되었다. 예수님은 부활하신 후 제자들에게 자신의 발걸음을 따르라는 엄청난 소명을 주시며 성령을 불어넣어 주셨다(요 20:19-23). 이는 성령 받은 그의 모든 제자들이 작은 예수가 되어 몸소 하나님 나라로 살아가야 함을 분명히 한다. 이처럼 체제 전환을 향한 실천은 모든 그리스도인들에게 매우 선명한 본분이다.

여섯째, 바울 신학은 예수님이 온몸으로 보여 주신 하나님 나라 신학을 자신의 선교 현장의 언어로 번역하여 그 체제 전환적 요소를 창의적으로 이어 간다(행 1:3, 28:23, 30-31). 당연히 바울이 강조하는 언어가 복음서의 그것과 똑같을 수는 없다. 그렇다고 복음서는 역사적 예수를 전한 반면 바울은 교회의 그리스도를 전한 게 아니다. 그런 식의 대립적 분리는 나중에 제도화된 교회가 범한 오류이지 성경 저자들의 의도가 아니었다. 후대 교회가 그런 오류를 범한 것은 교회가 지배 세력의 일부가 되어 바울 신학의 저항적 요소를 제거해 버린 탓이다. 독일계 코스타리카 신학자이자 경제학자인 프란츠 힌켈라메르트는 바울 신학이 당대의 노예제의 본질적 '불법성'(illegitimacy)을 분명하게 비판했지만, 당시 사회적 질서의 필요 때문에 그 '유효성'(validity)을 잠정적으로 인정했을 뿐이라고 말한다.[4] 같은 맥락에서 리처드 롱게네커는 바울이 비록 직접적으로 노예제 폐지를 주창하지는 않았지만 폭발력이 잠재되어 있는 사상을 제시함으로써 그 목표를 향해 출발했다고 해석한다. 그는 바울의 급진적인 사회사상을 적절한 토양과 환경 위에 뿌려져 자랄 수 있도록 준비된 씨알로 본 것이다.[5] 바울 신학은 심지어 불의한 인간 때문에 생태계가 겪어야만 하는 처절한 고통 그리고 새롭게 등장할 하나님의 자녀들과 함께 자유를 누리고 싶어 하는 생태계의 갈망을 담아낸다(롬 8:19-22). 바울 신학을 체제 전환적이지 않다고 해석하

---

4   Franz J. Hinkelammert, *The Ideological Weapons of Death : A Theological Critique of Capitalism* (Orbis Book, 1986), 147-150. 번역본은 힌켈라메르트, 『물신』, 김항섭 옮김(다산글방, 1999).

5   Richard Longenecker, *New Testament Social Ethics for Today* (Eerdmans, 1984), 51-69.

는 것이 더 어려운 일이다.

마지막으로, 야고보서 저자는 그리스도인들에게 주님의 이름으로 예언자들이 고난 받으며 인내한 것을 본보기로 삼으라면서 체제 전환적 저항의 길을 가라 권면한다(약 5:10). 예언자들이 고난을 받은 것은 불의한 체제와 지배 세력을 엄중히 책망하며 저항했기 때문이다. 이는 '까다로운 주인에게도 복종하라'는 베드로의 권면(벧전 2:18)과 상충되는 것처럼 보인다. 하지만 베드로는 바로 이어서 그리스도인들이 따라야 할 본보기는 우리를 위해 고난을 겪으신 예수님이라고 말한다(벧전 2:21-25). 예수님께서 고난을 겪으신 것은 앞서 언급했듯이 불의한 지배 세력에 엄중히 항거하셨기 때문 아니었던가? 그렇다면 까다로운 주인에게도 복종하라는 권면은 앞서 언급한 것처럼 당시 불의한 사회 제도의 '유효성'을 잠정적으로 인정하라는 뜻으로 알아들어야 한다. 하지만 정말 본받아야 할 것은 예수님의 저항적 고난이라는 점을 각인시킨다. 언제든지 할 수만 있다면 그 길을 따라가라는 권면이다. 진정한 그리스도인들에게 체제 전환적 저항은 본질적으로 당연한 임무다.

기후 위기는 자본주의 체제가 안고 있는 한계다

이제 체제 전환에 대해 열린 마음을 갖고 기후 위기는 자본주의 체제가 안고 있는 본질적 한계란 사실을 살펴보고자 한다. 기후 위기 자체에 대한 좀 더 자세한 사실적 논의는 본서의 다른 저자들의 글을 참조하기 바란다. 나는 다만 여기서 기후 위기는 과도한 탄소 배출 등으로 인한 자연 파괴에서 비롯되었고 기후 위기는 또 다시 자연 파괴를 부채질한다는 부인할 수 없는 현실에 주목하고자 한다. 이 현실에 직면해 내가 던지고 싶은 질문은 "어떻게 하다 이렇게 심각한 기후 위기를 초래할 만큼 자연이 파괴되어 왔는가?"이다.

기후 위기 근저에 깔려 있는 자본주의 정신

기후 변화를 연구한 일군의 학자들은 결론에 이르러, 30년 동안 전 세계 탄소 배출량 곡선을 꺾지 못한 이유는 다양하지만 "공통적이고 강력한 실마리가 이 모든 것을 관통하고 있다"면서 그 실마리를 다음과 같이 설명한다.

> 겉모습은 다양하고 정도 차이도 있지만, 권력의 집중과 그에 따른 특권들의 결합은 특정한 세계관을 중심으로 이뤄졌다. 지난 30년간 이 세계관의 중심 사상은 더 광범한 세계적 시대정신으로 진화해서, 발전과 진보를 경제 성장으로 환원하고 협소한 재무 지표와 금융 지수로 정의한다.[6]

---

6 Isak Stoddard et al, "Three Decades of Climate Mitigation: Why Haven't We Bent the Global Emissions Curve?", *Annual Review of Environment and Resources*, Vol. 46 (2021), 678-679. 알렉스 캘리니코스, 『재난의 시대 21세기』, 이수현 옮김(책갈피, 2024), 71에서 재인용

즉 경제적 성장을 절대화하는 세계적 시대정신이 기후 위기 저변에 깔려 있다는 것이다. 나는 그 시대정신이 바로 자본주의의 발흥과 그 지구적 확산에서 비롯되었다는 점에 주목한다.

이를 사회과학적으로 잘 밝혀낸 사람이 바로 막스 베버다. 그는 카를 마르크스의 유물론적 역사관을 보완하는 차원에서 자본주의 발달의 주요 원동력의 하나로 자본주의 정신을 들었다. 그는 자본주의를 자본주의답게 만드는 정신을 다음과 같이 규정한다.

> 인간은 돈을 벌고 취득하는 일에 지배당한다. 이는 그의 삶의 궁극적 목적이다. 경제적 취득은 더 이상 인간의 물질적 필요를 만족시키는 수단으로 인간에게 종속되지 않는다.[7]

자본주의 정신은 단지 돈을 벌고 싶어 하는 벌거벗은 욕망이 아니다. 그 정신이란 그런 욕망을 삶의 목적, 말하자면 윤리적 미덕으로까지 칭송하는 것이다. 베버는 그런 자본주의 정신이 개신교(사실은 17세기 영국 청교도) 윤리의 도움을 받아 강화되고 널리 확산되었기 때문에 자본주의가 유럽 중세 사회의 두꺼운 껍질을 뚫고 뻗어나갈 수 있었다고 논증했다. 중세 사회에선

---

7 Max Weber, *The Protestant Ethics and the Spirit of Capitalism* (Unwin Hyman, 1930/1989), 53(필자의 번역). 한국어 번역본은 막스 베버, 『프로테스탄트의 윤리와 자본주의 정신』, 김덕영 옮김(길, 2010).

삶의 궁극적 목적은 공동선이고 경제적 취득 활동은 그 공동선을 실현하는 데 필요한 경제적 수단으로 여러 수단 중 하나일 뿐이었다. 그러나 자본주의 정신이 이를 뒤집었다. 경제적 취득 활동, 즉 부의 축적을 통한 경제적 성장을 삶의 궁극적 목적으로 만들어 버린 것이다. 오늘날 경제적 성장을 절대화하는 세계적 시대정신은 바로 여기에 뿌리를 두고 있는 것이다.

자본주의 발전과 기후 위기가 같이 갈 수 밖에 없는 이유

안드레아스 말름은 19세기 초 자본주의 정신으로 무장된 영국 제조업 분야에서 어떻게 자본주의 발전과 탄소 경제가 궤를 같이하게 되었는가를 잘 밝혀 준다. 1820년 중반 이후 영국은 산업 자본주의의 구조적 위기에 직면해 있었다. 바로 그런 상황에서 증기력을 이용해 새 기계를 가동할 수 있게 되자, 자본은 생산 작업장을 협상력이 약한 실업자가 많이 몰려 있는 도시로 쉽게 옮겨 숙련 노동자들의 집단적 힘을 약화시킬 수 있었다. 이렇게 동력원을 증기력으로 전환한 것은 탄소 경제가 뿌리내리는 순간이었고, 인류는 "겨우 지난 200년 사이에 화석 경제를 발전시켰다."[8] 이어지는 말름의 주장을 들어 보자.

---

8   Andreas Malm, *Fossil Capital: The Rise of Steam Power and the Roots of Global Warming* (Verso, 2016), 267[『화석 자본』(두 번째 테제, 2023)]. 캘리니코스, 『재난의 시대 21세기』, 72에서 재인용.

자본이 가는 곳마다 [이산화탄소] 배출이 즉시 뒤따를 것이다…… 전 세계의 자본이 더 강해질수록 이산화탄소 배출도 걷잡을 수 없이 증대했다. 사실, 20세기의 오랜 노동자-자본가 사이의 투쟁에서 자본의 결정적 승리가 완성된 것은 2000년 이후 재앙적 지국 온난화를 향해 돌진하면서였다고 주장할 수 있을 것이다. 1870년부터 2014년까지 이산화탄소 누적 배출량을 계산해 보면, 지난 15년간 배출량이 전체의 4분의 1을 차지한다.[9]

왜 그럴 수밖에 없었을까? 앞서 살펴본 바와 같이 끊임없는 성장의 추구가 자본주의의 정신이요 본질이기 때문이다. 자본주의 체제는 달리는 자전거와 흡사하다. 자전거가 달리기를 멈추면 넘어질 수밖에 없듯이 자본주의 체제는 성장의 질주가 중단되는 순간 넘어진다. 그게 자본주의 체제에 반복적으로 찾아오는 불황이요 공황이다. 거기서 자본주의가 다시 살아난다는 것은 약자들인 노동자들이 실업과 저임금의 고통을 겪고, 작은 기업의 자본이 대기업에 헐값에 넘어가는 파괴적인 과정을 통해 다시 성장할 수 있는 기틀이 마련되었음을 뜻한다.

이렇게 끊임없이 성장을 추구하는 자본주의 생산 활동이 기후 위기로 이어질 수밖에 없는 이유를 좀 더 파고들려면 마르크스의 자본주의 체제 비판을 참조하지 않을 수 없다. 이는 본

---

[9] 앞의 책, 265, 353. 캘리니코스, 『재난의 시대 21세기』, 72-73에서 재인용.

글 앞머리에서 언급했듯이 매우 고민되는 지점이다. 이 짧은 글에서 마르크스를 참조하는 정당성을 충분히 설명할 수가 없기에 더욱 그렇다. 여기서 나는 다만 자본주의 체제에 대한 마르크스의 사회과학적 분석을 그의 이름으로 진행되어 온 역사적·정치적 상황과 일단 분리해서 생각해 주길 호소할 수밖에 없다. 감히 비유하자면, 이는 성경에 담긴 하나님 나라의 복음을 그 이름으로 진행되어 온 교회의 역사와 일단 분리해서 생각해 주길 바라는 마음과 유사하다. 그리스도인들은 그렇게 함으로써 교회의 흑역사 때문에 왜곡되고 숨겨진 하나님 나라의 복음 자체를 찾아내게 된다. 물론 나는 마르크스의 저술을 성경과 동일 선상에 놓지 않는다. 다만 마르크스의 정치경제학도 최소한 경제학의 여러 학파 중 하나로 존중받아야 한다고 생각한다. 그런 태도로 마르크스의 저술을 연구해 오면서 그 사회과학적 진수를 발견할 수 있었다. 물론 그의 학문적 성과 역시 절대화할 순 없다. 하지만 그것이 지금까지의 어떤 경제학보다도 더 정확하게 자본주의 체제의 실체를 보여 준다는 잠정적인 결론에 이르렀다. 그러니 독자들께선 내가 마르크스를 인용할 때마다 열린 마음으로 읽어 주길 부탁드린다.

이제 앞선 내용을 이어 가고자 한다. 마르크스는 자본주의 생산 양식에 내재된 두 적대 관계를 밝혀낸다. 하나는 자본이 임금 노동을 착취하는 관계이고, 다른 하나는 개별 자본가들 사이의 경쟁 관계이다. 로버트 브레너는 후자를 "자본주의 체제의 경제적 어미태엽을 구성하는 기업 간 '수평적' 경쟁"이라고 불렀다.[10] 그런 점에서 자본주의는 근본적으로 경쟁적 축적 체제다. 그런 체제 하에서 살아남으려면 기업은 지속적인 성장을 보장하는 충분한 이윤을 획득해야만 한다. 그러려면 기업은 필연적으로 노동과 자연을 동시에 착취할 수밖에 없게 된다. 이는 마르크스가 『자본론 I(상)』 서문에서 잘 밝혔듯이 자본가 각 개인의 인격이나 도덕성과는 무관한 문제다.[11] 문제는 그렇게 하지 않으면 자본가로 살아남을 수 없는 자본주의 경제체제 자체에 있다.

물론 최근 ESG 경영이 곳곳에서 화두가 되고 있다. ESG는 '환경'(Environmental), '사회'(Social), '지배구조'(Governance)의 첫 글자를 합성한 것으로, 기업의 가치 평가를 할 때 사용되는 '비재무 정보'를 뜻한다. 본 글과 관련해 주목하고 싶은 것은 E인데 그건 오염 방지, 지속 가능한 자원 사용, 기후 변화 및 탄소 배출, 자연환경 보호 및 복원 등의 과제를 포함한다. ESG경영을 정직하게 추구하면서도 경쟁에 승리해 자본의 자기 증식에 성

10　Robert Brenner, *The Economics of Global Turbulence* (Verso, 2006). 26[『혼돈의 기원』(이후, 2001)]. 캘리니코스, 『재난의 시대 21세기』, 73에서 재인용.

11　카를 마르크스, 『자본론 I(상)』, 김수행 옮김(비봉출판사, 2015), 6-7: "…… 다른 관점과는 달리, 개인[자본가와 지주]이 이런 관계[일정한 계급 관계]들에 책임이 있다고 생각하지 않는다. 또한 개인은 주관적으로 아무리 이런 관계들을 초월하고 있다고 하더라도, 사회적으로는 여전히 그것들의 산물이다."

공하는 기업이 있을 수 있을까? 너무 비관적인지 모르지만, 모든 기업이 동시에 ESG경영을 추구하는 이상적 상황이 도래하지 않는 한 그건 기적에 가깝다. 대부분의 기업은 겉으로는 ESG 경영을 내세우면서도 어쩔 수 없이 종종 그와 상반되는 업무를 수행할 수밖에 없을 것이다. ESG 기업 경영에 기후 위기 극복의 희망을 건다는 것은 무망한 일이다.

    마르크스는 일찍이 자본주의 체제를 과학적으로 분석하면서 자본주의 생산 활동은 필연적으로 모든 부의 원천인 토지와 노동자들을 동시에 파괴할 수밖에 없다는 사실을 밝혀냈다.

> 자본주의적 생산은 인구를 대중심지로 집결시키며 도시 인구의 비중을 끊임없이 증가시키는데, 이것은 한편으로 사회의 역사적 동력을 집중시키고 다른 한편으로 인간과 토지 사이의 물질 대사를 교란한다. 즉 인간이 식품과 의복의 형태로 소비한 토지 성분들을 토지로 복귀시키지 않고, 따라서 토지의 비옥도를 유지하는 데 필요한 자연적 조건을 뒤흔들어 놓는다. 그리하여 자본주의적 생산은 도시 노동자의 육체적 건강과 농촌 노동자의 정신생활을 다 같이 파괴한다…… 자본주의적 농업의 모든 진보는 노동자뿐 아니라 토지를 약탈하는 방식의 진보이며, 일정한 기간에 토지의 비옥도를 높이는 모든 진보는 비옥도의 항구적 원천을 파괴하는 진보다…… 자본주의적 생산은 모든 부의 원천인 토지와 노동자를 동시에 파괴한 뒤에야 비로소, 각종 생산 과정들을 하나의 사회 전체로 결합하여 새로운

기술을 발전시키게 된다.[12]

물론 마르크스는 여기서 자본주의적 생산에 의한 인간과 토지 사이의 물질 대사의 교란, 그에 따른 노동자와 토지의 동시적 파괴에 초점을 맞추고 있다. 그러나 이는 얼마든지 자본주의적 생산에 의해 필연적으로 발생할 수밖에 없는 노동과 자연 일반의 파괴 그리고 자연 파괴에 의한 기후 위기로까지 확장해서 적용할 수 있는 주장이다. 그러면 자본주의를 고쳐 쓰면 자연 파괴와 기후 위기를 막아낼 수 있을까?

자본주의를 고쳐 쓴다고 기후 위기를 극복할 수 없는 이유

이젠 개인들의 친환경적 소비 활동만으로 기후 위기를 극복할 수 있다고 주장하는 이들을 주변에서 거의 찾아 볼 수 없다. 그러나 자본주의 체제를 근원적으로 해체하지 않고도 잘 고쳐 쓰기만 하면 자연 파괴와 기후 위기를 극복할 수 있다고 주장하는 사람들은 제법 많다. 그러나 사이토 고헤이의 『지속불가능 자본주의』는 그들의 주장이 실현될 수 없음을 잘 보여 준다.[13] 그는 일본 도쿄대 교수로 해외 마르크스 연구자 중 최근 가장 주목받

---

12 카를 마르크스, 『자본론 I (하)』, 김수행 옮김(비봉출판사, 2015), 682-684.
13 사이토 고헤이, 『지속불가능 자본주의: 기후 위기 시대의 자본론』, 김영현 옮김(다다서재, 2020). 자본주의에 대한 마르크스의 정치경제학적 분석·비판의 발전 과정과 구소련 사회주의에 대한 저자의 이해와 관점이 나와 똑같지는 않지만, 많은 부분에서 공감할 수 있었다.

는 젊은 학자다.[14] 그의 주장이 단순히 이념적 편견에서 비롯된 것이 아님을 책을 통해서 확인할 수 있다.

자본주의를 고쳐 쓰자고 주장하는 대표적인 그룹 중에 기후 케인스주의자들이 있다. 이들은 그린 뉴딜로 지속가능한 성장을 실현할 수 있다고 주장한다. 정책적으로 재생 에너지와 전기자동차 등 기후 위기를 극복하기 위한 다양한 사업들을 활성화하면,[15] 유효 수요를 늘림으로써 기후 위기도 극복하고 자본주의 경제도 지속가능한 성장의 가도를 달리게 할 수 있다는 것이다. 성장과 생태계 보존이라는 두 마리 토끼를 동시에 잡을 수 있다는 발상이다. 여기엔 이산화탄소 포집·저장 기술을 비롯한 기술 낙관론이 전제되어 있다.

그러나 이는 고헤이가 여러 학자들의 실증적 연구 결과를 통해 잘 밝혀낸 것처럼 환상에 지나지 않는다.[16] 핵심적인 반론은 기후 케인스주의는 '경제 성장의 함정'으로 이어진다는 점이다. 이는 녹색 성장이 잘 풀리는 만큼 자원 소비량이 늘어나고

---

14 「"인류 존속을 위해선 '격차'와 '환경'을 동시에 해결해야"……'마르크스 연구'에서 기후·경제 위기 해법 찾는 사이토 고헤이 인터뷰」, 경향신문 (2022.10.6): https://m.khan.co.kr/culture/book/article/202210060600001.
15 기업 활동에 필요한 전기의 100퍼센트를 재생 에너지(태양광과 풍력 등) 전기로 사용하겠다는 자발적인 글로벌 캠페인을 뜻하는 RE100도 이러한 흐름 속에 있다고 볼 수 있다.
16 고헤이, 『지속불가능 자본주의』, 59-100.

이산화탄소 배출량이 증가하는 걸 뜻한다. 실제로 그동안 경제 성장과 환경 부하가 디커플링되기는커녕 리커플링 되었다. 2~3 퍼센트 수준의 GDP 성장을 유지하면서 지구 평균 온도 상승을 1.5도에 묶어 두려면 이산화탄소 배출량을 매년 약 10퍼센트씩 줄여야 하는데 말이다.

이는 기술 낙관론도 해결책이 되지 못함을 보여 준다. 예컨대 태양광 패널과 풍력 발전 설비 생산을 위해 자원을 채굴하고 발전 장비를 제조하는 과정에서 또다시 이산화탄소가 배출된다. 당연히 생태계도 같이 파괴된다. 전기자동차의 경우도 마찬가지다. 전기자동차의 배터리가 커지면서 제조 과정에서 발생하는 이산화탄소 배출량도 함께 증가한다. 이산화탄소를 포집·저장하는 신기술도 예외가 아니다. '탄소 포집·저장을 갖춘 바이오 에너지'(BECCS)의 경우, 경제 규모가 커지면 BECCS도 커져야 하는데 그를 위해선 방대한 농지가 필요하다. 기온 상승을 2도 미만으로 억제하려면 바이오 에너지를 위해 인도 국토 면적의 두 배나 되는 농지가 필요하다 하니, 이룰 수 없는 꿈이다. 미국에서 발전으로 배출되는 이산화탄소를 포집하는 데 필요한 물이 연간 1,300억 톤이나 되는데 기후 변화로 갈수록 물이 귀해지는 상황에서 그 물을 어디서 얻을 수 있겠는가? 또 포집된 대량의 이산화탄소를 해저에 주입하면 필연적으로 해양 산성화가 대폭 진행될 텐데 그 문제는 또 어떻게 해결할 것인가? 모두 문제의 '전가'일 뿐이다.

결국 기후 위기를 극복하려면 탈성장을 추구해야 하는데,

자본주의의 본질적 특성을 유지한 채 재분배와 지속가능성을 중시하는 정치(법률과 정책)를 통해 '탈성장·정상형 사회'로 도약하는 건 불가능하다. 생산, 시장, 사적 소유와 계급 문제, 즉 자본주의적 생산 양식을 건드리지 않고도 자본주의를 감속하여 지속 가능한 방향으로 수정할 수 있다는 건 환상에 지나지 않는다. 결국 그런 시도들은 자본과 그 동맹 세력의 힘에 눌려 무릎을 꿇고 말 것이다.[17] 캘리니코스가 잘 언급한 것처럼,[18] "다수 자본들" 사이의 맹목적 경쟁을 중심으로 조직된 경쟁 체제가 무질서한 기후 변화를 막기 위해 경제적 우선순위의 과감한 변화를 빠르고 철저하게 실행할 가능성은 매우 낮다. 화석연료 이익 집단들은 여전히 자본주의 체제의 핵심부에 아주 확고하게 자리 잡고 있기 때문이다.

이는 1995년에 시작해서 매년 열리는 유엔기후변화협약 당사국 총회(COP) 때마다 '희망과 실망의 드라마가 끊임없이 되풀이'되는 데서 명료하게 드러난다.[19] 예컨대 2023년에 28번째 열린 COP28 의장인 아흐메드 자비르는 대회가 열리기 한 달 전인 11월 21일 한 온라인 생중계 행사에서 "(지구 온도 1.5도 상승 제한을 위해) 화석연료를 퇴출해야 한다는 과학적 근거는 없다"고 짜증스럽게 말하는 모습이 영국 일간지 「가디언」에 의해 보도

---

17 앞의 책, 131, 137.
18 캘리니코스, 『재난의 시대 21세기』, 81.
19 앞의 책, 76.

되었다. 결국 진통 끝에 나온 대회 합의문엔 2050년 탄소 중립 달성을 목표로 10년 안에 '화석연료로부터 멀어지는 전환을 시작하는 한편 그 방식은 공정하고 질서 있어야 한다'는 모호한 문구가 포함되었다. 화석연료의 '단계적 퇴출'이나 '단계적 감소'라는 명료한 표현 대신 들어간 것이다. 그러나 이런 상황은 아부다비 국립석유기업의 회장이 당사국 총회 의장을 맡은 점, 최소 2,456명의 화석연료 로비스트가 총회에 참석했다는 점에 비추어 볼 때 사실 그리 놀랄 일도 아니다. 2024년에 열린 COP28에서도 실질적인 진전이 없었다. "대체로 10년 사이에 화석연료에서 탈피를 가속한다"는 정도로 합의했을 뿐이다. 이 역시 당시 의장국이 산유국인 아제르바이잔이었던 점 그리고 의장이 국영 석유가스회사 출신 인물이었다는 점과 무관하지 않을 테다.

    자본주의 체제를 아무리 고쳐 본들, 지구 온도 상승을 1.5도 이내로 억제해 기후 위기를 극복할 수 있을 만큼 탄소 배출을 줄여 탄소 중립 상태를 2050년까지 이룬다는 것은 실로 요원한 이야기다. 자본주의 체제를 유지하면서 탈성장이란 목표를 달성하려는 것은 고헤이가 명쾌하게 보여 준 것처럼 '둥근 삼각형'을 그리려는 것과 마찬가지다.[20]

---

20   고헤이, 『지속불가능 자본주의』, 133.

기후 위기 극복을 위한 체제 전환의 방향과 길

다시 반복하지만, 기후 위기를 극복해 나가려면 가장 중요한 것은 반드시 탈성장을 실현할 수 있어야 한다는 점이다. 그것이 체제 전환의 확고한 방향이어야 한다. 탈성장을 도모하고 실현할 수 있는 체제는 어떤 것인지 함께 찾아가야 한다. 여기서 먼저 짚고 넘어가야 할 점은 탈성장의 진정한 뜻이다. 고혜이가 잘 보여 준 것처럼 탈성장은 단순히 GDP의 감소가 아니다. 그런 뜻에서의 탈성장은 자본주의 체제 하에서도 불황기 혹은 장기 침체기를 맞아 얼마든지 일어날 수 있는 일이다. 우리가 다 경험해 온 것 같이 그런 탈성장은 특히 저임금 노동자들, 비정규직 노동자들, 실업자, 영세 자영업자들, 소상공인들, 중소기업에 엄청난 고통을 안겨 준다. 사정없이 엄습해 오는 불평등과 빈곤은 그들을 더 무섭고 냉정한 경쟁으로 몰아간다. 고혜이는 기후 위기를 극복하기 위한 탈성장을 다음과 같이 규정한다.

> 기존 경제 성장의 안티테제인 탈성장은 GDP에 꼭 반영되지 않는, 사람들의 번영과 생활의 질에 중점을 둔다. 양(성장)에서 질(발전)로 전환하는 것이다. 탈성장이란 지구 한계를 주의하면서 경제적 격차 해소, 사회보장 확충, 여가 증대 등을 중시하는 경제 모델로 전환하는 일대 계획이다.[21]

---

21 앞의 책, 135.

진정한 탈성장은 '자유롭고 평등하며 공정한 동시에 지속 가능한 가능한 사회'를 추구한다.[22]

체제 전환의 방향

이러한 탈성장과 잘 어울리는 체제는 어떤 모양의 것이어야 할까? 고헤이는 탈성장 코뮤니즘을 제안한다. 그는 마르크스가 만년에 이르러 생산력 지상주의와 유럽 중심주의에서 벗어나 러시아 촌락 공동체인 '미르'에 주목하면서 대지, 즉 지구를 '공공재'로 삼아 지속 가능하게 관리할 수 있는 경제체제를 추구했다고 해석한다. 그것은 전통에 근거한 공동체의 생산 원리를 실현하는 경제로서 "경제 성장을 하지 않는 순환형·정상형 경제다."[23]

나는 고헤이의 논의 전개 과정을 다 수긍하기 어렵지만, 오늘 마르크스가 살아 돌아온다면 그의 결론엔 동의할 거라고 생각한다. 마르크스는 앞서 본 것처럼 『자본론』에서 생산력의 발전이 노동과 토지의 동시적 파괴로 이어지는 것에 매우 비판적이었다. 인간의 경제 활동을 '인간과 토지의 물질 대사'로 보았을 뿐 아니라, '사회 전체, 한 국민, 동시에 존재하는 사회들의 전체도 지구의 소유자'가 아니고 '오직 지구의 점유자, 이용자일 따름'이기에 '선량한 가장으로서 지구를 개량하여 다음 세대에

---

22 앞의 책, 137.
23 앞의 책, 145-147, 192.

물려주어야 한다'고 주장했다.²⁴ 이는 엥겔스도 마찬가지다.

> 자연에 대한 우리 인간의 승리에 너무 우쭐해하지는 말자. 그러한 승리 각각에 대해 자연은 우리에게 복수한다. 이러한 승리는…… 예상치 못한 완전히 다른 작용을 낳는다…… 따라서 우리가 한 걸음 한 걸음 나아갈 때마다 상기해야 할 것은, 우리는 정복자가 다른 민족을 지배하듯이 자연의 외부에 서 있는 사람처럼 자연을 지배하는 것이 아니라는 사실, 오히려 우리는 살과 피와 두뇌와 더불어 자연에 속해 있으며 그 자연의 한가운데 서 있다는 사실……이다.²⁵

그러니 마르크스나 엥겔스나 현 시점에서 모든 경제 성장은 필연적으로 자연 파괴와 기후 위기로 이어진다는 과학적 결론을 마주하게 된다면, 그들은 경제 성장을 하지 않는 순환형·정상형 경제에 동의할 게 분명하다. 나는 그런 경제를 실현해 갈 수 있는 체제를 '민주적 공동체주의'라고 부르고자 한다. 정치 체제는 성숙한 민주주의를, 경제 체제는 공동체 정신에 입각한 체제를 지향한다는 뜻이다. 이제 그 윤곽을 아주 간략하게 그려 보고자 한다.

---

24 마르크스, 『자본론 I (하)』, 682-684, 『자본론 III (하)』, 984.
25 프리드리히 엥겔스, 「원숭이의 인간화에서 노동이 한 역할」, 『칼 맑스 프리드리히 엥겔스 저작 선집 5』(박종철출판사, 2013), 389.

첫째, 토지를 비롯해 주요 생산 수단을 생산자 연합으로서의 사회 전체가 공동으로 소유해야 한다. 이는 토지 및 주요 생산 수단의 사적 소유에서 비롯된 막강한 지배력을 행사해 오던 자본 권력의 해체를 의미한다. 물론 그것만으로 탈성장이 보장되는 건 아니겠지만 그 가능성이 비로소 열리게 된다. 이는 사실상 사회적 소유로서의 국유 기업을 실현하는 것이다. 그런데 국유 기업 혹은 국유화란 단어 자체가 구소련과 동유럽 사회주의 국가들의 실패한 역사적 실험과 결부되어 불필요한 편견을 낳을 수 있기 때문에 가능한 피하고자 한다.

국유화에 대해 거부감을 갖는 이들은 생산 수단을 집단적으로 소유한 협동조합들 간의 자유로운 수평적 연합을 이야기하곤 한다.[26] 매우 이상적으로 들리지만, 그런 방식으로 국민경제 전체를 어떻게 조화롭게 그리고 효율적으로 운영해 나갈 것인지에 대한 답을 내놓지 못하고 있다. 마르크스도 협동조합 운동의 공적을 다음과 같이 높이 평가한 바 있다. "자본에 대한 노동의 예속이라는 빈궁을 낳는 전제적인 현재의 제도가 자유롭고 평등한 생산자들의 연합의 공화주의적이고 다복한 제도에 의해 대체될 수 있음을 실천적으로 보여 준다." 그러나 곧이어 그 자체로는 결코 자본주의 사회를 변혁할 수 없음을 분명히 한

---

26 여기에 가장 가까운 입장을 좀 더 자세히 보려면, 마르크스가 예측한 미래 사회를 '자유로운 개인들의 연합'이란 표현으로 압축한 김수행, 『마르크스가 예측한 미래사회』(한울아카데미, 2012)를 참조하라.

다. "사회적 생산을 협동조합 노동의 대규모적이고 조화로운 하나의 제도로 전환시키기 위해서는…… 국가 권력이 자본가들과 지주들에게서 생산자들 자신에게로 옮겨"져야만 한다고 못박는다.[27] 물론 그것만으로 문제가 다 해결되는 건 아니다. 생산자들이 자신들에게 옮겨진 국가 권력을 어떻게 운용해 나갈 것인가에 모든 것이 달려 있기 때문이다. 이 문제는 아래에서 간략하게 다룰 것이다.

그런데 적지 않은 이들이 공동 소유, 소유의 사회화, 혹은 국유화를 불편해 하는 것은 그것이 곧 개인적 소유를 부정하는 것으로 오해하기 때문일 테다. 마르크스는 "자본주의적 사적 소유는 자기 자신의 노동에 입각한 개인적 사적 소유의 첫 번째 부정"이라고 보았다. '자본주의적 사적 소유'란 생산 수단을 소유한 자본이 노동을 고용해 생산함으로써, 노동이 창출한 잉여가치를 자본이 착취해 사적으로 소유한다는 걸 뜻한다. '자기 자신의 노동에 입각한 개인적 사적 소유'란 자본주의 생산 이전의 소유를 규정한다. 그때엔 생산자 자신이 소유한 생산 수단과 자신의 노동을 통해 얻은 수익 모두를 개인적으로 그리고 사적으로 소유한다. 그런 점에서 전자는 후자를 부정하는 것이다. 마르크스는 한 걸음 더 나아가 자본주의적 생산은 자연 과정의 필연성

---

[27] 카를 마르크스, 「임시 중앙 평의회 대의원들을 위한 개별 문제들에 대한 지시들」, 『칼 맑스 프리드리히 엥겔스 저작 선집 3』(박종철출판사, 2018), 137.

을 가지고 자기 자신의 부정을 낳게 될 것이라며 그것을 '부정의 부정'이라고 규정한다. 즉 첫 번째 부정을 통해 탄생한 자신이 다시 부정된다는 뜻이다. 그 결과는 생산자에게 '사적 소유'를 재건하는 것이 아니라 '개인적 소유'를 재건한다고 말한다.[28] 즉 자본주의 이전 시대의 '사적 소유'로 돌아가는 게 아니란 뜻이다. 대신 각자가 생산 수단을 소유하진 않지만 각자가 인간다운 삶을 살아가는 데 필요한 재화와 서비스를 개인적으로 충분히 소유하게 된다는 뜻이다. 토지 및 주요 생산 수단의 공동 소유에 대해 지레 겁을 먹을 필요가 전혀 없다.

둘째, 시장 메커니즘을 결정적으로 소멸시키고 민주적 방식을 통해 합리적으로 가격을 결정하고 생산과 소비의 균형을 맞춘다. 이러한 민주적 참여 계획경제는 성장 지상주의, 주기적 경련, 자연 파괴를 비롯한 시장의 무정부성에서 오는 온갖 폐해를 방지하고 노동자와 자연을 지켜 내기 위함이다. 물론 캘리니코스도 인정하고 있듯이, 오늘날 계획경제에 관한 논의가 사회 엘리트층에서 사실상 추방된 상태라는 걸 나 역시 잘 알고 있다. 여기엔 자유 시장경제를 절대적으로 옹호한 하이에크의 이데올로기적 노력과 계획경제를 시도했던 구소련과 동구 사회주의 국가들의 처참한 붕괴가 크게 작용했다.[29] 그러나 하이에크의 이론에도 많은 허점이 있다는 게 이미 여러 학자들에 의해 증명된 바

---

28 카를 마르크스, 『자본론 I (하)』(비봉출판사, 2015), 1046.
29 캘리니코스, 『재난의 시대 21세기』, 309.

있다.[30] 그리고 구동구권의 실패가 반드시 계획경제의 영원한 실패여야만 할 절대적 이유는 없다. 그런 점에서 과거의 실패를 교훈 삼아 다양한 민주적 계획경제 모델이 제시되고 있다는 건 매우 고무적인 일이다.[31] 또한 아마존과 페이스북으로 대변되는 플랫폼 자본주의의 출현 후, 합리적 경제 계획을 위한 기술적·사회적 조건이 크게 향상되었다는 점을 인식할 필요가 있다.[32]

물론 민주적 참여 계획경제가 진정한 탈성장을 실현하고 노동자와 자연을 동시에 보호할 수 있으려면 경제 성장을 하지 않는, 순환형·정상형 경제로 표현된 공동체적 가치와 정신을 그 계획에 적극적으로 반영해야 한다.[33] 자본 권력이 강력하게 지배하는 자본주의 체제에선 그것이 원천적으로 불가능했다. 그러나 민주적 참여 계획경제에선 사회 구성원의 민주적 요청에 따라 실현될 수 있다는 게 근본적인 차이다. 그러므로 중요한 건 바로 그런 민주적 절차를 가능케 하는 제도의 확립이다.

셋째, 그러므로 명령 위임이 실현되는 민주주의 제도를 확립해야 한다. 새로운 체제 하에서도 국가의 역할이 매우 중요하다. 사회적 공동 소유를 실질적으로 관리하는 최고 주체도 국가요

---

30 Deuk-Hoon Park, *Christian Praxis and Economic Justice* (Peter Lang, 1999), 61-83.
31 민주적 참여계획경제에 대한 자세한 논의를 보려면 정성진, 「참여계획경제」, 『자본주의 이후의 새로운 사회』, 김수행·신정완 편, 319-353을 보라.
32 캘리니코스, 『재난의 시대 21세기』, 312-313
33 고헤이, 298-311

경제 계획을 최종적으로 조율하는 주체도 국가일 수밖에 없기 때문이다. 국가가 그 임무를 수행하려면 아무리 지방 자치가 발전되어 있고 시민 운동을 존중한다고 해도 관료가 필요할 수밖에 없고, 거기엔 반드시 다양한 수준의 권력이 따르게 된다. 구 사회주의 국가들이 실패한 중요한 이유들 중에 하나도 바로 이 권력 문제를 철저히 다루지 못한 데 있다.

    이 지점에서 마르크스의 「프랑스에서의 내전」으로 돌아갈 필요가 있다. 마르크스는 1871년 파리 코뮌에서, 사회 위에 군림해 독립적으로 존재하는 자본주의 국가를 대체할 새로운 국가의 형태를 발견한다. 그 국가는 더 이상 소수의 지배 계급이 대의 민주주의라는 미명하에 다수의 민중을 지배하고 억압하는 국가가 아니다. 그 국가는 막 해방된 다수의 프롤레타리아트가 저항하는 소수의 부르주아 계급을 제압하고, '노동의 경제적 해방을 완성'할 수 있는 '정치 형태'로서의 국가다.[34] 그가 그렇게 격찬한 정치 형태의 주요한 특징은 세 가지다. 첫째, 코뮌을 구성하는 시의원들을 보통 선거로 선출하는 데 그들에게 명령 위임이 주어진다. 즉 유권자들이 그들에게 명령한 것만 실행하는 데에 그들의 권한을 행사할 수 있다. 그 임무를 제대로 수행하지 못하면 언제든지 책임지고 소환되어야 한다. 둘째, 시의원으로 구성된 코뮌은 의회 단체가 아니라 행정과 입법을 동시에 맡아

---

34 카를 마르크스, 「프랑스에서의 내전」, 『칼 맑스 프리드리히 엥겔스 저작 선집 4』(박종철출판사, 2007), 67.

일하는 단체일 수밖에 없었다. 셋째, 선출된 시의원은 노동자 임금에 해당하는 대우를 받는다. 그러니 그들에겐 어떤 특권도 없다.[35] 나는 이런 정치 형태를 명령 위임이 실현되는 민주주의라고 부르고 싶다.

체제 전환의 길

앞서 언급한 체제 전환을 실현해 가려면, **첫째, "비현실성"이라는 벽을 뚫고 나가는 용기와 인내가 절실히 요청된다.**[36] 물론 체제 전환을 추구하는 사람들은 몽상가가 되지 않으려면 현실적 조건을 늘 민감하게 파악하고 그 기초 위에 행동해야 한다. 그러나 자신들이 추구하는 바가 현재로선 현실성이 없다 할지라도 그대로 주저앉으면 안 된다. 온갖 조롱과 멸시를 무시하고 자신이 할 수 있는 바에 최선을 다할 줄 알아야 한다. 그런 점에서 역사적 유물론이 신학과 연대할 때 모든 역사적 싸움에서 마침내 승리할 수 있다고 한 발터 벤야민의 사상에 주목할 필요가 있다. 여기서 신학이란 역사의 주체인 피지배 계급이 비상사태가 정상이 되어 버린 역사적 상황에서 우울증에 빠지지 않는 것이다. 도리어 '지금 여기'라는 메시아적 현재성으로 '동질적이기에 공허한 시간의 연속성'을 폭파시키는 것이다. 그건 '진정한 비상사태'를 도래하게 만든다. 벤야민은 그런 행동이 바로 마르크스가

---

35 앞의 책, 64.
36 캘리니코스, 『재난의 시대 21세기』, 29-31.

혁명이라고 불렀던 것이라고 말한다.[37] 이는 예수 그리스도께서 공생애를 시작하실 때, "때가 찼다. 하나님 나라가 가까이 왔다. 회개하여라. 복음을 믿어라"(막 1:15)라고 선언하신 것을 연상케 한다. 예수님은 하나님 나라의 때, 즉 그 현재성으로 절망적인 시간을 폭파시켜 버렸다. 진정한 비상상태를 선언하시고 그에 걸맞게 행동하심으로 참 혁명가가 되셨다. 그런 점에서 혁명엔 신앙이 깊고 겸손한 엘리트가 필요하다.

둘째, 아래로부터의 체제 전환을 도모하는 다양한 사회운동들이 국내적으로뿐 아니라 지구적으로 연대해 공동전선을 형성해야 한다. 이는 단체 이기주의를 버리고 서로 다른 점보다 같은 점이 훨씬 더 많다는 것을 항상 염두에 둘 때 가능해질 것이다.

셋째, 체제 전환적 지역 정치로부터 시작해서 중앙 정치로 진입해 민주주의 체제의 혁신을 도모해야 한다. 마르크스와 엥겔스는 혁명가였음에도 불구하고, 둘 다 평화적이고 민주적인 경로를 통해 자본주의가 해체되고 사회주의가 실현될 수 있는 역사적 가능성을 열어 놓았음을 잊지 말아야 한다.[38]

---

37 김진영, 『희망은 과거에서 온다: 김진영의 벤야민 강의실』(포스트카드, 2019), 339-340. 발터 벤야민에 대한 내용은 김진영이 발췌 번역한 발터 벤야민의 『역사의 개념에 대하여』에서 취한 것이다.

38 카를 마르크스, 「헤이그 대회에 관한 연설」, 『칼 맑스 프리드리히 엥겔스 저작 선집 4』, 160. 프리드리히 엥겔스, 「1891년 사회 민주주의당 강령 초안 비판을 위하여」, 『칼 맑스 프리드리히 엥겔스 저작 선집 6』, 347.

기독인이 체제 전환에 헌신해야 할 이유

우선, 그리스도인들이 기후 위기 극복에 헌신해야 할 신앙적·신학적 이유는 차고 넘친다. 이 책에도 그에 관한 글들이 많으니 꼼꼼히 읽어 주길 바란다. 다만 나는 로마서 8장 19-22절에 나타난 바울의 놀랍고 심오한 생태신학을 다시 언급하고 싶다. 바울은 모든 피조물이 그의 당대까지 내내 함께 신음하며 해산의 고통을 겪고 있다는 것을 "우리가 압니다"라고 말한다. 즉 자신처럼 특별한 소명을 받는 사도만 알 수 있는 게 아니라 구약 성경을 제대로 읽어 본 하나님의 자녀라면 당연히 다 알게 된다는 뜻이다. 하나님의 사람들이 주후 1세기에 벌써 자연의 신음소리를 들을 수 있었는데, 21세기의 우리가 듣지 못한다면 자신의 신앙에 대해 심각한 질문을 던져야 한다. 기후 위기 극복에 헌신해야 하는 것이 그리스도인의 마땅한 책임이라면, 그리고 그것이 체제 전환을 요구하는 게 과학적으로 분명하다면, 그리스도인들은 기꺼이 체제 전환에 앞장서야 할 것이다.

둘째, 그리스도인에겐 "이만하면"이란 용어는 반기독교적이다. 현재의 자본주의가 현실적으로 아무리 견고해 보이고 실현 가능한 최선의 것으로 보인다 해도, 그리스도인은 그에 결코 만족할 수도 없거니와 그래서도 안 된다. 그리스도인에겐 언제 어디서나 하나님 나라와 그 정의를 추구해야 할 사명이 있기 때문이다. 현재 체제에 하나님 나라에 반하는 요소가 존재하고 그것이 체제 내에선 도저히 제거될 수 없다면, 당연히 체제 전환에 나서야 한다.

셋째, 앞에서 기술한 새로운 체제, 즉 민주적 공동체주의의 윤곽은 비록 하나님 나라 그 자체일 순 없지만 현재로선 거기에 가장 가까운 근사치라고 판단된다. 모든 인간이 그 어떤 것으로도 차별받지 않고 인간답게 살 수 있고, 서로 존중하는 가운데 합의에 이루고, 생태계가 건강하게 보존되는 세상은 하나님 나라의 정의와 평화에 아주 가까운 모습이다.

넷째, 그리스도인이야말로 예수님을 본받아 메시아의 시간으로 자본주의적 정상 상태의 "동질적이고 공허한 시간"을 폭파해 비상사태를 도래케 함으로 혁명을 일으킬 수 있는 적임자다. 새 하늘과 새 땅의 도래를 믿는 참된 그리스도인이라면 이렇게 비현실성이라는 장벽을 뛰어넘어 새로운 미래를 위해 자신을 던질 수 있다.

다섯째, 체제 전환을 위한 다양한 실천은 교회에서 요청되는 그리스도인의 행동 양식과 잘 어울린다. 교회는 성도를 지도하면서도 결코 특권을 탐하지 않는 엘리트의 역할을 소중히 여긴다. 그와 더불어 일반 성도의 주체성을 높이 존중한다. 교회는 불의한 체제에 저항하기 위해 연대할 줄 아는 성도의 공동체다. 그러니 그리스도인들은 기쁜 마음으로 체제 전환을 위한 다양한 실천에 참여해야 할 것이다.

맺음말

기후 변화의 영향을 다룬 IPCC 2022년 보고서에 따르면 "기후 변화에 매우 취약한 상황"에서 살고 있는 사람들이 무려 33-36억 명으로 추산된다고 한다. 그런 취약성은 가난한 지역 그리고 다양한 위기에 대응할 수 있는 공식·비공식 제도가 미비되어 기본 서비스와 자원을 이용할 기회가 제한된 지역에서 더 높게 나타난다.[39] 참된 그리스도인이라면 마땅히 이들의 고통을 가슴에 새기고 기후 위기 극복을 위한 체제 전환 운동에 자신을 던져야 하지 않겠는가?

---

39   캘리니코스, 『재난의 시대 21세기』, 68.

7장

그린 유토피아로 떠나는 보물지도

김영준 (기후위기기독인연대 공동대표)

이번 장에서는 기후 위기를 극복하기 위한 다양한 대안들을 모색해 보려 한다. 광범위한 문제라 길도 하나가 아니다. 몇 조각은 빠진, 혹은 여러 조각으로 찢겨진 보물지도 같기도 하다. 중요하다고 생각되는 단서들을 모아 놓았으니 눈을 크게 뜨고 함께 보물을 찾으러 떠나 보자.

성서의 시대에는 기후 위기가 없었는데요?
하나님 나라와 기후 위기의 연관성

기후 위기의 심각성을 알아 가다 보니 결국 이 문제의 원인은 "성장하면 행복해진다"라고 하는 '성장주의'에 있음을 알게 되었고, 성장주의라는 엔진이 '자본주의'라는 기계를 돌리고 있음도 인식하게 되었다. 그런데 그리스도인이라는 정체성을 지닌 나에게는 이 문제를 해석할 신앙의 언어가 필요했고, 얼마 지나지 않아 이것이 '하나님 나라'와 아주 밀접한 문제임을 발견하게 되었다. 십여 년 전 한동안 집중적으로 공부하면서 기독교의 본질이자 성서를 관통하는 핵심 사상으로 깨닫게 되었던 하나님 나라. 김회권 교수는 하나님 나라의 성격을 '체제 전복적'이라고 종종 표현했는데, 지금에 와서 생각해 보니 무릎을 탁 치게 하는 표현이다. 현재 기후 운동 내에서도 점점 많은 사람들이 "결국 이 문제는 온실가스를 줄이는 노력으로 해결될 수 없고, 온실가스를 발생시킬 수밖에 없는 지금의 체제가 전환되어야 한다"고 보고 있기 때문이다.

특히 기후 위기는 부정의, 불평등과 매우 밀접하게 연결되어 있는데, 대부분의 온실가스는 소위 선진국 또는 북반구 국가들에서 배출하면서 그 피해는 상당 부분 개발도상국 또는 남반구 국가들이 보기 때문이다. 북반구 국가들은 오히려 경제적 이득을 얻었는데 피해자는 손해를 보는 상황이다. 과거 제국주의가 낳은 약탈적 착취 구조가 지금도 이어지며, 기후 위기가 불평등을 낳고, 불평등은 다시 기후 위기의 원인이 되는 악순환이 지속되고 있다. 그래서 기후 위기 극복은 온실가스 감축뿐 아니라 불평등의 해소가 함께 이루어져야 하며, 이를 위해 '기후 정의'가 실현되어야 한다는 생각이 점점 공감을 얻고 있다.

성서는 하나님 나라를 떠받치는 두 축을 '공평과 정의'(미슈

파트와 츠다카)라고 한다(시 97:2). 구약 성서의 상당 부분에서 하나님의 말씀을 전달 받은 예언자들이 이스라엘 백성에게 이 공평과 정의를 지키라고 반복적으로 강조하고 있다(암 5:24). 공평과 정의가 무너지면 권력자와 부자들이 판을 치고, 가난하고 힘없는 자들이 고통을 받게 되기 때문이다. 빈부 격차는 커질 수밖에 없고, 생존은 힘들어진다. 그렇게 되면 가장 먼저 고통받는 이들이 사회적 약자, 특히 '고아와 과부'다. 그렇기에 구약은 계속해서 고아와 과부를 돌보라고 말하고 있다(슥 7:10). 따라서 우리는 너무 당연하지만 공평과 정의 문제가 불평등과 직접적으로 연관이 있음을 알 수 있다. 앞서 언급한 기후 정의는 성서의 언어로 하면 공평과 정의라 할 수 있을 것이다.

누군가가 "성서는 기후 위기에 대해 뭐라고 말하고 있나요?"라고 묻는다면 이렇게 답할 수 있을 것이다. "성서가 기후 위기에 대해 직접적으로 언급하지는 않지만, 기후 위기와 매우 밀접한 불평등 문제는 성서의 핵심이자 하나님 나라의 두 축인 공평과 정의와 직접적으로 연관이 있습니다." 이렇듯 성서는 공평과 정의(불평등 문제)를 통해 기후 위기의 본질을 건드리고 있기에 기독교 신앙은 기후 위기와 매우 깊은 관계가 있다고 할 수 있다. 즉 기후 위기는 단순히 환경 문제가 아닌 불평등으로 대표되는 사회적 문제다.

그러면 이 문제를 어떻게 해결해야 할까? 불평등은 돈이 최고라는 '맘모니즘', 곧 현실 세계에서 '자본주의'라 부르는 지금의 경제 시스템에서 기인했고, 이는 '성장주의'라는 가치관이 뒷

받침하고 있다. 결국 기후 위기의 근본 원인인 성장주의를 극복해야 하는데, 이를 위한 사상이자 운동은 한마디로 '탈성장'이라고 할 수 있다. 성장주의의 문제와 함께 탈성장에 대해 살펴보자.

탈성장? 그게 가능한가요?
탈성장에 대한 오해와 이해

'탈성장' 하면 무엇이 떠오르는가? 아마도 많은 이들은 '탈성장'이란 말을 듣자마자 성장이 멈춘 사회에서 풀을 뜯어 먹는 사람의 모습을 떠올리거나, 70년대 허름한 집에서 지저분한 모습으로 살아가는 어떤 장면을 떠올리기도 한다. 하지만 탈성장(degrowth)은 **단순히 성장을 멈추자는 이야기가 아니라 사회의 전환에 관한 이야기다.** 또한 삶의 질을 낮추고 억지로 인내심을 강요하는 마이너스 성장을 떠올리기도 한다. 하지만 탈성장은 "경제의 물질과 에너지 처리량을 줄여 생명 세계와 균형을 이루도록 되돌리는 것. 그러면서 소득과 자원을 더 공정하게 배분하고, 사람들을 불필요한 노동에서 해방시키며, 사람들이 번영하는 데 필요한 공공재에 투자하는 것에 관한 이야기"이다.[1] 즉 오히려 삶의 질을 높이려는 개념이다. 그리고 "일반적인 오해 중 하나는 탈성장이 경기 침체나 긴축을 강요하거나, 필연적으로 경

---

1 제이슨 히켈, 『적을수록 풍요롭다: 지구를 구하는 탈성장』(창비, 2021), 272.

제 붕괴와 사회적 재난을 초래할 것이라는 생각"이다.[2] 하지만 경기 침체는 의도하지 않은 것인 반면 탈성장은 계획적이고 의도적인 것이며(갑작스런 사고가 아닌, 사고에 미리 대비), 경기 침체는 불평등을 악화시키지만 탈성장은 불평등을 줄이고자 하며, 경기 침체는 공공 서비스 축소로 이어지지만 탈성장은 오히려 공공 서비스를 확대한다.

그런데 탈성장에 대한 설명은 어디서 많이 보았던 내용 아닌가? 그렇다. 우리가 보통 좋은 사회, 이상적인 사회를 말할 때 언급되는 내용이다. 그런 점에서 탈성장은 이전에 없었던 전혀 생소한 것이 아니다. 어쩌면 '오래된 미래'라고도 할 수 있을 것이다.

앞서 기후 위기의 원인으로 성장주의와 자본주의를 언급했는데, 이런 점에서 "탈성장은 인간 착취와 환경 파괴를 초래하며 어떤 대가를 치르더라도 성장을 추구하는 글로벌 자본주의 체제를 비판하는 사상"이며, 그렇기에 "환경 정의와 행성 경계 내 모든 사람의 좋은 삶을 보장하기 위해 사회를 변화시키는 것을 의미"한다.[3]

성장주의는 '공기'와도 같다. 그런 점에서 우리는 의식하지도 못한 채 성장주의에 중독되어 있다고도 할 수 있다. 성장을

---

2   마티아스 슈멜처 외, 『미래는 탈성장: 자본주의 너머의 세계로 가는 안내서』, 김현우·이보아 옮김(나름북스, 2023), 34.
3   https://degrowth.info/degrowth.

나타내는 대표적인 지표는 국내총생산(GDP)인데, 대부분의 국가는 GDP라는 지표를 거의 종교 수준으로 떠받들면서 어떻게든 GDP를 높이기 위해 갖은 노력을 다한다. 자본주의 국가든 사회주의 국가든 이 점에서는 크게 다르지 않다. 특히 무역으로 먹고사는 한국은 '한강의 기적'이라는 성공 신화를 만들어 낸 탓인지 더욱더 성장에 대해 맹신하는 것으로 보인다. 하지만 앞서 언급했듯이 성장주의는 기후 위기의 근본 원인이다.

성장을 하려면 물건을 계속 만들어 내야 하고, 이는 지구의 자원을 계속 채취(채굴)할 수밖에 없게 하는데, 이는 '물질 발자국'[4]을 계속 증가시키며 지구의 생태 용량을 초과하게 한다. 이미 90년대 중반에 물질 발자국은 한계선을 넘어 버렸다.[5] 그리고 GDP가 올라갈수록 이산화탄소 농도(ppm)가 올라가는 것을 보여 주는 국내외 연구 결과들이 있다.[6] 다시 말해, 성장할수록 지구는 뜨거워지고 망가진다는 것이다. 따라서 기후 위기를 극복하기 위해서는 성장을 목표로 하지 않는 '탈성장 사회'로 가야 한다. '탈성장'은 성장 중독을 치료할 해독제이기 때문이다.

---

4   한 국가의 소비 수요를 충족시키기 위해 추출된 물질(원료)의 총량.
5   제이슨 히켈, 『적을수록 풍요롭다』, 147.
6   https://www.hani.co.kr/arti/society/environment/1077789.html.

희년 제도에 나타난 탈성장의 원리

기후 위기 시대, 희년의 재발견

앞서 기후 위기가 성서와 기독교 신앙의 핵심인 하나님 나라와 밀접하게 연관되어 있으며, 현재의 구체제가 신체제인 하나님 나라로 바뀌어야 하는데, 그 방향은 성장주의가 아닌 탈성장이라고 설명했다. 그렇다면 성서 전체에서 탈성장 방향으로 하나님 나라의 내용을 잘 담고 있는 제도가 있을까? 있다면 무엇일까? 나는 자신 있게 '희년' 제도라고 말할 수 있다.

'희년'이란 7년마다 돌아오는 안식년이 일곱 번 지나고(49년) 50년이 시작되는 해를 말하는데(레 25:8-10), 창조에서 시작된 안식일(7일 주기)과, 땅을 쉬게 하면서 그 소출을 동식물, 사회적 약자들과 나누는 안식년(7년 주기), 그리고 그 안식년이 일곱 번 돌아오는 희년(50년)으로 순환하는 규례다. 잘 알려진 대로 7은 성서가 중요하게 강조하고 있는 수다.

무엇보다 중요한 것은 예수께서 공생애 사역을 시작하며 회당에서 두루마리를 펼쳐 읽으신 '메시아 선언'(눅 4:18-19)에 등장하는 "은혜의 해"가 바로 희년이라는 점이다. 즉 희년은 예수 사역의 핵심 중 하나라는 점에서 중요하다.

> "주의 성령이 내게 임하셨으니 이는 가난한 자에게 복음을 전하게 하시려고 내게 기름을 부으시고 나를 보내사 포로 된 자에게 자유를, 눈먼 자에게 다시 보게 함을 전파하며 눌린 자를

자유케 하고 주의 은혜의 해를 전파하게 하려 하심이라 하였더라."(눅 4:18-19)

성서에 정치·경제·사회 제도가 별로 언급되지 않는다는 점에서 희년은 좀 더 주목할 필요가 있다. 희년 제도에는 4가지 규정이 있는데, '(1) 땅은 쉬어야 한다. (2) 이전의 49년 동안 습득한 모든 땅은 되돌려 주어야 한다. (3) 촌락의 집과 레위인의 집은 되돌려 주어야 한다. (4) 품꾼살이는 종식되어야 한다'이다.[7] 이 중 땅을 최초 분배받은 대로 되돌리는 것이 가장 중요한데, 이는 농경 사회에서 생계와 직결된 가장 중요한 자산인 토지가 없음으로 인해 위험에 빠지는 것을 방지하기 위함이다. 특히 50년 주기로 '리셋'한다는 점에서 희년 제도는 사회적 불평등이 한 세대를 넘어 이어지지 않게 하려는 하나님의 은혜의 제도인 셈이다.

희년에서 생태적인 면모를 보여 주는 대표적인 제도는 바로 안식년의 '휴경년'이다(레 25:4). 땅을 쉬게 하는 것뿐 아니라 종들과 동물들까지도 쉬어야 하고(출 20:10), 안식년을 지켜 땅을 쉬게 해야만 "너와 종들, 동물과 나그네까지 땅이 먹거리를 준다"고 한다(레 25:6-7). 즉 희년 제도에서는 생태계 보호와 삶의 기본적 필요를 채워 주는 것이 함께 연결되어 있다. 생태와 정의는 한몸이라고 볼 수 있다.

---

[7] 박창수, 「희년 강의 자료」(희년의 원리 표).

특히 안식년에 빚을 탕감해야 한다(신 15:1-3)는 것은, 심각한 빈부 격차와 불평등을 겪는 이 시대에 더욱 곱씹어 볼 말씀이다. 빚 탕감을 해야 할 이유는 "너희 가운데 가난한 사람이 없어야 한다"(신 15:4)는 것이다. 새 출발을 하려면 무거운 짐인 빚부터 없애야 가능할 것이다.

실제로 2000년도에 빈곤 국가들을 위한 국제적인 부채 탕감 운동인 '주빌리(희년) 2000 운동'이 일어났고, 1996년부터 4년 동안 진행되어 전 세계 2,000만 명 이상이 청원서 서명에 동참한 것으로 알려졌다. 다음 진술을 보면 당시뿐 아니라 오늘날에도 희년의 빚 탕감이 이루어져야 할 이유는 분명하다. "중남미, 아프리카 등 제3세계 52개 최빈국이 안고 있는 총 부채는 3,710억 달러인데, 82년부터 90년까지 개발도상국으로 흘러간 부채는 모두 9,270억 달러였고, 같은 시기 개도국들은 모두 1조 340억 달러를 원리금 상환에 썼다." 빌린 것보다 갚은 게 더 많았던 것이다.[8]

『적을수록 풍요롭다』의 저자이자 세계 불평등 문제와 국제개발의 정치경제학 연구로 주목받고 있는 경제인류학자 제이슨 히켈은 "부채 탕감은 그것이 실제 인간의 고통을 경감해 주기 때문만이 아니라 화폐가 절대적인 게 아니라는 점을 우리 스스로에게 환기하는 방식이라는 점에서 유익하다. 부채를 지불하는 것은 윤리의 핵심이 아니며, 이 모든 것은 인간이 배치한 장치이

---

8 https://www.imaeil.com/page/view/1999101514141909795.

다"라면서 부채 탕감의 의미를 설명한다. 특히 인간이 만든 장치이기에 인간이 바꿀 수 있다고 말한다. 물론 "부채 탕감은 일회성 해법일 뿐이다. 그것은 문제의 뿌리를 건드리지 못한다"며 근원적 원인을 건드려야 함을 강조한다. 지금의 체제인 자본주의 시스템 말이다.

또 하나 주목할 점은, 주기도문에서 "우리가 우리에게 죄지은 자를 사하여 준 것 같이"라는 표현에서 '죄'라는 단어는 (히브리어 원문의 의미를 따르면) '빚'으로 번역된다는 사실이다. 실제 성서의 난하주 해설에 보면 '빚진 사람의 빚을 없애 준 것 같이'라고 나와 있다. 쉽게 말해 '죄 사함'과 '빚 탕감'을 하나로 보고 있는 것이다. 이는 희년이 영적인 것과 육적인 것을 나누지 않고 하나로 바라보고 있음을 드러낸다. 희년이 선포되는 날이 바로 '대속죄일'이라는 점도 이를 잘 보여 준다.

특히 희년에는 이자를 받지 말라고 하는, 오늘날 표현으로 '빈민 무이자 대부법'이 등장하는데 이는 금융 자본주의인 현대 자본주의 사회에 시사하는 바가 크다. 아주 가난한 자들에게는 이자를 받지도, 이자를 받을 목적으로 돈을 빌려 주지도 말라는 것인데, 현재의 약탈적 금융 상품과 대출 상품은 희년의 정신과 정반대로 가고 있다.

무엇보다 하나님께서 스스로 "토지를 영구히 팔지 말 것은 토지는 다 내 것임이니라"(레 25:23)라고 하신 선언은 매우 중요하다. 통상 이 말씀은 토지 공개념을 말할 때 언급되는데, 오늘날 기후 위기 시대에 주는 더 큰 통찰이 있다. 그것은 바로 인간이 토지에 소유권을 부여하게 되면서, 그 토지에서 나오는 자원을 마음대로 채굴하고 수탈했고, 그로 인해 환경이 파괴되고 기후 위기가 발생했기 때문이다. 만약 소유권이 하나님께 있다는 사실을 분명히 알고 있었다면 그렇게까지 땅을 파헤치지는 못했을 것이다.

이상으로 언급한 희년의 여러 제도들은 기후 정의와 탈성장의 관점에 아주 잘 부합한다. 따라서 기후 위기 시대에 우리는 희년을 다시 숙고해 보아야 한다. 희년의 재발견이 필요하다.

기후 위기 극복에 내러티브가 중요한 이유

새로운 세상은 새로운 이야기로 시작된다.

좀 더 구체적인 대안을 살펴보기 전에 한 가지 짚고 넘어가야 할 것이 있다. 앞서 언급한 정치경제학자 제이슨 히켈은 자신의 책에서 많은 지면을 할애하여 자본주의의 문제를 여러 측면으로 파헤치더니 책 말미에 가서 이렇게 말한다. "자본주의는 위기의 동력일 뿐 기저의 실제 원인이 아니다."[9] 책 절반을 할애해 자본주의에 대해 비판하더니 갑자기? 그럼 대체 기저의 실제 원인은 무엇이란 건가? 그건 바로 "자연에 대한 새로운 이야기"라고 히켈은 말한다. 그러니까 우리가 자연에 대해 과거와는 다르게 인식하게 되었다는 것인데, 간단히 말해 오랫동안 인류가 믿어 왔

---

9   제이슨 히켈, 『적을수록 풍요롭다』, 334.

던 것과 달리 지금은 자연과 인간이 분리되었다는 말이다. 영혼이 없는 자연은 인간과 본질적으로 다르기 때문에 인간이 우위에 있고 결국 인간의 필요에 의해 뭐든 취할 수 있다는 생각 말이다.

그러면 '우리는 어디서부터 문제의 해결책을 찾을 것인가?' 근본 원인의 근본 원인에서 시작해야 한다. 즉 "이야기, 우리가 믿고 있는 이야기가 무엇인가?"에서 말이다. 달리 말하면, 우리의 세계관이 바뀌어야 한다고도 할 수 있다.

그래서 지금부터는 『작은 행성을 위한 몇 가지 혁명』의 저자이자 〈내일〉(Demain)이라는 다큐멘터리 감독으로 잘 알려진 시릴 디옹의 이야기에 귀를 기울여 보려고 한다. 그는 "우리 인간은 이야기를 통해서 우리가 사는 세상에 의미를 부여하고, 가치를 배우며, 믿음을 만들어 내고, 우리의 사고와 꿈, 희망과 두려움에 형태를 부여한다. 어느 시대에나 일련의 이야기와 믿음이 있었기에 사회는 공통의 이야기를 중심으로 단결할 수 있었다"고 한다.[10] 이는 『사피엔스』의 저자 유발 하라리가 아주 잘 설명하고 있는 바이다. "먹이사슬 중간밖에 안 되던 현 인류의 조상 '호모 사피엔스'가 어떻게 다른 생물 종들을 지배할 수 있었는가?"라는 질문에 그는 '허구'(이야기)를 말할 수 있는 능력이 있었기 때문이라고 답한다. '뒷담화'와 '허구'를 통해 '인권' 같은 존재하지 않는 상상의 개념까지 만들어 낼 수 있었고, 수많은

---

10 시릴 디옹, 『작은 행성을 위한 몇 가지 혁명』, 66, 68.

사람들이 이런 하나의 개념을 믿고, 서로 협력하게 되면서 급기야는 대규모 전쟁까지도 일으킬 수 있게 되었다는 것이다. 이렇듯 '이야기'는 인간을 하나로 묶고 움직인다. 따라서 어떤 이야기를 믿는지가 중요해진다.

그러면 현재 우리 대부분의 인류가 믿고 있는 이야기는 무엇일까? 이러한 거대 서사를 '메타 내러티브'라고도 하는데, 이를테면 기독교인들에게는 "하나님께서 천지를 창조하시고 인간을 만드셨는데, 그 인간들이 타락했고 결국 하나님의 아들 예수께서 이 땅에 오셔서 인간을 구원하셨다"가 메타 내러티브라고 할 수 있을 것이다.

앞의 질문으로 돌아가서, 현재 우리 대부분의 인류가 믿는 것은 서두에 언급한 성장주의라고 할 수 있다. "성장하면 할수록 분배할 게 많아져 행복할 수 있다"는 것이다. 그렇다면 성장주의가 기후 위기의 근본 원인이라고 할 때 이 서사가 바뀌어야만 온전한 기후 위기 극복이 가능할 것이다. 또한 기후 위기는 엄청나게 많은 인류가 서로 협력해야 해결이 가능한데, 바로 이러한 거대한 협력을 이끌어 내기 위해서도 서사가 바뀌어야 한다('인간은 이기적 존재만이 아닌 서로 협력하는 존재이다').

시릴 디옹은 이렇게 말한다. "그런데 '이야기'라는 것은 일련의 선택 설계들로 나타난다. 선택 설계(보이지 않는 설계)는 우리가 반드시 의식하지 않아도 우리의 삶을 지배하는 구조적 요소들을 가리킨다. 선택 설계는 우리가 의식하지 않더라도 일상적으로 하는 행동의 대부분을 결정한다. 그것은 우리가 '해야 할' 것, 또는 우리가 하기로 선택했다고 믿는 것을 결정하는 틀이다"라고 한다.[11] 그리고 "주요한 선택 설계 세 가지는 '돈 벌기, 재미에 지배당한 삶, 법'이며, 우리 시대의 가장 강력한 허구(이야기) 중 하나는 바로 성장의 종교이다"라면서 우리의 근원적 문제를 파헤친다. 따라서 우리는 '성장'이 아닌 새로운 이야기를 통해 우리의 행동을 추동하는 '선택 설계'를 바꾸어야 한다.

그러면서 새로운 이야기의 소재가 되어야 할 세 가지 큰 목표를 제시한다. (1) 파괴와 온난화를 멈추다, (2) 회복 탄력성을 만들다, (3) 재생하다(지구와 우리의 경제 및 사회 모델).

특히 이러한 새로운 이야기를 가장 잘 보여 줄 수 있는 공간은 '도시'라고 하면서, '도시 기후 리더십 그룹'(C40), '탄소 배출 제로 도시 연맹' 등 전 세계 주요 도시들의 기후 위기 대응과 협력 사례를 언급한다. 그렇다면 이제 성장주의란 강력한 서사를 바꾸기 위한 새로운 이야기의 주인공, '도시'에 대한 탐험을 시작해 보자.

21세기 뉴 노멀 시티, '새 예루살렘'
기후 위기 대응에 앞장선 글로벌 도시 모델

오늘날 새 예루살렘이 도래한다면 어떤 도시의 모습일까? 나는 틀림없이 15분 도시나 도넛 경제 원리가 작동하는 도시일 거라

---

11   시릴 디옹, 『작은 행성을 위한 몇 가지 혁명』, 78.

고 생각한다. 정말 그런지 살펴보자.

15분 도시

'15분 도시'는 걷거나 자전거로 15분 이내에 도달할 수 있는 범위를 하나의 생활권으로 정하고 주민들이 그 안에서 완전한 삶을 영위하는 데 필요한 기능을 제공한다는 개념의 도시 기획이다. '삶의 질을 위한 초근접성'이 핵심이다. 이 생활권에는 거주(Living), 업무(Working), 생활 서비스 공급(Supplying), 건강(Caring), 학습(Learning), 여가(Enjoying)의 6가지 요소가 있다. 이 도시 모델은 "도시의 성공 여부는 '속도'에 달렸다"(르 코르뷔지에: 20세기를 대표하는 건축가)라며 자동차를 이용한 속도감 있는 이동을 강조한다던가, 용도별로 지역을 나누고 교통을 연결시키는 근대 도시 개념과 상반되는 접근이다. 근대 도시는 고탄소 배출을 야기한다.

15분 도시는 (1) 크로노-어바니즘, (2) 크로노토피아, (3) 토포필리아 라는 3가지 개념으로 구성되어 있다. 첫째, 크로노-어바니즘는 '도시민 시간 우선주의'라 할 수 있는데,[12] 시간의 흐름을 바꾸어 쫓기는 삶이 아닌 여유 있고 느긋한 도시를 만들자는 것으로, 자동차와 도로는 줄이고 자전거와 보행자 길을 늘리자는 것이다. 또한 규칙적이고 획일적인 하나의 리듬 대신 여러

---

12 EBS 위대한 수업. 〈명품리: 도시의 삶은 왜 힘든 걸까? 도시인이 힘든 이유가 있다〉. https://youtu.be/Dc3AelMeKsk?si=Be0a8bAx6bKWcE_6.

리듬으로 살자는 것이다. 예를 들어, 휴가철 등 지역민들이 다른 곳으로 떠나는 시기에는 한가한 시간대가 형성되는데, 이런 시기에는 지역 내 여유로운 장소가 많아진다. 이런 여유로운 공간을 이용해 한시적 변화를 순조롭게 추진할 수 있다. 일상 패턴과 공간을 연결해 보자는 것이다.

둘째, 크로노토피아는 '장소의 다목적성'이라 할 수 있는데, 인프라를 다양하게 활용하자는 것이다. 시간에 따라 달라지는 장소의 용도에 관한 것이다. 예를 들어, 재택 근무로 수요가 줄어든 사무실을 주택으로 재배치하거나, 학교나 공공 건물을 일과 후에 주민 복지와 여가를 위한 용도로 겸하게 할 수 있다. 사람들이 비슷한 시간대에 출퇴근을 하게 되면서 한 가지 용도로만 쓰이는 건물은 하루의 60퍼센트가 닫혀 있게 되는데 매우 비효율적이고 손해도 크다.

셋째, 토포필리아는 '장소애', 곧 장소에 대한 애착이란 뜻으로 사랑할 수 있는 도시를 만들자는 것이다. 언뜻 도시 기획으로 낯설기도 한 이 개념의 중심에는 도시 및 주변 환경에 대한 인간의 관계가 자리 잡고 있다. 이를 위해 주거지 인근에 높은 수준의 녹색 공간을 제공하거나 자연에 대한 접근성을 향상하여 양질의 사회적 삶의 질을 확보하는 것이 중요하다.

이 도시 기획은 프랑스 파리 제1대학 팡테옹 소르본 경영대학원 부교수인 카를로스 모레노가 창시했는데, 15분 도시에 대한 공로를 인정받아 오벨 어워드 수상(2021) 및 유엔 해비타트 명예훈장까지 받았다(2022). 파리 외에도 캐나다의 오타와, '20

분 도시'로 응용한 호주의 멜버른, 미국의 디트로이트와 오리건주 포틀랜드, 스페인의 바르셀로나 등 15분 도시는 현재 기후 위기 대응을 좀 한다는 전 세계 주요 도시에서 실험 중이다.

결국 15분 도시는, 도시를 일정한 구역 내 삶의 질을 높이도록 압축하면서 탄소 배출을 줄이는 도시 기획이라 할 수 있다. 도시민 누구나 삶의 질을 높일 수 있는 접근성이 중요하다.

도넛 경제 도시

『도넛 경제학』의 저자 케이트 레이워스는 영국의 경제학자로 옥스퍼드 대학교에서 경제학을 공부했고 유엔과 옥스팜에서 일했다. 주류 경제의 한계와 문제점을 깨달은 그는 결국 새로운 경제 모델을 만들어 냈는데 그게 바로 도넛 경제학이다.

도넛 경제는 말 그대로 도넛 이미지 하나로 설명이 가능한데, 시민들로 하여금 위로는 '지구 위험 한계선'을 넘지 않게 하고, 아래로는 '복지를 위한 사회적 기초' 밑으로 떨어지지 않게 하여 그 사이에서 "사람들의 삶을 위한 안전하고 정의로운 영역"을 구축하자는 것이 핵심 개념이다. 한마디로 거칠게 말하면, 복지를 추구하면서도 환경을 파괴하지 말자는 것이다.

'지구 위험 한계선'은 '행성 경계(planetary boundaries)'라는 개념으로, 지구 시스템의 안전을 좌우하는 9가지 요소가 있는데, 이 한계선을 수치로 평가할 수 있게 만든 지표다. 현재 9개 중 6개가 고위험 한계선을 넘어 매우 위험한 상황이다. '복지를 위한 사회적 기초'는 유엔의 지속가능발전목표(Sustainable

Development Goals, SDGs) 개념을 가져온 것으로, SDGs는 전 세계의 빈곤 문제를 해결하고 지속 가능 발전을 실현하기 위해 2016년부터 2030년까지 유엔과 국제 사회가 달성해야 할 목표다.

『기후를 위한 경제학』의 저자 김병권은 그의 책에서 '도넛 경제학'을 긍정적으로 평가하고 있는데 참고할 만하다. "(도넛 경제학은) 현대적이고 실용적인 요소들을 종합하고 있어 최근 많은 도시와 지역들이 정책 모델로 주목하고 있다." "도넛 경제는 대단히 직관적이어서 시민들과의 소통을 통해 빠르고 탄력적으로 응용할 수 있기 때문에 정책 실행자들이 선호하는 모델이다."

만약 우리가 목표로 삼는 어떤 도시, 지역을 이렇게 잘 기획된 툴을 활용하여 꼼꼼히 조사하고 정리하여 그대로 실행할 수만 있다면 정말 기후 위기를 극복하고 모두가 고르게 행복하게 살 수 있는 놀라운 일이 벌어지지 않을까? 그런 상상이 그런 실험이 많아지면 좋겠다.

새 술은 새 부대에, 새로운 세상은 새로운 법과 규칙에

국가, 새 판 짜기(새로운 헌법)

새로운 체제의 새로운 세상을 만들기 위해서는 한편으로 잘못된 체제를 점점 무너뜨리면서 다른 한편으로는 대안적 사회를 구성해야 한다. '국가'라는 방식이 한계도 있지만 여전히 유효하다면, 그래서 이를 유지한다는 전제하에 논의를 이어가 보자. 국가를 규정하는 가장 큰 틀은 역시 '헌법'일 것이다. 그리고 이를 실질적으로 운영하는 영역은 '정치'일 것이다. 따라서 헌법과 정치가 바뀌지 않으면 기후 위기 극복도 요원할 것이다. 여기서는 헌법을 중심으로 생각해 보려고 한다.

'개헌'에 대한 논의는 제법 오래되었다. 87년에 헌법이 개정된 후로 40년이 되어 가는데도 아직 개정을 못하고 있는 상황이다. 여러 법률들로 보완이 되었지만 근본적으로 우리는 약 40년 전의 시대가 만든 틀 속에 살고 있는 것이다. '지방 분권', '대통령 임기' 등 개정을 위한 여러 쟁점들이 많지만 여기서는 '기후 생태헌법'을 중심으로 간략하게 살펴보려고 한다.

헌법 개정의 필요성

헌법은 한자로 법 헌(憲), 법 법(法)자를 사용한다. 즉 법의 법, 최상의 법이란 의미다. 그만큼 중요하다. 시민을 강제하는 법률을 시민들은 헌법을 통해 통제한다.

(1) 그럼에도 지난 헌법재판소의 기후 소송 결과를 보면, 현행 헌법의 제35조 1항 '환경권'을 소극적으로 해석하고 있다. 따라서 국가의 기후 위기 대응 의무를 직접 규정해야 기후 대응 법률의 위헌 여부를 '최소한의 보호 조치' 기준이 아니라 '적극적 대응 의무' 이행 여부를 기준으로 판단하게 될 것이다. (2) 각종 개발 사업으로 생존 위협을 받고 있는 종들을 보호하려면 국가가 기업의 영업의 자유를 제한해야 하는데, 이는 '국민의 환경권'이 침해되는 것이 아니기 때문에 그 제한을 정당화하기 어렵

다. 따라서 국가의 생태계 보호 의무를 헌법에 규정해야 한다.
(3) 위의 생태계 보호 조항은, 예를 들어 '종의 유지'가 필요한 경우 (야생) 동물의 서식지 파괴로부터의 보호에 그치고, 개별 동물 자체의 보호나 동물이 필요로 하는 바를 충족하지 못할 수 있어 동물 보호 의무를 헌법에 규정해야 한다.[13]

지구법학과 자연의 권리, 그리고 입법 사례

앞서 언급한 헌법의 3가지 필요성은, '자연의 권리' 사상이 대두되고 실제 법으로 입법이 되면서 변화의 흐름이 만들어지고 있다.

'지구법학'은 지구 생명체들에게 법인격을 부여하고자 하는 법사상 혹은 법률 체계의 학문이다. 지구법학의 핵심 전제는 지구 행성을 구성하는 모든 생명이 그 자체로 존엄성과 권리를 갖는다는 것인데, 이는 존재가 기원하는 곳에 권리가 발생한다는 토마스 베리의 사상에 기초한다. 따라서 강은 강의 권리를, 동식물도 각각 그들 나름의 권리를 가지며, 법은 이러한 권리를 실정법의 영역으로 명시하고, 자연의 '권리'를 인정해야 한다는 것이다.

에콰도르는 세계 최초로 국가 헌법에서 자연의 권리를 인정한 사례인데(2008), 자연 자체의 권리를 "존재하며, 지속되고,

---

13 이치선(개헌 작성), 「윤석열 즉각 퇴진 사회대개혁·비상행동, 사회대개혁 특별위원회 개혁의제, 기후환경소위 10대 개혁과제」.

유지되며, 자신의 필수적인 순환을 재생할 수 있는" 것으로 명시했다. 이러한 에콰도르 헌법에 따르면, 자연은 "존재 자체와 생명의 순환과 구조, 기능 및 진화 과정을 유지하고 재생을 존중받을 권리"와 "회복될 권리"라는 크게 두 가지의 권리를 갖는다. 에콰도르 재판부는 "자연을 단순히 법적 객체로 여기는 전통적인 패러다임을 깨뜨리고 자연을 살아 있는 사람처럼 하나의 주체로 여기기 위한" 중대한 혁신이라고 평가했다.[14]

새로운 헌법 제정은 몇 가지 소송에서 자연의 권리를 지켜냈다. 예를 들어, 새우 회사 마르메사가 해안 맹그로브 숲에서 새우 양식을 불법 조업했고 환경부가 이를 단속했는데, 마르메사가 사업을 영위할 권리를 침해당했다고 소송하여 1심에 이어 항소심까지 정부가 패소했다. 하지만 정부는 헌법재판소에 상고했고 헌재는 재산권과 같은 사적인 권리가 자연의 권리에 앞설 수 없다고 판결했다.[15]

이 외에도 자연의 권리와 그에 상응하는 정부와 국민의 책임을 상세히 규정한 최초의 사례인 볼리비아의 '어머니 지구의 권리에 관한 법'(2010)과 파나마의 '자연의 권리 법'(2022) 등이 있다. 또한 뉴질랜드의 황가누이강은 2017년 마오리족이 신성시했던 강으로 법인격이 부여되었고, 인도의 갠지스강과 야무나강이 '살아 있는 사람에 부응하는 모든 권리, 의무와 책임'이

---

14 데이비드 보이드, 『자연의 권리』, 213-233.
15 데이비드 보이드, 앞의 책, 255-256.

라는 법적 권리를 부여받았으며, 콜롬비아 대법원은 아마존강에 법적 권리를 부여했다.

우리는 이미 기업에도 사람의 지위(법인)를 부여하고 있다. 그렇다면 자연에 하지 못할 이유가 무엇인가? 기업의 이윤 활동보다 자연과 생태계의 가치가 낮다는 것인가? 그렇지 않을 것이다. 새로운 시대의 새로운 헌법에 반드시 포함되어야 할 내용이다.

녹색 헌법(생태 헌법): 새로운 시대, 새로운 게임의 법칙

국내에서는 기후생태헌법에 대한 논의가 많지 않았는데, 그럼에도『녹색헌법』이란 책에서 꽤 종합적으로 다루었다. 이 책은 한마디로 이전까지의 다양한 헌법 개정 연구들의 주요 내용을 뼈대로 하여, 여기에 녹색의 가치를 더했다고 볼 수 있다.[16] 참고로, 여기서 말하는 '녹색'은 '생태', '환경'뿐 아니라 생명이라는 근본 사상부터 기본권, 민주주의와 정치, 분권, 입법 행정 사법부의 구성과 구조, 경제 등을 모두 담고 있는 가치다. 세 가지 특

---

16 국내 개헌안으로는 국회의장 직속 헌법개정 자문위원회안(2014), 시도지사협의회안(2015), 대화문화아카데미안(2011, 2016), 지방분권개헌국민행동(2016), 국회 개헌특위 자문위(2017)를 참고. 외국 헌법은 국회도서관에서 35개국 헌법을 모두 번역해 만든『세계의 헌법』이란 책을 참고했으며, 그 외 세계인권선언(1948), 세계 녹색당 헌장(2001), 한국 녹색당 강령(2012)을 참고했다.

징은 다음과 같다.[17]

첫째, "인간중심주의를 넘어서 생명중심주의로"이다. 헌법의 최우선 가치가 담긴 제1조를 "모든 생명은 존엄한 가치가 있다"로 제안하며, 제3조에 국가의 생태계 보호 의무를 넣어 생명 가치를 강조했다. 기존 헌법의 틀을 완전히 새롭게 바꾸는 핵심적 내용이다.

둘째, "민주주의를 심화하는 정치 제도"이다. 비례대표 선거제도 도입, 국민의 법률 제안권과 소환권 인정, 사법 관련 시민들의 결정을 따르는 배심제 도입과 검사정 직선제, 기후 위기와 멸종 위기를 지켜 낼 헌법 기관인 생태환경위원회 신설, 대통령과 총리, 내각의 권한을 분산해 서로 협력 및 견제, 국회를 양원제로 하고 상원을 지자체에서 선출하며 시도광역의회가 법률 제정 권한을 갖는 지방 자치 분권 등의 내용이다. 아무리 기후생태헌법 조항을 잘 만들어도 이를 집행할 국가의 주요 기구들이 제대로 작동하지 않으면 안 되기에 그런 점에서도 중요하다.

셋째, "성장 중심에서 생명 중심의 경제로"이다. '인간의 존엄한 가치와 생명 가치를 보호하는 경제'(138조)라고 명시했고, '재산권 행사도 생태계를 지나치게 파괴하지 않는 범위에서'(139조)라고 규정했듯, 성장 중심에서 벗어나 생명과 인간의 가치가 중시되는 경제로 바뀐다. 성장주의가 지금의 기후 위기와 불평등을 낳았다는 점에서 매우 중요한 부분이다.

17　녹색전환연구소, 『녹색헌법』, 275-278.

다음 단계의 민주주의, '추첨제 숙의 직접 민주주의'

현대 민주주의의 문제점

근래 민주주의가 작동하는 걸 보면서 어떤 생각이 드는가? 아마도 많은 사람들이 계엄, 탄핵을 겪으면서 새삼 민주주의에 대해 많은 생각을 했을 거라 짐작된다. "정치 엘리트들, 어차피 누굴 뽑아도 결국 다 똑같아. 양당제 지긋지긋해", "정당들이 일은 안 하고 맨날 싸우고 정쟁만 일삼지", "투표할 때만 민주주의지 뽑히고 나면 우리가 할 수 있는 게 없어", "불공평한 선거제도로 거대 정당만 뽑히지 서민을 대변하는 소수 정당은 늘 당선이 안 돼", "돈 없으면 정치도 못해", "기후 위기 같은 문제는 장기적인 정책을 세워야 하는데, 무슨 정권만 바뀌면 다 뒤집어", "공약하면 뭐 해, 지키는 꼴을 못 봤어", "다수결이면 다야, 소수 의견은 왜 무시해", "선출도 안 된 엘리트 관료들이 뭔데 지들 맘대로 해", "국회, 정치인 다 썩어 빠졌어. 정치, 이제 신경 끌래." 어쩌면 다들 이런 생각이 아닐까 싶다. 현대 대의제 민주주의의 대표적인 문제점이다. 이 정도면 이제 한계에 다다른 게 아닐까?

그럼 고쳐 쓰면 될까? 그건 거의 불가능해 보인다. 이 중 한 가지도 해결이 쉽지 않은데, 위의 예시만 열 가지다. 고쳐 쓴다고 해도 정치 구조가 바뀌어야 하는데, 이를 위해서는 선거제도의 개혁이 필요하다. 그런데 연동형 비례대표제 등으로 선거제도를 바꾸면 기득권 정당의 의석수가 줄어 소수 정당 의석이 늘어나 다당제가 될 것이다. 그렇다면 그들이 자신들의 의석을 대폭 줄일 법을 스스로 바꿀까? 참새에게 방앗간 맡기는 격이다. 이미 수년 전 기득권 정당들은 선거제도 개혁을 약속했다가 뒤집었다. 핵심적인 문제는 무엇일까? 이제 어떻게 해야 할까?

결국, 본질로 돌아가야 한다. 헌법 1조에 언급하고 있는 것처럼 주권자 국민이 그 주권을 되찾아 와야 한다. 민주주의라는 단어 데모크라시(democracy)는 그리스어 'demos'(민중, 시민)와 'kratia'(통치, 지배)로 구성된 단어다. 즉 '시민(민중)에 의한 통치'라는 뜻이다. 그런데 정말 우리가 실제로 통치를 하고 있나? 문제가 심각한 정치인과 공직자를 끌어내리고 싶어도 다음 선거 때까지 손 놓고 기다리고 있어야 하는 게 지금의 현실이다. 현대 민주주의는 우리를 대신할 대표를 세워 놓는 수준의 '대의제'로 축소되었다. 게다가 소수의 엘리트에 의한 과두정치로 전락했으며, 시민들은 오직 '선거일'에 주권을 행사할 뿐 선거가 끝나면 모든 것은 정치인들에 의해 좌우된다. '대의제 민주주의'가 우리의 대리자(대표자)를 세우는 것이 아닌 결국 권력을 '위탁'하는 것이 되어 버렸다.

선거가 민주주의가 아니고, 추첨이 민주주의?

우리는 우리 손으로 직접 투표해서 뽑는 '선거'를 민주주의의 핵심으로 생각하지만, 기원전 5세기 헤로도토스에서부터 18세기 루소에 이르기까지 많은 철학자와 사상가들은 선거는 반드시 그 사회의 엘리트를 선출하게 된다고 공통적으로 말하고 있다. 아리스토텔레스는 추첨으로 공직을 임명하는 것을 민주주의이며 선거로 선출되는 것은 과두정치라고 했고, 몽테스키외는 대표자를 추첨으로 뽑는 것은 민주주의의 방식이며 선거로 뽑는 것은 귀족정의 방식이라고 했다.[18] 선거(election)라는 단어와 엘리트(elite)라는 단어가 같은 어원을 갖고 있다는 점도 이를 잘 보여 준다. 즉 선거로 뽑힌 사람들은 우리와 같은 보통 사람이 아닌 '엘리트'이다.

그렇다면 선거가 아니면 무엇으로 대표자를 뽑아야 할까? 그건 바로 추첨이다. "공직 선출에서 '추첨'은 민주주의의 원형이라고 불리는 고대 아테네 민주주의의 핵심"이었다. 아테네의 정치를 "민주주의의 원형으로 꼽는 까닭은 시민들이 민회에 모여 결정을 했기 때문이기도 했지만 지금으로 보면 행정, 입법, 사법의 전 분야에서 아주 예외적인 경우를 제외하고는 모두 추첨으로 공직을 충원했기 때문이다."

현대판 추첨제 민주주의, '시민의회'[19]

그럼 과거보다 훨씬 더 인구가 많아진 현대에도 적용이 가능할까? 그런 사례가 있을까? 있다면 효과를 거둔 사례가 있을까? 그렇다. 적지 않은 사례들이 있다. 특히 기후 위기가 심화되면서 직접민주주의를 구현하는 방법으로 시민들이 직접 논의하고 결

---

18 이보 모슬리, 『민중의 이름으로』, 15-17.
19 "'헌법 1조, 국가는 기후 변화와 맞서 싸운다' 바꿔가는 시민들", https://www.hani.co.kr/arti/society/environment/989613.html.

정하는 '시민의회'에 대한 관심과 실제 사례가 늘고 있다. 시민의회는 무작위 추첨된 일반 시민들이 공공 정책을 숙의하고 결정하는 기구다. 특정한 이해관계를 대변하는 정치인이 아닌, 사회를 대표하는 다양한 시민들이 공론장을 통해 중요한 정책을 논의하고 결정하는 방식이다. 시민 의회는 일정 기간 동안 운영되며, 참여자들은 전문가의 도움을 받아 충분한 정보를 습득하고 토론한 뒤 최종적인 결정을 내린다. 한마디로(하긴 어렵지만), '추첨제 직접 숙의 민주주의'라 할 수 있다.

큰 성과들이 있었다. 99명 전원 추첨으로 구성된 아일랜드의 2차 시민의회는 2018년 5월 국민투표를 통해 낙태를 전면 금지한 수정헌법 제8조를 개정해 대표적인 성공 사례로 꼽히고 있고,[20] 프랑스의 기후시민회의에서는 149개의 기후 정책을 제안해서 그중 일부가 채택되기도 했으며, 특히 시민의회가 제안한 헌법 1조에 기후 변화 대응을 국가 의무로 명시하는 조항을 추가하는 방안을 하원에서 가결하기도 했다.

추첨제에 대한 의문들과 장점

추첨으로 뽑는다는 말을 듣는 순간 '평범한 사람들이 대체 어떻게 그런 중요한 일을 할 수가 있겠어?'라는 생각이 떠오를 것이다. 하지만 확실하게 검증된 사례가 있다. 바로 '배심제'이다. 배

---

20 "대의제, 과연 민주적일까? '아니다'", https://www.pressian.com/pages/articles/2025021815411291823.

심제는 일반 시민들이 무작위로 선발되어 법정에서 유·무죄를 판단하는 제도로, 수백 년 동안 시민이 직접 판단하는 방식이 효과적임을 증명한 제도다. 실제로 우리나라의 '국민참여재판' 제도에 대해 분석한 업무성과 자료에서, 배심원의 평결과 재판부의 판결 결과가 90.6퍼센트나 일치했다는 결과는 숙의한 일반 시민의 판단력이 충분하다는 것을 증명하고 있다.[21]

대표성도 의문이 생길 수 있다. 선거도 아닌 추첨으로 뽑힌 소수의 사람이 어떻게 우리를 대표하느냐는 의문 말이다. 하지만 기존 대의제 정치에서 대표성의 문제는 더욱 심각한데, 실제로 22대 국회의 경우 전체 의원 중 남성 비율이 80%(여성 20%), 연령대는 50~60대가 약 70%로 압도적으로 많고(50대 40%, 60대 29.7%), 학력은 소위 'SKY' 출신이 43%이며(서울대 25%), 평균 재산은 33억 3천만 원으로 일반 시민의 7.6배로 나타났다. 즉 선거로 뽑힌 의원들은 우리 같은 '보통의' 시민들을 '대표'할 수 없는 다른 계층의 사람들인 것이다.[22]

오히려 추첨제는 성별, 연령, 지역 등 다양한 계층의 사람들을 추첨하기 때문에 국민 전체의 구성과 근접한 국회를 구성할 수 있고, 금권 선거에서 자유롭기 때문에 부패가 줄어들 수 있

---

21 이지문, 『추첨민주주의 강의』, 28-29.
22 "'사회 축소판' 아닌 22대 국회⋯⋯ 시민 대표할 수 있나", https://www.ohmynews.com/NWS_Web/View/at_pg.aspx?CNTN_CD=A0003043856.

다는 장점이 많다. 따라서 이제는 우리가 실제 주인이고, 우리가 실제 정치를 해 나간다는 감각을 되찾아야 한다. 그러기 위해서는 진짜 민주주의를 회복하고, 우리가 '실제로 직접' 정치를 해야 한다.

이 거대한 문제를 나 같은 개인이 어떻게?
개인이 갖는 영향력, 절망하지 말아야 할 이유

이제 많은 사람들은 일회용품 안 쓰기, 텀블러 사용하기 같은 개인적 실천으로는 이 문제를 해결할 수 없음을 알고 있다. 또한 개인의 실천에서 부딪히는 한계에 무력감을 느끼는 사람들도 많다. 하지만 개인적 실천만의 차원이 아닌 개인의 행동이 사회 전체에 미치는 영향 차원에서 고려하면, 개인의 영향력이 적지 않음을 알 수 있다. 이 부분은 그레타 툰베리와 전 세계 100여 명의 지성들이 공저한 『기후 책』을 중심으로 살펴보도록 하자.

다른 사람에게 행동을 촉구하는 신호와 모범을 제시하기

스튜어트 캡스틱과 로레인 휘트마시는 말한다. "많은 연구들이 확인한 바에 따르면, 사람들이 하는 환경친화적인 선택의 수준은 타인의 행동을 보고 어떻게 평가하느냐와 관련이 있다. 또 다른 연구는 사람과 사람 간의 영향력이 시간이 지남에 따라 발전해 이웃이나 대인관계망을 통해 사회적 전염 또는 행동의 전염을 일으킬 수 있음을 확인했다. 사회적 전염은 말에 의한 전파로도 일어나지만 사람들이 주변의 변화에 반응할 때도 일어난다. 어떤 가구가 태양광 전지를 설치하면 이웃집이 태양광 전지를 설치할 가능성에 뚜렷한 영향을 미친다."[23]

개인 행동의 유효성

개인적인 실천에 매몰되는 것은 문제지만, 구조 변화를 고민하는 가운데 개인의 실천은 의미가 있다. "변화를 촉구하는 집단적인 활동에 조직적으로 참가하는 행동주의 역시 개인적인 행동일 수 있다. 기후 위기에 대응하기 위한 사회 운동에 참여하는 개인의 행동은 기후 행동에 호의적인 여론을 조성하는 데 영향을 미치고 정책 결정자들에게 더 적극적인 대응 정책을 시행하도록 압박하는 데 기여한다"고 한다. 또한 "개인의 행동과 사회적 변화는 복잡한 경로를 통해 서로 영향을 주고받기 때문에, 도미노 효과가 일어날 수도 있다. 개별 행동이 계속 쌓이면, 강력한 파괴력을 품은 데다 순식간에 일파만파로 확산되는 티핑 포인트를 넘어섬으로써 사회적 관습이 완전히 전복될 수 있다." 따라서 "개인의 행동은 결코 '개인적인' 것이 아님을, 개인의 행동은 사회 변혁을 이루기 위한 필수 요소임을 잊지 말아야 한다."[24]

    인간은 사회적 동물이다. 즉 우리는 다른 사람의 행동을 모방하고 지도자의 뒤를 따른다. 주변 사람 모두가 위기가 아닌 것

---

23 『기후 책』, 416.
24 『기후 책』, 417-418.

처럼 행동한다면, 위기가 없는 것이나 마찬가지다. 따라서 우리가 어떻게 말하고 행동하는지가 중요하다. "이 위기에서 벗어날 수 있는 가장 효과적인 방법은 우리 자신과 다른 사람들을 일깨우는 것이라고 확신한다."(그레타 툰베리)[25]

교회와 그리스도인들에게 드리는 다섯 가지 제안

그리스도인들에게 드리는 제안

(1) **채우고 노출시켜 신념화하라.** 어떤 계기로든 기후 위기에 관심을 갖게 되었다면, 이제 좀 더 공부하고 실천하길 바란다. 『기후 변화의 심리학』의 저자 조지 마셜은 신념화되어야 적극적인 행동에 나설 수 있다고 말한다. 자기 것으로 체화하고 신념화하자. 기후 관련 정보(책, 유튜브, 언론, 예술 등)에 자신을 노출시켜라. "입력된 만큼 출력된다." 이 점을 놓치지 않으면 좋겠다.

(2) **어딘가에 연결되라(모임 만들기).** 3명 이상의 모임을 만들거나 모임에 들어가라(책 읽기, 영화 보기, 자조 모임 등). 기후 관련 활동 단체를 후원하면 뉴스레터 등을 받아 보면서 계속 잊지 않고 행동할 수 있다(부록 자료 참조).

(3) **가까운 지인들에게 알리고 모이자**(가장 효과적인 전달 수단). 1년에 한 번이라도 광장에 나가자(예를 들어, 매년 열리는 9월 기후정의행진). 시민들이 광장에 모여야 정부와 국회가 움직인다.

---

25 『기후 책』, 412.

(4) **정치에 관심을 가져야 한다.** 투표 잘 하기를 넘어, 정치구조 바꾸기에 관심을 가져야 한다. 현 제도 내에서는 선거제도개혁이 중요하다. 무엇보다 대의제를 넘어서는 추첨제 직접 민주주의는 더욱 중요하다. 정치를 압박하고 움직이기 위해서라도 사회 운동이 중요하다.

(5) **각자 자신의 자리(위치)에서 바른 선택을 해야 한다.** 만일 우리가 정부 관료나 공무원으로, 국회의원으로, 기업인으로, 언론인으로, 교사로, 연구원이나 과학자로, 가게 사장으로, 노동자로, 소비자로, 조합원으로서 각자 자리에서 올바른 선택을 할 수 있다면 어떤 변화가 만들어질까? 상상만으로 가슴이 뛰지 않는가.

교회(교계)에 드리는 제안

(1) **새로운 관점의 성서 읽기와 신학의 재구성.** 우리가 성서를 바라보는 시각이 우리의 가치관을 형성하고 행동을 만든다. 그런데 성서가 인간중심적 관점에서 기록되고 해석되었기에 지금의 위기가 발생했다는 문제의식이 커지고 있다. 그래서 새로운 관점의 성서 읽기가 필요한 것이다. 예를 들어 비블로스성경인문학연구소의 유연희 박사는 의심, 동일시, 회복의 관점으로 성서를 보자는 '생태비평' 읽기를 제안한다. 성서 본문이 인간중심으로 기록되고 해석된 것은 아닌지 '의심'해 보고, 본문 속 지구 존재와 지구 목소리를 자신과 '동일시'해 보고, 지구와 지구 공동

체 구성원들의 목소리를 '회복'하는 차원으로 보자는 것이다.[26]

무엇보다 전통적 신학이 재구성되거나, 잘 알려져 있지 않던 내용들이 강조될 필요가 있다. 신론은 하나님께서 인간뿐 아니라 '만물'을 창조하시고 그들과 상호 작용하며 돌보신다는 점을, 인간론은 '인간 역시 피조물 중 하나'로 지배가 아닌 서로 돌보는 상호 의존의 관계라는 점을, 기독론은 예수께서 인간뿐 아니라 '모든 피조물의 구원'과 피조물들 간의 관계 회복을 위해 오셨다는 점을, 교회론은 이제 교회가 기후 생태 위기 극복을 중요한 선교 사명으로 받아들여야 한다는 점을, 종말론은 하나님께서 최종적으로 '피조세계 전체를 회복'하실 것이라는 점을 강조할 필요가 있다.

(2) **교회의 전례와 예배 순서(예전) 안에 기후와 생태 관련 내용을 포함하기.** 제임스 스미스는 그의 책 『습관의 영성』에서 예배 관련 중요한 점을 지적한다. "우리가 습득한 습관은 우리가 세상을 지각하는 방식을 규정하며, 이는 다시 우리로 하여금 특정한 방식으로 행동하게 만든다"고 한다.[27] 또한 그리스도를 따라 사는 '제자도'가 "정보 습득의 문제라기보다는 재형성의 문제"라고도 설명한다. 이렇게 형성되어 가는 "하나님 나라를 반영하는 성향은 거듭 행해지는 주기와 반복, 의례를 통해 성품에

26　과학과신학과의대화에서 여는 기후 위기와 기독교 과정. https://www.scitheo.or.kr/cours/?bmode=view&idx=109794514.

27　제임스 스미스, 『습관이 영성이다』, 박세혁 옮김 (비아토르 2018), 65.

새겨진다."[28] 즉 우리의 습관을 형성할 매주 반복되는 예배 등이 어떤 내용으로 구성되느냐에 따라 우리가 어떻게 형성되느냐가 달렸다는 것이다. 이런 점에서 지금 드려지는 예배를 재구성할 필요가 있다. 예배 시작이나 찬송, 기도, 성찬, 설교 등 매주 '생태적 하나님'을 만날 수 있어야 한다.

(3) 교회 내 기후 위기 대응 기구(모임) 신설 및 담당자 세우기. 누군가 담당자(책임자)가 없으면 활동이 지속되기 어렵다. 적어도 한 명의 담당자를 세우자. 담당할 기구를 구성하고, 없다면 초동 모임부터 시작하자.

(4) 기후 위기 대응을 실천하는 교회들의 네트워크에 들어가기. 기후 대응을 목적으로 교회들이 연합한다면, 그래서 그 수가 천 개, 만 개로 늘어난다면, 그것만으로도 한국 교회에 적지 않은 영향을 끼칠 것이다.

(5) 기독교 기후 단체에 후원 교회로 참여하기. 모든 일을 교회가 다 할 수는 없다. 따라서 관련 활동을 전문적이고 집중해서 하는 단체가 잘 세워져야 한다. 안타깝게도 현재 기후 환경 관련 기독교 단체는 다섯 손가락에 꼽을 정도로 적다. 700만을 자랑하는 한국 교회 성도 수에 비하면 초라할 정도다. 이들에 대한 적극적인 후원이 필요하다.

---

28 『습관이 영성이다』, 38-39.

한국 교회 3% 연결하기 운동 제안

사회학자 데이먼 센톨라는 사회관계망(소셜미디어뿐 아니라 사람 사이의 관계망)의 영향에 대한 연구에서, 모든 사람의 행동을 바꿀 수 있는 티핑 포인트는 25%의 헌신적인 소수라는 사실을 밝혔다. 우리나라 총인구 5,134만 명 중 개신교인이 약 771만 명 될 것으로 추산하는데(2023년),[29] 이 중 약 25%는 대략 190만 명쯤 된다. 그런데 마침 190만 명은 우리나라 전체 인구의 약 3%이다. 3%의 소금이 바닷물을 건강하게 하듯 만일 그리스도인 3%가 모인다면 기후 위기로부터 우리 사회를 지켜 낼 수 있을지도 모른다. 이 정도의 성도들이 모인다면 한국 교회뿐 아니라 한국 사회에 큰 파장을 불러올 수 있을 것이다. 지금 바로 주변에 알리고 모이자.

절망적 상황에서 과연 희망은 있을까?
기후 위기에 대응하는 우리의 태도

그레타 툰베리는 『기후 책』에서 기후 위기에 대응하는 우리의 태도나 희망에 대해 정말 중요한 시각과 통찰을 제공한다. 그의 말을 들어 보자. "우리 사회가 다양한 방식으로 사회 규범의 지

---

29 한국기독교목회자협의회가 지앤컴리서치와 목회데이터연구소에 의뢰해 조사한 제5차 한국기독교 분석리포트 '한국인의 종교생활과 신앙의식 조사'.

배를 받는다는 사실은 큰 희망의 원천이다. 사회 규범은 바뀔 수 있기 때문이다." "사회적 변화는 우리 모두의 노력과 행동의 결과다. 그러니 다른 사람에게 아직 희망이 있느냐고 묻지 말고 스스로에게 물어보자. 나는 변화할 준비가 되어 있나?" "우리는 변화를 만들고 있다. 그것도 엄청난 변화를 만들고 있다. 우리는 이기고 있다. 단지 우리는 충분히 빠른 속도로 이기지 못하고 있을 뿐이다."[30] "희망이란 우리 손에 쥐어져 있는 것이 아니라 열심히 노력해서 얻어 내고 만들어 내야 하는 것이다. 희망은 멀찌감치 물러선 채로 다른 사람이 무언가를 해 주기를 기다리는 수동적인 태도로는 절대로 얻을 수 없다. 희망은 행동하는 것이다. 안전지대 밖으로 발을 내딛는 것이다."[31]

그레타는 "충분히 많은 사람이 행동에 나서기로 결정하는 순간 모든 일이 우리에게 유리한 방향으로 풀리기 시작하는 '사회적 티핑 포인트'가 존재한다고 확신한다."[32] 이것을 넘으면 그때부터 무궁무진한 가능성이 열린다고 한다. 그러니 어떠한 상황에서도 포기하면 안 된다고 말한다. "아무리 암울한 상황이 닥쳐도 포기해서는 안 된다. 지구 온난화를 0.01도라도 억제하고 이산화탄소를 단 1톤이라도 줄이는 것은 어떤 상황에서도 해야 하는 중요한 일이다. 이미 늦었다고 포기해서는 안 된다. 우리가

---

30 『기후 책』, 448-449.
31 『기후 책』, 533.
32 『기후 책』, 533.

최선을 다할수록 더 많은 생명을 구해낼 수 있으니 말이다."³³

혹시 이제 기후 문제를 막 알았는데 무엇을 할 수 있느냐 묻는다면, 그는 "지금 기후 운동에서 가장 강력한 목소리를 내는 사람들 중 일부는 몇 년 전에는 이 위기에 대해 거의 몰랐던 사람들이다. 그런 사람들이 지금은 인류의 운명을 바꾸는 핵심적인 역할을 하고 있다"고 답한다. 과연 방법이 있는지, 어떤 방법이 있을지 고민을 하는 사람들에게는 "우리에게 필요한 변화를 촉발하는 가장 좋은 방법은 아직도 어딘가에 묻혀 있다. 최고의 아이디어와 전술과 방법이 누군가의 머릿속에 있다고 나는 믿는다. 일부 전술과 방법은 시도 중인 것도 있고, 대중의 인식 수준이 충분히 높지 않았던 때에 시도되었다고 실패한 것도 있다"고 말한다.³⁴

막막해하는 우리들에게 주는 그레타 툰베리의 마지막 조언이다. "모든 사람이 필요하다. 누구든 대환영이다. 사는 곳이나 국적이나 나이나 배경은 상관없다. 이제는 당신이 알아서 길을 찾아야 한다. 스스로 점들을 연결해 나가야 한다. 그렇게 점들을 이어 선을 긋다 보면 해답이, 다른 모든 사람들과 반드시 공유해야 할 해결책이 보일 것이다. 그리고 당신이 그걸 공유해야 할 순간이 되었을 때 당신에게 해 주고 싶은 조언이 딱 한 가지 있

---

33 『기후 책』, 534.
34 『기후 책』, 534-535.

다. 간단하다. 그냥 사실을 있는 그대로 말하라."[35]

우리가 바라는 하나님 나라, 하나님의 통치를 믿는다면, 미래에 완성될 그 나라를, 기후 위기를 극복할 그 나라를 현재에서도 살아 내야 한다. 그렇게 하나님 나라를 당겨올 때 하나님의 통치가 확장될 것이다. 지금 이곳에서의 유토피아, 즉 '나우토피아'가 중요한 이유다.

지금까지 나름의 지도를 그려 보았다. 아주 정밀하지는 않지만 이제 이 지도를 들고 그린 유토피아로 보물을 찾으러 떠나 보자!

---

35 『기후 책』, 535.

8장

기후 정의 운동과 하나님 나라 운동

문형욱(기후위기기독인연대 공동대표)

2018년 그레타 툰베리는 의회의 기후 위기 대응을 촉구하며 스웨덴 의회 앞에서 1인 시위를 시작했다. 매주 금요일마다 학교를 결석하고 피켓팅을 하던 툰베리를 이어 전 세계 청소년들이 동참하면서 '미래를 위한 금요일'이라는 전 세계 기후 학생 운동으로 이어졌고, 다음해인 2019년 9월 20~27일은 글로벌 기후 파업주간으로 정해 전 세계 150개 국에서 400만 명 이상이 참여한 전 세계 동시 다발적 기후 운동이 시작되기에 이르렀다. 우리나라도 2019년 9월 21일 기후위기비상행동 집회가 열리며 서울, 대구, 부산, 경기(수원), 충남(천안), 충남(홍성), 충북(청주), 전남(순천), 전북(전주), 경남(창원) 전국 각지에서 행진을 하며 정부와 국회에 기후 위기 비상사태 선포와 적극적인 기후 위기 대응을 요구했다.

이후 전 세계를 멈춰 세운 코로나19로 인해 기후정의행진을 개최하지 못했고 3년 만인 2022년 924기후정의행진이 열렸다. 그 사이에 상황은 더욱 나빠졌다. 2021년에 IPCC 6차 1실무그룹 보고서가 발행되어 기후 위기는 점점 더 빠르게 진행되고 있으니 각국 정부에 빠르게 대응하길 촉구했다. 2022년 3월 윤석열 정부가 집권하면서 노후 핵 발전소 수명 연장, 노동자 탄압, 농민 죽이기 정책, 공공 요금 인상과 복지 예산 삭감 등 그동안 사회가 쌓아올린 탑을 무너뜨리는 퇴행을 거듭했다. 그리고 그해 8월 중부 지방에 집중 폭우가 내리면서 강남이 침수되고 반지하에 살던 일가족이 사망하는 일이 발생했다. 이 모든 사건을 통해 우리는 기후 위기가 이미 우리 곁에서 벌어지고 있음을 감각하고 있었다. 그 어느 때보다도 9월 행진을 통해 우리의 요구를 외칠 필요가 절실했다.

9월 글로벌 기후 파업에 맞춰 진행된 '924기후정의행진'은 625개 단체가 함께했으며 3만 5천 명이 거리로 쏟아져 나왔다. 이날 자신의 이야기를 가지고 나온 전국의 시민들이 자신의 이야기를 외쳤다. 대안 학교 청소년들은 자신들의 미래와 꿈이 사라지고 있다고 외쳤고, 농민들은 해마다 뜨거워지는 날씨와 재난으로 농사짓기 어려운 이야기를, 석탄 발전 노동자는 자신들의 삶이 사라지지 않도록 정의로운 전환을 요구했다. 반지하에 살고 있는 청년은 침수로 젖은 자신의 집과 8월 반지하 참사를 연결하며 주거권과 생존권을 외치며 울부짖었다.

비인간 존재들의 권리를 위해 종차별주의에 맞서는 동물권 단체, 자본과 토건 세력에 의해 끊임 없이 시도되는 생태 학살에 맞서는 전국의 지역 활동가들, 탄소 배출량 집계에 잡히지 않지만 눈앞의 생명을 죽이고 인류의 생존을 위협하며 기후 위기를 심화시키는 전쟁과 기후 위기를 연결한 반전 평화 단체, 예술로써 기후 위기를 알리는 예술가, 농업의 위기를 이야기 하는 농민 단체, 기후 위기의 원인을 가부장제로 호명하며 에코페미니즘을 외치는 여성 단체, 기후 위기로 인한 산업 구조의 변화와 날씨의 변화로 인해 일터와 생존을 위해 투쟁하는 노동조합 등 다양한 그룹에서 함께했다. 정치학 박사 채효정은 "돈이 없으면 죽고 돈이 있으면 살라는 자본주의를 끝장내야 한다"고 외쳤다. 서로 다른 현장에서 서로 다른 목소리를 냈던 이들이 기후 위기라는 하나의 사태로 모여 함께 자신의 영역에서 싸우며 느껴 왔던 이야기들을 풀어냈다. 이 모든 것은 우리에게 이미 너무 익숙하게 자리잡은 자본주의의 민낯을 드러내는 자리였다.

준비하면서 당초 예상했던 인원은 1만 7천 명이었다. 하지만 당일 3만 5천 명이라는 두 배나 되는 시민들이 모였다. 이미 준비한 조직위원회 단체들만의 행사가 아닌 것이 되었다. 기후 위기는 이제 시민단체들만 느끼는 감각이 아닌 대중 시민들이 함께 느끼고 있는 감각이 되었다. 이렇게 다양한 이들의 외침과 요구는 단 삼 일 만에 '신규 화력 발전소 철회를 위한 탈석탄법 제정'을 위한 국민 청원 5만 명 달성으로 이어졌다.

2022년 924기후정의행진은 독립된 하나의 사건이 아니다. 2019년 '921기후위기비상행동', 2022년 '924기후정의행진', 2023년 '414기후정의파업', '923기후정의행진'까지 당시의 사회적 맥락을 반영한 요구들이 있었고 그 요구들에 대한 정부의 대응과 요구안의 변화를 살펴보면 기후 위기를 둘러싼 현재의 상황을 더욱 잘 이해할 수 있을 것이다.

2019년 921기후위기비상행동

2018년 인천 송도에서 제48차 기후 변화에 관한 정부 간 협의체(Intergovernmental Panel on Climate Change: IPCC) 총회가 열렸다. 48차 총회에서는 '지구 온난화 1.5도 특별 보고서'의 정책결정자를 위한 요약본을 승인했고 이에 따라 국가적 비상 선언, 대응 방안 마련, 대응 기구를 구성하는 것이 중요한 요구안이 되었다. 921기후위기비상행동은 전국 10개 지역에서 동시에 진행되었으며 330개 단체가 참여했다. 기후 위기를 위해 처음 열린 공동 행동이었다. 서울 대학로에서만 약 5천 명이 행진에 참여했고 길 위에 누워 죽음과 6번째 대멸종을 상징하는 다이인(die-in) 퍼포먼스를 하기도 했다. 이후로 코로나19로 인해 공동 행동이 이어지지 않았다.

당시 선언의 내용은 다음과 같다. (1) 기후 위기를 인정하고 비상 선언을 실시하라. (2) 온실가스 배출제로 계획과 기후 정의에 입각한 대응 방안을 마련하라. (3) 기후 위기 대응을 위한 독립적인 범국가 기구를 구성하라.

2019년 921기후위기비상행동 이후 2020년 6월 5일 세계 환경의 날을 맞아 대한민국 226개 기초 지방정부는 함께 기후 위기 비상사태를 선포했다. 이후 7월 14일 문재인 대통령은 한국형 그린뉴딜 종합계획을 발표했다. 하지만 구체적인 탄소 배출량 감축 시나리오는 함께 발표되지 않았고 여전히 성장 중심의 그린뉴딜이었기 때문에 비판을 받았다. 2021년 5월 29일 '탄소중립위원회'가 출범했다. 탄소중립위원회는 정부 부처, 기업 관계자, 기후 관련 인사들로 구성되었다. 정부 부처, 기업 관계자는 기업을 대표해서 들어갔지만 기후 관련 인사들은 단체를 대표하는 것이 아닌 개인 자격으로 들어갔다는 것도 불공정한 구성이었다. 또한 회의가 진행되자 가장 중요한 발언권을 얻어야 하는 청소년, 농민 등 당사자들의 목소리는 배제되었고, 기업 관계자들과 정부 부처와의 대화가 주를 이뤘다. 이에 참여한 기후 관련 인사들은 줄줄이 사임하는 사태가 벌어졌다.

2021년 8월에 IPCC 6차 보고서가 발표되었다. 6차 보고서에는 기후 위기가 인간 때문인 것이 명백하고 이전의 모든 목표보다 더 빨리 이행을 시행해야 한다는 내용을 담고 있었다. 그리고 2021년 10월 탄소중립위원회는 탄소 중립 시나리오를 발표했는데 국제 기준에 한참 못 미치는 '2030년까지 2018년 대비 40% 감축'을 목표로 제시했다.

2022년 3월 제20대 대선에서 윤석열 대통령이 당선되고 탄소중립위원회는 '탄소중립녹색성장위원회'로 이름을 변경한다. 그리고 탄소 중립 시나리오를 수정한다. 온실가스 감축목표

(NDC)는 이전과 동일하지만 산업 부문의 감축분을 줄이고 국제 감축과 이미 실패한 기술로 인정되고 있는 탄소포집 저장기술(CCUS) 비율을 높였다. 게다가 대부분의 탄소 감축분을 다음 정권으로 넘기는 등 탄소 감축에 대한 의지가 없음을 보여 주었다.

시민 불복종 행동과 헌법 소원

그 사이 시민 불복종 행동과 헌법 소원 등 기후를 둘러싼 재판들이 벌어졌다. 기후 위기에 대한 시민들의 관심이 높아지니 국내 탄소 배출의 주범이던 기업들이 청정 에너지와 기술 개발을 전면에 내세우며 친환경 기업으로 포장을 하고 있었다. 이렇게 속은 탄소 배출량이 높은 기업이지만 겉으로는 친환경으로 포장하는 행위를 그린 워싱(green washing)이라고 한다.

두산중공업은 해외에 석탄 화력 발전소를 수출하면서 국내에서는 친환경 에너지로 광고를 하는 등 대표적인 그린 워싱 기업이었다. 2021년 2월 18일 청년기후긴급행동 활동가 강은빈, 이은호는 두산중공업의 그린 워싱을 드러내고자 두산중공업 신사옥 로고 조형물에 수성 스프레이를 뿌리는 퍼포먼스를 진행했다. 이후 수성 스프레이를 지우고 돌아갔지만 두산중공업은 청년기후긴급행동 두 활동가에게 1,840만 원의 민사 소송과 500만 원의 형사 소송을 진행했다.

같은 해 10월 21일 녹색당 기후정의위원회 위원 4명은 포스코 수소환원제철 국제포럼에서 단상 위에 올라가 수소환원제철 기술에 대해 비판하고 포럼에 참석한 산업부 장관에게 탄소 감축에 대한 책임을 요구했다. 행사 주최측은 주거 침입 및 업무 방해 죄로 고발했고 이들은 약식 명령으로 각 300만 원씩의 벌금형을 받았다.

포스코는 국내 단일 그룹으로 최대의 탄소 배출량을 기록하는 기업이다. 포스코는 제철 과정에서 수소를 활용해 탄소 배출량을 저감하겠다는 '수소환원제철' 기술 개발 계획을 발표했다. 하지만 국내에서 수소를 만들기 위해서는 화석연료를 사용해야 하기 때문에 수소환원제철 기술은 탄소 배출량을 줄이는 해법이 될 수 없다. 탄소 배출량을 줄이기 위해서는 가장 책임 있는 분야가 산업이지만 산업부에서는 근본적인 해결책에는 관심이 없었다.

기업이 아닌 정당을 규탄하는 직접행동도 있었다. 2월 26일 국회에서 '가덕도 신공항 특별법'이 통과가 되었다. 환경영향평가의 절차, 경제성, 주민 보상 문제, 섬 하나를 폭파시키는 생태계 파괴, 철새 도래지와 조류 충돌 문제 등 문제가 많은 신공항 건설 계획을 통과시킨 것은 지역 개발 이슈를 만들어 얻을 수 있는 표심 때문이었다. 기후 위기라는 절체절명의 시대를 살아가고 있는 이때에 여러 우려의 목소리에도 불구하고 지역 개발을 정치적 목적으로 이용하고 있었다. 3월 15일 '멸종반란' 활동가 6명은 국회의원 180석을 이용해 특별법으로 졸속으로 통과시킨 민주당을 규탄하며 민주당사를 점거했다. 법원은 이들 활동가 6명을 상대로 2천만 원의 벌금 약식 명령을 내렸다.

비폭력 직접행동으로 벌금을 받은 녹색당과 멸종반란은 2023년 목적의 정당성을 인정받는 판결을 받았다. 3건 모두 감형을 받으면서 사법부는 기후 위기의 심각성을 인정했다. 다만 여전히 수단와 방법의 정당성은 인정받지 못해 일부 감형에 그쳤다. 청년기후긴급행동이 받은 민사 재판 1,840만 원은 담당 판사가 먼저 금액이 적절한지에 대한 평가를 진행할 것을 제안하면서 1심에서 기각되었다.

시민단체 및 정당에서 헌법 소원 소송을 진행한 사례도 있다.

2020년 3월 '청소년기후행동'의 청소년 19명이 제기한 '청소년기후소송', 2021년 10월 기후위기비상행동과 녹색당 등 시민·사회단체 123명이 낸 '시민사회기후소송', 그리고 2022년 6월 태아를 포함한 어린아이 62명이 낸 '아기기후소송', 2023년 탈핵 법률가 모임 해바라기와 정치하는 엄마들이 '제1차 국가 탄소중립 녹색성장 기본계획'에 대해 공동으로 낸 헌법 소원이다.

4건의 소송 원고들은 '탄소중립녹색성장기본법'과 시행령 등에 규정된 국가 온실가스 감축목표가 후발 세대를 포함한 시민들의 기본권을 침해했기 때문에 헌법에 위배된다는 내용으로 헌법 소원을 청구했다.

이 헌법 소원은 2024년 아시아 최초로 헌법 불합치 판결을 받은 기후 헌법 소원으로 기록되었다. 헌법재판소는 국가탄소중립기본계획이 환경권을 침해하며 2031~2049년의 계획이 없기 때문에 과소 보호 원칙에 따라 헌법에 위배된다고 했다. 이에 변호인단을 대표한 이병주 변호사는 "70%의 승리이고 30%가 과제로 남았다"고 말하며 이후 국회와 시민들에게 과제가 넘어갔다고 말했다.

2022년 923기후정의행진:
"기후 재난, 이대로 살 수 없다"

2019년 기후위기비상행동 이후 지자체의 기후 비상 선언과 정부의 그린뉴딜 종합계획, 국회의 탄소중립녹색성장기본법 통과는 있었지만 각각의 계획은 현재의 비상사태를 넘어가기에는 충분하지 않았다. 특히 탄소 배출량을 잡기 위해서는 산업의 축소가 불가피한 상황에서 그린 뉴딜과 에너지 전환의 속도와 방식은 너무 느리게 진행되고 있었다. 또한 에너지 전환에만 머무르고 있는 대응은 정의롭지 못한 문제를 담고 있었다. 일례로 석탄 화력 발전소를 폐쇄하고 재생 에너지 시스템을 확충할 때 석탄 화력 발전소에서 평생을 일해 온 비정규직 노동자들과 석탄 화력 발전소 폐쇄로 인한 지역 경제 위축에 대한 국가적 대책은 전무했다. 적응의 차원에서도 에너지 효율이 좋은 창호 변경 등 상품은 개발되지만 개인이 투자해야 할 일일 뿐 반지하, 쪽방촌에 거주하는 이들에 대한 지원은 없었다.

2019년에 요구했던 비상 선언은 있었지만 탄소 배출 제로 계획과 정의로운 전환에 입각한 대응 방안 마련 요구는 제대로 이뤄지지 않았다. 전환의 방식에서 청년, 여성, 노동자, 석탄 화력 발전소, 핵 발전소, 생태 학살 지역 주민, 주거 취약 계층, 농민, 동물 등을 위한 정책은 제대로 논의되지 않았다. 정부 산하 기구인 탄소중립녹색성장위원회에서는 기업 담당자들의 목소리에 귀 기울일 뿐 최일선 당사자의 목소리를 제대로 담아내지 못했다.

단순히 기구를 만들고 대응책을 요구하는 것의 한계가 명확히 드러났다. 2022년 923기후정의행진에서는 이런 일련의 상황들을 통해 드러난 문제점을 지적하며 화석연료 및 생명 파괴 체제 종식, 불평등 해결, 기후 위기 최일선 당사자들의 목소리를 들으라는 세 가지 요구안을 내걸게 되었다. 그 내용은 다음과 같다. (1) 화석연료와 생명 파괴 체제를 종식해야 한다. (2) 모든 불평등을 끝내야 한다. (3) 기후 위기 최일선 당사자의 목소리는 더 커져야 한다.

2022년부터 '기후정의행진'이라는 이름이 등장했다. 기후 위기의 근본적인 원인인 사회적 불평등과 착취의 문제는 언급하지 않고 에너지 전환과 기술주의적 해법만을 이야기하는 것에 반대하며 정의롭게 해결해야 한다는 뜻이 담겼다. 그리고 923기후정의행진의 슬로건인 "기후 재난, 이대로 살 수 없다"는 기후 재난이 일상이 된 시대에 최일선 당사자들의 목소리를 담은 슬로건이었다.

2023년 414기후정의파업: "함께 살기 위해 멈춰"

924기후정의행진 후 탈석탄법 청원 5만 명 달성을 통해 그 힘을 확인했다. 이 힘을 모아 필요한 영역으로 어떻게 발산할지에 대한 고민이 있었지만 924기후정의행진을 위해 모인 조직위원회를 다른 사업으로 이어가는 것이 적절하지 않다는 판단에 해산을 결정했다. 이후 수도권 중심 집회의 한계를 넘어 정권이 바뀌더라도 정책을 기획하는 정부 관료가 있는 곳이라는 장소성을 가진 세종시에서 행진을 기획했다. 414기후정의파업은 평일 파업을 외치며 "함께 살기 위해 멈춰"라는 슬로건을 내걸었다. 우리의 삶을 지속하기 위해 지금의 시스템을 멈춰야 한다는 의미의 평일 파업이었다.

이번에는 요구안이 6개로 더 다양해지고 13개의 세부 요구안까지 구체적인 요구를 담았다. 우크라이나-러시아 전쟁으로 인해 국제 에너지 가격이 상승하면서 정부는 에너지 기업들에게 교통 에너지 환경세를 감면해 줬다. 하지만 이 세금 감면 혜택으로 에너지 기업들은 설립 이래 최대 영업 이익을 달성했다. 명목상으로 국민들을 위한 세금 감면이었는데 결과적으로 에너지 기업들의 영업 이익으로 이어졌다. 이런 에너지 기업들에 '횡재세'를 부과하고 환수액은 공공 재생 에너지 확대, 탈석탄, 탈핵으로 사용하자는 내용이 담겼다.

또한 2022년 독일의 9유로 패스가 탄소 감축의 성공적인 사례가 되면서 국내 환경 단체, 노조, 연구소 등이 함께 '1만원교통패스연대'를 출범하여 1만 원 교통패스를 제안했다. 교통 문제가 기후 위기 해결의 한 측면으로 주목받기 시작했다. 그리고 부산과 서울시에서 재정 적자를 이유로 교통 요금을 인상하겠다는 계획을 발표했다. 그러나 재정 적자는 구조적 문제에 있는데 이용자들에게 부담하는 것은 결국 공공 교통 이용율을 더욱 떨어뜨리는 효과를 가져오기 때문에 공공 교통 확충을 통한 기후위기 대응이 요구안에 담겼다.

윤석열 정부 들어서 가장 큰 특징 중 하나는 개발을 쉽게 하기 위해 환경영향평가를 조건부로 승인하고 있다는 것이다. 그동안 환경영향평가 때문에 건설을 못 하고 있던 설악산 케이블카, 제주 제2공항, 가덕도 신공항 개발 사업에 모두 환경영향평가 조건부 동의를 했다. 2023년 2월에 설악산 케이블카, 3월에 제주 제2공항 환경영향평가 조건부 동의를 통보했다. 그리고 그린벨트 해제에 대한 권한을 지자체에 양도하기 위한 움직임도 이어지고 있었다. 그나마도 개발을 저지하고 있던 개발 사업들을 윤석열 정부가 줄줄이 허가를 내주고 있었다.

이 밖에도 지역별, 의제별 13개 세부 요구안이 함께 담겼다. 2019년 921기후위기비상행동이 전국 각 지역에서 개별로 진행되었고, 2022년 924기후정의행진이 서울에 모여 행진했다면, 2023년 414기후정의파업은 세종시라는 지역에 서울부터 제주 활동가까지 한데 모여 각 지역과 의제별 세부 요구를 외친 행진이라는 점에서 특별하다.

2023년 923기후정의행진: "위기를 넘는 우리의 힘"

2022년 924기후정의행진 이후 체제 전환에 대한 논쟁이 있었다. 924기후정의행진의 첫번째 요구는 '화석연료와 생명 파괴 체제를 종식해야 한다'였는데 정치학자 채효정은 차량 발언과 SNS를 통해 빙빙 돌려말하는 체제 전환이 아닌 '자본주의 체제 전환'이 필요하다고 명확하게 밝혔다. 2023년 923기후정의행진 조직위원회에서도 기조에 대한 논의 중 '체제 전환'에 대한 논쟁이 있었다. 체제 전환이 대중적으로 받아들여질 수 있는 것인지에 대한 긴 논쟁 끝에 체제 전환을 명확하게 명시하는 것으로 결정이 되었다.

'자본주의 체제 전환'이라는 말이 논쟁이 될 정도로 민감한 사안이 된 것에는 자연스럽게 따라 붙는 반공주의 때문일 것이다. 분단 국가라는 현실 속에서 자본주의 체제를 벗어나자는 말은 사람들의 인식 속에 곧 바로 사회주의와 연결되고 반공주의는 여전히 한국 사회에 뿌리 깊게 존재하고 있다. 하지만 '자본주의 체제 전환'을 '자본주의 vs 사회주의'의 관점으로 보면 제대로 볼 수 없다. 다 함께 잘 살자는 사회주의보다는 '자본주의' 때문에 벌어지는 생태 학살, 착취, 불평등, 기후 위기, 재난 때문임을 기억해야 한다. '자본주의 체제'의 끝은 지속 불가능한 사회다. 우리는 더 이상 복리로 늘어나는 GDP 성장을 이루는 것이 아니라 생산과 성장을 줄이고 불평등을 끝내는 체제를 상상해야 한다. 우리의 논의를 통해 더 나은 사회를 위한 상상력을 발휘할 수 있다.

2024년 907기후정의행진:
"기후가 아니라 세상을 바꾸자"

2024년의 거대한 사건은 '진보 정당의 원내 진입에 실패', '용인 반도체 클러스터 산업단지 건설과 산업단지 에너지 공급을 위한 11차 전력수급 기본계획', '외국계 기업의 투자를 허용한 재생 에너지 산업'을 꼽을 수 있다.

  22대 총선에서의 진보 정당의 원내 진입 실패는 거대 양당 중심의 한국 정치의 모습을 그대로 보여 주었다. 국민의힘, 더불어민주당에서 각각 기후 위기 대응을 하겠다고 하지만, 국민의힘은 원자력 발전으로의 에너지 전환 정책, 더불어민주당은 시장을 통한 재생 에너지 전환 정책을 주장하고 있다. 어느 정당도 에너지 산업의 '정의로운 전환'은 이야기하지 않았다. 21대 국회에서는 정의당이 '탈석탄법'과 '정의로운 전환법'을 발의했지만 22대 총선에서 원내 진입에 실패했다. 기후 위기 대응이 필연적으로 경제 문제와 연결되어 있음을 생각할 때 경제 발전 앞에서 기후 의제가 뒤로 밀려 왔던 국민의힘과 더불어민주당을 비롯한 여타 정당이 제대로 된 기후 입법과 정책을 만들어 갈 것이라고 기대하기가 어렵다. 가덕도신공항특별법, 강원특별자치도법은 여야 할 것 없이 절대 다수의 찬성표를 얻고 통과가 되었다. 매년 경제 성장을 하더라도 장기화된 경기 침체를 끌어올리지 못하는 경제 정책과 기후 위기라는 인류의 생존이 걸린 문제 사이에서 대안을 만들어야 하는 국회가 이에 대해 논의조차 제대로 하지 않고 경제 발전이라는 이름으로 기후 위기 대응은 뒷전으로 하고 있다.

국가전력수급기본계획은 장단기적으로 국가의 전력 수요량을 예측하여 전력을 안정적으로 공급하기 위해 2년마다 수립된다. 2024년 발표된 '11차 전력수급기본계획'(2024~2038)이 문제가 되는 것은 용인 반도체 클러스터에 필요한 전력을 생산하기 위해 대형 핵 발전소 2기, 소형 모듈 원전 1기를 추가로 건설하겠다고 발표했기 때문이다. 또한 전국의 9개 지역에 양수 발전소를 짓는 계획이 포함되어 있다. 양수 발전소는 흔히 재생 에너지로 불리지만 산림을 밀어내고 댐을 지어 발전소를 만드는 것이 기후 위기의 대안 에너지라고 불리긴 어렵다.

2024년에는 '공공 재생 에너지 운동'이 시작되었다. 기후 위기 대응으로 가장 중요하게 이야기되는 문제는 탈석탄과 재생 에너지로의 전환이다. 에너지 전환 과정에서 재생 에너지는 국가가 주도하는 것이 아닌 민간 사업자가 투자하도록 유도하고 있다. 태양광과 풍력 발전 설비의 90% 이상이 민간 사업자가 소유하고 있는 구조다. 이러한 상황에서 에너지 전환을 민간 사업자에게 맡기게 될 때 전환 속도도 늦어질 뿐만 아니라 에너지 가격 문제가 발생한다. 에너지 가격이 민간 사업자에 의해 높아질 수 있는 문제를 안고 있다. 재생 에너지로의 전환을 국가가 주도적으로 진행할 때 빠른 전환과 안정적인 에너지 가격을 담보할 수 있다.

또한 907기후정의행진에서는 '기후 위기에 저항하는 동물들의 행진'이 출범했다. 그동안 기후 운동 안에서 동물권은 공장식 축산과 탄소 배출량으로 이야기되어 왔다. 동물권 단체들 또한 기후 위기와 동물권을 연결해서 목소리를 내는 운동을 주도적으로 하거나 기후정의행진에서 독립적인 대오를 형성하진 못했다. 하지만 907기후정의행진에서는 '기후 위기에 저항하는 동물들의 행진'이 동물권-비건-반종차별 의제가 기후 운동 안에서 중요한 의제임을 드러내고자 했다. 300여 명이 모여 행진한 '동물행진'은 기후 위기가 단순히 탄소 배출 산업의 문제가 아니라 비인간 동물들을 착취한 결과로 연결해 이야기했다.

더 나은 세상은 어떻게 만들 수 있을까?

지난 2023년은 인류 역사에 중요한 해였다. 세계 평균 기온이 1.5도를 넘은 날이 연이어 있었고 결국 2024년 2월 코페르니쿠스 기후변화센터(S3C)에서는 세계 평균 기온이 처음으로 1850년보다 1.5도 더 상승했다고 밝혔다. 유엔이 경고한 2030년에 1.5도에 도달할 것이라고 예측했던 티핑 포인트가 7년이나 앞당겨 무너진 것이다. 지난 4년 동안 기후 운동은 다양한 갈래에서 성과를 보여 왔다고 볼 수 있다. 하지만 그에 비해 기후 위기는 더 빠르게 우리의 미래를 불태우고 있다. 이런 상황에서 우리는 어떻게 변화를 만들어 낼 수 있을 것인가?

 기후 위기의 주범으로 꼽히는 것이 착취적 자본주의와 GDP를 기반으로 한 성장주의라고 한다면 체제 전환의 핵심은 탈성장이 될 것이다. 탈성장론자들은 기후 위기 해결의 경로를 크게 세 가지로 제시한다. 나우토피아, 대항 헤게모니 형성, 제도 내 개혁이 그것이다.

나우토피아

나우토피아는 현재(now)와 유토피아(utopia)의 합성어로 현실에서 유토피아를 실험하는 공동체를 말한다. 『나우토피아』의 저자 이자벨 프레모와 존 조던은 자본주의 안에서 다른 유토피아를 실행하고 체제와 대항하는 공동체를 만나며 여행을 한다. 이들이 소개하는 나우토피아는 "유토피아라는 개념의 가치를 손상시킨 권위주의적 유토피아"와 다른, "서로 다름을 장려하고 완벽 대신 알력과 불화가 있으며, 미래의 본보기 대신 현재의 실천을 선호하는 그런 유토피아주의"라고 이야기한다. 그런 공동체를 통해 대중의 상상력을 불러일으키며 제도적 변화에 영향을 줄 수 있다.

　이 책에서 이자벨 프레모와 존 조던이 처음 소개하는 나우토피아는 '21세기 시민 불복종 캠프'다. 2007년 여름 1,500명의 환경 운동가들과 시민들이 영국 히스로공항 3활주로 건설 예정 부지를 점거하고 캠프를 차렸다. 이들은 공항의 활주로 건설을 막으려고 예정 부지에서 캠프를 차리는 방식을 선택했다. 활주로 증설을 막기 위해 열렸던 이 캠프는 태양열 발전 샤워실, 볏짚으로 채운 욕조, 1970년대 캠핑 트레일러를 개조한 양호실, 자전거 발전기를 이용한 영화관 등 친환경 시설로 운영했고 캠프

열흘 만에 활주로 건설을 취소시켰다.

랜드매터스(Landmatters: 땅이 중요하다) 마을은 영속농업(permaculture: 자연의 섭리에 따라 농사를 짓고 삶을 사는 생활양식. 일명 파머 컬처)을 중심 가치로 지구 돌봄, 인간 돌봄, 공평한 나눔이라는 윤리적 틀을 가지고 지구와 소통하며 서로를 돌보는 삶을 살아가기 위해 모인 사람들의 마을이다. 가스도 전기도 수도도 없는 곳에서 재생 에너지로 전기를 얻고 '벤더'라는 호두나무 가지와 방수포만 사용해서 지은 집에 거주한다. 마을에서 출생한 아이들이 늘어나면서 지하수를 끌어올리기 위한 논의를 할 때는 '어머니 지구'를 피 흘리게 한다는 것과 수도꼭지를 통해 물이 나오기 시작하면 지금처럼 물의 소중함을 느끼지 못하게 될 거라는 강한 반대도 있었다. 이들의 계획은 영속농업의 가르침을 따르는 것과 현장 활동과의 적극적인 연대 활동 두 가지였다. 자신들 안에 갇혀 있는 폐쇄적인 공동체가 아닌 외부와 지속적으로 연대하고 과거로 돌아가는 삶이 아닌 과거와 미래를 연결하는 마을을 지향하며 새로운 문화를 살아 내고 있다.

2,500명의 조합원으로 구성된 스페인 카탈루냐의 통합 협동조합은 교환 네트워크, 자체 통화, 식품 저장고, 총회, 금융 협동조합, 공동 경영 공장, 기계 작업장을 운영하며 약 45명의 주민에게 기본소득을 지원한다. 카탈루냐 경제 내에서 협동조합 구조를 구축하여 자본과 맞서는 것을 주된 임무로 하는 무정형 네트워크다. 이 협동조합은 국가 기구를 대체한다는 명확한 목표를 가진, 다양하지만 상호 의존적인 몇 가지 이니셔티브(보건,

식품, 교육, 주택, 교통 등)를 발전시켰다. 많은 사람들이 삶의 대부분을 지배적인 경제 시스템 밖에서 해결할 수 있게 해 주는 포괄적인 네트워크가 되었다.

다양한 나우토피아 사례들이 있지만 모든 사람이 지금의 자리를 떠나 실험과 투쟁의 삶을 살아가지는 못한다. 그렇지만 작은 그룹 단위에서 시도할 수 있는 도시 농업, 기본소득 실험, 투쟁 현장 방문하기 등 '틈새 공간'을 통해 나우토피아와 연결되고 실험에 참여할 수 있다. 이러한 다양한 '틈새 공간'을 통해 다른 사회로의 상상력은 더욱 커질 것이다.

대항 헤게모니 형성

이렇게 형성된 상상력을 통해 자본주의 사회에 대항하는 '헤게모니'를 형성해야 한다.『미래는 탈성장: 자본주의 너머의 세계로 가는 안내서』에서 저자들은 헤게모니를 "정부나 시장뿐 아니라 시민사회, 삶의 방식, 우리가 살아가는 이념을 통해 만연하는 권력과 지배의 체계"라고 말한다. 현재는 성장이 바람직하고 필요하며 본질적으로 무한하다는 성장 패러다임의 헤게모니가 자라고 있다. 그리고 "이것이 우리가 무너뜨려야 할 헤게모니 시스템"이라고 말한다. 대항 헤게모니 시스템을 형성하기 위해 사회운동의 정치적 논쟁, 나우토피아 실험, 문화적 아이디어 전쟁, 대중 교육, 직장 파업과 같은 정치적 행동 참여 등을 활용 할 수 있다.

정치적 논쟁을 불러일으키기 위해 비폭력 직접행동은 중요한 역할을 한다. 영국의 멸종반란, JUST STOP OIL 같은 단체들은 비폭력 직접행동을 통해 정치적 메시지를 전달하려고 한다. 멸종반란은 2025년까지 넷제로(net zero: 온실가스 배출량과 흡수량이 같아 제로인 상태) 달성을 목표로 비폭력 직접행동을 통해 시민들과 정부를 설득한다. JUST STOP OIL은 석유 사용 금지를 목표로 비폭력 직접행동을 벌이고 있다. 주로 혼잡한 도로를 막고 접착제로 손바닥을 도로에 붙이거나 미술관에서 예술 작품에 토마토 소스를 끼얹는 등의 직접행동을 벌이고 있다. 많은 논란이 있지만 이런 논란에 대해 공식 트위터에 이렇게 답했다. "수십 년에 걸친 비폭력 시위, 청원서 서명, 국회의원에게 편지 보내기가 효과가 없을 때 이 같은 시민 저항은 생존에 필요한 긴급한 변화를 가져올 수 있는 유일한 선택이다." "우리 정부는 100개가 넘는 새로운 석유 및 가스 허가증을 내주고 있다. 도로 행진으로 인한 혼란은 정부가 (지금과 같은) 기후 정책을 지속할 경우 나타날 사회적 붕괴에 비하면 아무것도 아니다."

앞서 언급했던 국내의 비폭력 직접행동 단체인 청년기후긴급행동은 두산중공업 석탄 화력 발전소 수출 문제를, 멸종반란은 가덕도 신공항의 문제점과 정당의 생태 학살을, 녹색당 기후정의위원회는 포스코의 수소환원제철 문제를 드러냈다. 뿐만 아니라 사법부로부터 기업들의 그린 워싱 행위와 국회의 잘못된 입법에 대한 행위로 목적의 정당성을 인정받는 결과를 만들어 냈다.

제도 내 개혁

대항 헤게모니를 형성하기 위해 비개혁주의적 개혁은 상호보완적이다. 처음부터 국가 수준에서 달성할 수는 없지만 지자체 수준의 변화를 통해 변화에 대한 열망을 불러일으킬 수 있다. 사회적 협동조합, 무상 교통, 임대료 거부 운동, 최저 임금 인상 요구 등이 포함될 수 있다. 국가적 차원에서도 정책 제안을 통해 경제, 사회 문제를 정치화할 수 있다. 2023년에 제안된 1만 원 교통패스 제안의 경우가 그렇다고 볼 수 있다. '1만 원 교통패스' 제안 이후로 서울시의 기후동행카드, 정부의 K패스 등 부족하지만 제도적 대안들이 나오고 있고, 이에 대한 비판과 논의도 이뤄지고 있다. 이러한 과정을 통해 실제로 연결되어 있지 않은 대중도 논의에 참여시키며 인식을 전환시킬 수 있는 계기가 만들어지게 된다.

이 시대 그리스도인과 교회는 어떤 모습이어야 할까?
이 땅의 하나님 나라

지금까지 기후 운동의 현재와 탈성장의 세 가지 경로를 살펴보았다. 그렇다면 이 시대를 살아가는 그리스도인은 이제 무엇을 해야 할까?

나우토피아적 교회를 제안한다. 나우토피아는 그리스도인에게 익숙한 개념일지 모른다. 바로 '이 땅의 하나님 나라'와 같은 맥락 위에 있다. 하나님 나라는 죽어서 가는 곳이 아니다. 그리고 예수님이 오셔야만 이뤄지는 곳도 아니다. 이 땅에서 가난한 자, 고아, 과부, 약한 자, 소외된 자와 연대하며 그들의 친구가 되는 곳이 바로 교회다. 교회는 이미 성서를 통해 자본이 아닌 다른 가치들을 배워 왔다. 오히려 우리에게 중요한 것은 시대를 읽고 세상과 연대하는 일이다.

기후 위기 시대가 도래했는데 기후 이야기는 여전히 교회 안에서는 생소한 일이다. 공동체, 구제, 해외 선교 등은 익숙하고 관심 있는 주제이지만 기후에 대해서는 어떻게 접근해야 하는지 잘 논의되지 않는다. 교회에서 이야기하지 않는 부분은 자본주의적 시각을 따르는 경우도 많다. 기후 위기와 생태 학살을 멈추기 위해 개발 공약이 사라져야 하지만 여전히 기후 위기와 개발 공약을 연결 짓지 못하는 그리스도인과 교회가 많을 것이다.

또 한편으로 교회 안에서 개인적인 실천만 강조하다 보니 곧바로 연결되는 것은 쓰레기 분리 수거와 제로 웨이스트 정도다. 기본소득 실험, 집회 참여, 투쟁 현장 방문, 기후의 다양한 이슈 특강 등으로 이어지기는 어렵다. 교회에서 기후를 위해 꾸준히 공부하고 다양한 실천을 모색해야 한다.

연대와 참여

924기후정의행진에 많은 교회와 기독교 단체가 참여했다. 기후 운동은 모든 사회 운동과 연결되어 있기 때문에 모든 그룹에서 기후 정의를 외치는 목소리를 들을 수 있다. 하지만 그리스도인들에게 노동 문제, 페미니즘, 농민 문제, 동물권/반종차별, 자본주의 비판은 여전히 교회 안에서 생소하고 낯선 주제이기 때문에 불편함을 말하는 그리스도인들이 있을 수 있다. 교회는 그동안 외면했던 세상에 대해 마주하는 작업을 시작해야 한다. 노동자, 여성, 농민, 동물들이 거리에 나와 외치는 목소리에 주의를 기울이고 그들이 왜 기후 위기 앞에서 호소하고 있는지 들어야 한다.

나우토피아와 틈새 공간

앞서 설명한 나우토피아는 어쩌면 너무 급진적이라고 생각될지 모른다. 하지만 예수의 공동체, 초기 공동체를 떠올려 본다면 하나님 나라가 결코 덜하지는 않음을 알 수 있다. 예수 당시 실업자들, 가난한 자들, 내몰린 자들이 모여 있던 공동체는 가난한 자, 억눌린 자가 높아지는 하나님의 통치가 이뤄지던 공동체였다.

착취를 기반으로 한 성장주의와 자본주의가 당연한 세상에서 가난한 자, 억눌린 자는 누구일까? 바로 착취당하는 생태계와 비인간 동물과 쪽방촌 사람들과 기후 위기로 미래를 빼앗겨 버린 세대일 것이다. 그들이 높아지는 하나님 나라가 이뤄지는 곳이 바로 교회여야 하지 않을까?

제주 강정마을에 해군 기지가 들어선다는 소식에 전국의 평화 활동가들이 제주로 모였다. 송강호 박사와 개척자들 공동체도 강정마을을 지켜 내기 위해 함께 지내며 투쟁했다. 해군 기지가 들어선 지금도 여전히 그곳에서 평화를 일구기 위해 투쟁하고 제2공항 반대 운동을 이어가고 있다. 해군 기지가 들어서고,

제주 제2공항은 2023년 환경영향평가 조건부 동의를 받아 곧 공사가 착수될 예정이다. 그렇다면 개척자들의 운동은 실패한 운동일까? 그렇지 않다. 강정마을을 지키기 위해 사람들에게 도움을 요청하고 기독교계 단체들이 함께 모여 강정마을에 지속적으로 방문할 수 있는 '틈새 공간'이 되어 주었다. 우리는 자본주의가 어떻게 지역사회를 파괴하는지 생태계를 파괴하는지 생명을 죽이기 위한 전쟁 도구가 되는지 눈으로 보고 몸으로 느끼게 된다. 그리고 기고, 출판을 통해 소식을 전하며 개척자들이 가진 하나님 나라 운동에 대해 생각할 수 있는 기회를 제공하기도 했다. 개척자들 운동은 실패하지도, 역할과 소명이 다하지도 않았다. 그 자리에서 여전히 멈추지 않고 전쟁 없는 하나님 나라를 이야기한다. 여전히 개척자들의 활동과 이야기를 통해 새로운 통치를 알아가는 사람들이 생길 것이다.

2024년 생태 학살 현장에서 예배하는 기후 교회 모임이 만들어졌다. 도시와 교회 공간에 머물러 예배하는 것은 하나님께서 만드신 세계의 일부분을 보지 못하게 한다. 세계 GDP 순위 10위인 대한민국에서 대도시에 살아가는 사람은 삶을 영위하고 소비하는 모든 물건이 어떤 과정을 통해 손에 오는지 알기 어렵다. 전기를 생산하기 위해 원유가 채굴되고 발전소에서 가공되고 그렇게 만들어진 전기는 누군가의 삶터를 무너뜨리며 지어진 송전탑을 통해 우리에게 공급된다. 가덕도 신공항 예정 부지는 경제 효과와 지역 균형 발전 이라는 이름으로 추진되지만 통째로 폭파되어야 하는 섬 가덕도는 해군에 소유권을 빼앗긴 주민들이 쫓겨나야 하고 국내 최대 동백 군락지가 파괴되어야 한다. 가덕도를 삶터로 살아가고 있는 동물들은 이야기조차 되지 않는다. 기후 교회 모임은 나우토피아 즉 생태 학살 너머에 있는 하나님 나라를 상상하기 위해 생태 학살 현장에서 예배한다.

  그리스도인들과 한국 교회의 역할은 이런 나우토피아가 되고, 참여하며 틈새 공간에 머물고, 함께 꿈꾸는 사람들을 모아 내는 일이다. 기후 위기가 이미 우리 삶에 도래했고 이미 지구가 불타고 있는 와중에 우리는 실패했다고 무기력하게 주저앉아 있을 필요가 없다. 예수께서 2천 년 전에 황폐한 이스라엘 땅에서 하나님 나라를 선포하셨듯이 지금 우리가 선 자리에서 하나님 나라를 상상하고 실현해야 한다.

나가며

우리가 만들어 갈 하나님 나라가 성장주의와 자본주의 체제를 벗어난 생태 문명으로의 전환인지, 아니면 서로 마주보는 이들과 남은 시간 동안이라도 작은 하나님 나라를 이루는 것인지 알 수 없다. 하지만 너무 쉽게 포기하기에는 우리가 지켜 내지 못하는 존재들이 너무도 많다. 우리는 지금 죽어 가고 있는 존재들뿐 아니라 이제 죽을 존재들, 그리고 우리의 미래를 지켜 내기 위해 힘을 모아야 한다. 인류를 위해 자신을 십자가에 내어 준 그리스도를 믿고 따르는 그리스도인과 그리스도의 몸 된 교회라면, 우리는 이 문제로부터 자유로울 수 없다.

18세기 웨일즈 감리교 목사의 기도문

작은 새 한 마리가 주는 아름다운 가르침
너는 우리를 풍요롭고 놀라게 하는구나
너의 노래, 너의 기교와
목소리는 어디서 왔을까?
너를 통해 나는 보고 나는 믿네
아름답고 멋진 일을
그는 가장 낮은 것을 들어
존귀하게 하시는
복되고 영광스러운 분이심을
이 세상에 깃든 경이로움을(사랑의 선명한 자국을)
어찌 다 헤아릴 수 있을까?
얼마나 많은 거울이
그분의 정교한 일을 비추려나?
웅수백 번의 눈짓으로
알 수 있을까?
그의 기예로 가득한 책
한 절 한 절 빛으로 가득 찼네.
하루 한 장씩 넘기면서
그분을 배우네

고대 아일랜드 축복 기도문

언제나 그대 앞에 길이 나타나기를
바람은 언제나 그대 등 뒤에서 불어오기를
햇빛이 그대 얼굴에 늘 따뜻하게 비치고
그대 밭에 부드러운 비가 내리기를
우리 다시 만날 때까지
하나님께서 당신 손바닥 안에 그대를 꼭 붙들어
주시기를

하나님께서 그대와 함께 계시고 복을 주시기를
그대가 자녀의 자녀를 보게 하시길
그대에게 불행한 일은 많지 않고
축복은 늘 풍성하기를
오늘로부터 그대 앞날에
행복한 일로만 가득하기를

언제나 그대 앞에 길이 나타나기를
바람은 언제나 그대 등 뒤에서 불어오기를
따뜻한 햇볕이 그대 집 위에 비쳐 오기를
친구들의 손길이 언제나 그대 곁에 있기를

그대 걷는 잔디밭은 더 푸르기를
그대 위에 있는 하늘은 푸르고 맑기를
순전한 기쁨이 늘 그대를 둘러싸기를
그대를 사랑하는 마음들이 늘 진실하기를

부록

기후 문제 초보자를 위한 자료

용어 해설

1. 기후 변화 / 기후 위기 / 지구 온난화 / 지구 가열화

기후 변화는 현재의 위기를 드러내지 못하고 중립적으로 보이기 때문에, 영국 언론 가디언은 '기후 변화'(climate change) 대신 '기후 비상사태'(climate emergency)'나 '기후 위기'(climate crisis), '기후 붕괴'(climate breakdown) 등으로 용어를 바꾸기로 했다고 지난 2019년 5월 17일에 밝혔다. '지구 온난화'(global warming)라는 표현 역시 같은 취지로 '지구 가열화'(global heating)로 바꿔 사용하기로 했다.

2. 탄소 중립(carbon neutral)

'넷제로'(net-zero) 또는 '순배출 제로'와 같은 의미로, 배출된 탄소량과 흡수원(바다, 숲 등)을 통해 흡수된 탄소량이 서로 상쇄되어 0이 되는 상태를 말한다. 인간의 활동으로 배출되는 온실가스를 산림 및 토지, 해양 및 습지 등이 모두 흡수할 수 있게 되면 대기 중 온실가스 농도가 상승하지 않는 '탄소 중립' 상태가 달성된다. 즉 탄소 중립은 '온실가스 배출량+온실가스 흡수량=0'인 상태를 말한다.

이 용어는 배출권 거래제나 탄소 포집 및 저장 기술 등으로, 배출된 탄소를 많이 흡수하여 탄소 중립을 할 수 있다는 가능성을 열어두고 있다. 이는 기술적 해결책에 과도하게 기대게 되어, 탄소 저감 노력을 하지 않게 된다는 비판이 있으며, 이에 따라 기후 정의 운동에서는 '배출 제로'라는 표현을 사용하는 것이 적절하다고 주장한다.

3. 기후 정의(climate justice)

기후 위기로 인해 야기된 불평등과 양극화의 문제를 공정하게 바로잡으려는 것으로, 기후 위기의 영향으로부터 모든 사람을 평등하게 보호하고, 건강과 쾌적한 환경을 누릴 수 있는 권리를 보장한다는 의미이다. 유엔기후변화협약의 핵심 개념 중 하나인 '공동의 그러나 차별화된 책임'(Common But Differentiated Responsibilities: CBDR) 원칙에 따라, 기후 위기 야기에 관한 합리적인 책임을 다함으로써 사회 경제적 그리고 세대 간 불평등의 해소를 추구하려는 개념이다.

4. 정의로운 전환(just transition)

기후 위기 대응 과정에서 화석연료에 기반한 일자리가 사라짐에 따라 노동자와 취약 계층의 피해와 권익을 보호, 지역 경제에 미치는 피해를 최소화하기 위해 공적 기금 조성과 지원 대책 마련, 주요 의사 결정에 노동자와 지역 주민 등 피해 당사자도 포함되어야 한다는 개념이다.

5. 탄소 예산(carbon budget)
파국적 기후 위기를 막기 위해 우리에게 남은 온실가스 배출 허용량을 의미한다. 즉 이만큼만 더 배출할 수 있고 이것보다 많이 배출하면 기후 파산에 이르게 된다는 것을 알려 주는 수치이다. 각각 2도와 1.5도 시나리오의 탄소 예산이 있다.

6. 국가 온실가스 감축목표(Nationally Determined Contribution: NDC)
'국가 온실가스 감축목표' 또는 '국가 결정 기여'라고 하며, 파리기후협약에 따라 협정 당사국이 5년에 한 번씩 온실가스 배출에 대한 책임과 역량을 고려하여, 자발적으로 얼마만큼의 온실가스 배출을 줄일 것인지를 유엔기후변화협약에 공식적으로 제출하는 계획이다. 여기에는 파리협약에 따라 '진전의 원칙'과 '후퇴 금지의 원칙'이 적용되어, 새로운 목표 수립 시 이전 목표보다 더 상향된 목표를 수립해야 한다.

국가 온실가스 감축목표는 2030년까지 국제 사회에 감축 이행을 약속하는 온실가스 감축목표를 포함하고 있으며, 현재 한국은 2030년까지 2018년 배출량 대비 40% 감축을 목표로 하고 있다. 2035년 감축목표는 2025년 2월이 제출 시한이었으나 아직 제출하지 못한 상황이다. 기후 변화에 관한 정부 간 협의체(IPCC)는 파리협약 1.5도 억제 목표 달성을 위해서는 감축 목표를 2035년까지 2019년 대비 60%로 수립해야 할 것을 권고한 바 있다.

7. 장기저탄소발전전략(Long-term low greenhouse gas Emission Development Strategy: LEDS)

2050년까지 탄소 중립을 달성하기 위한 우리나라의 장기 전망(비전)과 국가 전략이다. 2015년 파리협약에서 당사국들에게 2020년까지 수립할 것을 권고했다.

8. 배출 전망치(Business As Usual: BAU)

특별한 조치를 취하지 않을 경우 배출될 것으로 예상되는 미래 전망치이다. 지금처럼 '하던 대로 계속'했을 때의 예상치이다.

9. '대응과 적응' 또는 '완화와 적응'(Mitigation and Adaptation)

기후 위기와 관련하여 온실가스를 배출량을 줄이고 흡수량을 늘이는 활동을 '대응' 또는 '완화'라고 한다. 이에 반해 적응은, 이미 지구 평균 기온의 상승에 따른 기후의 변화가 시작된 현실을 전제로 이 달라진 조건에 적응하기 위한 인프라 및 사회 시스템의 재구성 활동을 의미한다.

10. 유엔기후변화협약(United Nations Framework Convention on Climate Change: UNFCCC)

1992년 브라질 리우데자네이루에서 개최된 유엔환경개발회의(UNCED)에서 채택된 협약(통상 '리우회의'라고 불림)이다. 해당 협약에서는 '인간이 기후 체계에 위험한 영향을 미치지 않을 수준으로 대기 중의 온실가스 농도를 안정화'시키는 것을 목표로 했으나 감축 의무를 구체화하지는 않았다. 이후 '교토의정서'(Kyoto Protocol, 1997)를 통해 선진국 중심의 감축 체제를 구축했고, 이후 파리기후변화협약(Paris Agreement, 2015)으로 대체되었다.

11. 기후 변화에 관한 정부 간 협의체
(Intergovernmental Panel on Climate Change: IPCC)

세계기상기구(WMO)와 유엔환경계획(UNEP)이 공동 설립한 유엔 산하 국제 기구. 주로 기후 변화 평가 보고서 등의 발간으로 정부 간 협상시 과학적 근거와 정책 방향을 권고하는 기능을 한다.

12. 당사국총회(Conference of the Parties: COP)

기후변화협약을 맺은 당사국들이 매년 모여 기후 위기에 관해 논의하는 국제 외교 회의. 각국의 기후 위기 대응·적응 계획이 제시되고, 온실가스 감축을 위한 협약 및 합의가 이뤄지기도 한다. 세부 의제는 다르지만 보통 11~12월에 열리는데, 2024년 29차 회의인 COP29은 2024년 11월 11일부터 22일까지 아제르바이잔 바쿠에서 개최되었고, COP30은 2025년 11월 브라질 벨렝에서 개최될 예정이다.

13. 이산화탄소 포집·활용·저장
(Carbon Capture, Utilization and Storage: CCUS)

이산화탄소 포집, 활용, 저장을 의미하는 CCUS 기술은 화석연료의 사용 등으로 인해 대량의 이산화탄소가 생산되는 근원지에서 그 이산화탄소가 공기 중으로 방출되는 것을 방지하는 기술을 통합적으로 이르는 용어다. CCUS는 온실가스 감축의 유효한 수단으로 검증된 것도 아니고 국제 감축 사업이 감축 실적으로 인정받을 수 있다는 보장도 없다는 비판이 있다.

14. 청정개발체제(Clean Development Mechanism: CDM)

교토의정서 12조에 규정된 것으로, 어떤 국가가 온실가스 감축 비용이 적게 드는 국가에서 온실가스를 감축할 경우, 감축분의 일정 비율을 자국의 실적으로 인정하는 제도이다. 온실가스 감축 할당 목표를 충족하지 못하는 선진국들이 개도국이나 후진국에 온실가스 저감(낮추어 줄임) 투자를 한 후, 감축분을 시장에 팔아 투자금을 회수하거나 자국의 감축 실적으로 인정받을 수 있도록 한 것을 말한다. 보통 '개도국 산림 파괴 방지를 통한 온실가스 감축 활동'(reducing emissions from deforestation and forest degradation plus: REDD+)이란 명목으로 이루어진다.

하지만 이러한 '국외 감축' 활동은 수행 과정에서 토착민에 대한 생존권 침해, 토지 강탈 등의 문제와 사업 자체의 부실한 설계 및 운영상의 문제가 지속적으로 제기되고 있다. 또한 선진국의 발전소와 산업 시설을 개도국에 지음으로써, 사용은 선진국이 하지만 배출은 개도국에서 잡히는 '오염의 외주화' 문제도 비판받고 있다.

기후 관련 정보

× 운동 단체 ×

1. 기후위기기독인연대 climate-christians.campaignus.me
기후 위기로부터 창조세계와 인류의 보존 및 회복을 위해 2022년 2월에 설립된 단체로, 기후 위기 극복을 기치로 내건 기독교 내 유일의 단체다. 대안 담론 개발과 현장 연대를 주요 활동으로 한다.

2. 기독교환경운동연대 greenchrist.org
기독교환경운동연대는 산업화로 인한 공해가 사회 문제로 등장한 1982년 '한국공해문제연구소'로 첫발을 내딛은 가장 오래된 기독교 환경 단체다. 부설 기관인 (사)한국교회환경연구소와 함께 기독교 신앙을 바탕으로 '교회를 푸르게 가꾸고 세상을 아름답게 만드는' 운동을 펼쳐가고 있다.

3. 기독교환경교육센터 살림 www.eco-christ.com

창조 신앙에 기반한 생태 리더십을 개발하고, 교회와 지역사회를 푸르게 하는 비영리 민간 단체다. 환경 선교를 원하는 모임과 교회를 직접 컨설팅하고, 리더를 양성하는 교육 및 워크숍, 커뮤니티 활동을 지원한다.

4. 기후위기비상행동 climate-strike.kr

2019년 9월 전국에서 진행된 대규모 기후 대중 행동을 통해 결성되었고, 청소년, 환경, 인권, 노동, 농민, 종교, 여성, 동물권 등 각계각층의 3백여 개 시민 사회 운동 단체와 개인으로 구성된 연대 기구다. 현재 가장 오래되고 많은 단체가 참여하는 대표적인 기후 운동 연대체.

5. 기후정의동맹 www.climatejusticealliance.kr

체제 전환을 위한 기후정의동맹은 기후 위기와 기후 부정의의 심각성을 인식하고, 이의 근본적인 원인이 더욱 심화되는 국제적·사회적 불평등과 이를 체계적으로 만들어 내는 자본주의 성장 체제에 있다고 분석하여, 기후 위기를 해결하고 기후 정의를 실현하기 위해서 기후 위기 최일선 당사자·공동체와 함께 아래로부터의 사회적 권력을 형성하여 체제 전환을 이뤄 내려는 단체다. 기후위기비상행동과 함께 다른 한 축을 맡고 있는, 2022년 4월 출범한 대표적인 기후 운동 연대체다.

6. 기후정의행진 action4climatejustice.kr

2019년부터 시작된 기후정의행진은 매년 9월 열리는 가장 큰 기후 운동 관련 행사다. 2022년부터는 매년 약 2~3만 명의 시민들이 모여 사전 부스, 집회, 행진을 통해 다양한 기후 위기 관련 메시지를 외치고, 그해 정해지는 주요 요구 사항들을 정부에 요구하고 있다.

7. 공공재생에너지 www.publicrenewable.org

공공재생에너지 운동은 재생 에너지를 신속히 확대하되, 이것을 민간 기업이 아니라 공적으로 추진하라는 운동이다. 이 운동은 기후 위기에 맞서 싸우는 시민들과 석탄 발전소에서 일하는 발전 노동자들이 함께 손잡고 있다.

8. 동물행진 bit.ly/kantispeciste

동물권과 비거니즘에 관심이 있는 개인들과 여러 모임/단체들의 느슨한 연합체인 '기후 위기에 저항하는 동물들의 행진'(이하 동물행진)은 2024년 907기후정의행진에 이어 12.3계엄 이후 비인간 동물에 대한 차별과 대상화에 저항하고 결코 배제할 수 없는 존재임을 드러내며 광장을 지켰다. 동물행진은 '기후 정의에 동물을 위한 정의도 담길 수 있을까?'라는 질문을 붙잡고, '서로 다른' 속도를 맞춰 나가고 '하나가 아닌' 구호를 외치며 올해도 기후정의행진에서 동물로서 행진한다.

9. 가덕도신공항반대시민행동 blog.naver.com/savegadeok

생태 학살에 맞서 가덕도 신공항 건설을 반대하기 위해 모인 시민 행동이다. 가덕도 신공항 건설 계획은 숲을 밀어내고 생명들의 삶터를 밀어 버리는 생태 학살이다. 이는 기후 위기를 가속화하는 주된 요인 중 하나로 전국 15개 공항이 있지만 10개의 신공항을 더 짓는 계획을 가지고 있다. 그중 가덕도는 안전성, 경제성이 기준에 한참 못 미치지만 정치적 이유로 가덕도특별법까지 만들어 추진되고 있다.

※ 유용한 사이트 ※

1. 탈핵신문 www.nonukesnews.kr
탈핵신문은 전국에서 활동하는 탈핵 활동가와 통신원, 독자들이 함께 만드는 신문으로 2012년 6월에 창간된 현장성 강한 매체다. 탈핵 관련 거의 모든 정보가 담겨 있다.

2. 생태적지혜연구소 ecosophialab.com
생명 위기 시대를 맞이하여 생태적 지혜를 모으고 나누는 연구자 협동조합으로 만들어졌다. 이는 생명 위기 상황에 대한 대응이 지식과 정보에 기반한 최신 정보 취득이나 생존주의에 머무는 것이 아니라, 삶의 양식과 문명의 성격을 변화시키기 위한 생태적 지혜에 기반해야 한다는 문제의식에서 출발한다. 웹진에는 매우 다양한 필진의 매우 다양한 주제의 깊이 있는 글들이 있어 관련 주제를 찾아볼 때 유용하다.

3. 엠버 ember-energy.org
전 세계 재생 에너지 현황을 할 수 있는 홈페이지. 국가별, 지역별, 발전원별 데이터 및 에너지 동향을 확인할 수 있다.

4. 코페르니쿠스 기후변화 서비스 climate.copernicus.eu
기후 변화에 대한 보고서를 발간한다. 전 세계 평균 기온 상승 등 기후 변화에 대한 각종 데이터를 확인할 수 있다.

추천 영상

※ 다큐 / 영화 ※

1. 브레이킹 바운더리: 지구의 과학 〔기후과학〕

지구의 한계가 무너지고 있다. 생물의 다양성은 깨지고 기후는 변화하고 있다. 그렇다면 이 위기에서 벗어날 방법은 무엇일까? 데이비드 애튼버러와 저명한 과학자 요한 록스트룀이 길을 제시한다.

2. 데이비드 애튼버러: 우리의 지구를 위하여 〔지구의 신비〕

바다가 죽어 간다. 얼음이 사라진다. 인간이 파괴한 야생의 세계. 일생에 걸쳐 지구의 몰락을 지켜본 방송인이 혼신을 다해 경고한다. 우리 손으로 파멸을 막아야 한다고.

3. 불편한 진실 1, 2 〔기후과학〕

2006년 미국에서 제작된 데이비스 구겐하임 감독의 다큐멘터리 영화. 미국의 전직 부통령 앨 고어가 1천 번이 넘는 강연에서 사용했던 슬라이드 쇼를 바탕으로 지구 온난화에 대해 다루고 있다. 2007년에 열린 아카데미 시상식에서 장편 다큐멘터리상을 차지했다.

4. 내일 〔대안을 만드는 도시들〕

"함께하는 변화는 이미 시작됐다!" 슬기로운 지구시민을 위한 내일 솔루션. 어떻게 하면 우리는 더불어 잘 먹고 잘 살 수 있을까? 버려진 땅에 농사를 짓는 디트로이트 시민들의 아이디어. 화석연료 없이 전기를 생산하는 코펜하겐의 혁신. 쓰레기 제로에 도전하는 샌프란시스코의 환경 정책. 지역 화폐로 마을 경제를 살린 영국 토트네스의 지혜. 시민 참여로 빈곤을 퇴치한 인도 쿠탐바캄의 기적. 그리고 행복한 어른을 키워 내는 핀란드식 교육철학까지. 인류가 직면한 농업·에너지·경제·민주주의·교육 문제에 대한 세계 10여개국 지구시민들의 유쾌한 해답을 만난다.

5. 더 게임 체인저스 (채식, 건강)

전 UFC 선수이자 엘리트 특수 부대 트레이너인 제임스 윌크스는 부상에서 회복하는 동안 영양에 대해 공부하며 최고의 기량을 위한 최적의 식단을 찾기 위해 전 세계를 여행한다. 식물성 식단을 따르는 엘리트 운동 선수, 특수 작전 병사, 선구적인 과학자, 문화 아이콘 및 일상적인 영웅들을 보며 그가 발견한 사실은 음식에 대한 이해와 진정한 힘에 대한 그의 개념을 완전히 바꿔 놓는다.

6. 몸을 죽이는 자본의 밥상 (채식, 건강)

육식 산업이 인류의 건강(신체, 정신)을 몹시 위협하는데도 그 위협이 은폐되고 있으며, 그게 사실 육식 산업과 의약 산업의 이윤 추구 때문임을 조목조목 짚어 준다. 채식의 중요성과 실제 감독이 만난 환자들이 단 2주 만에 채식으로 회복된 사례들도 인상적이다.

7. 카우스피라시 (공장식 축산, 육식 문제)

지구 온난화(기후 위기)를 생각할 때 대개 우리는 화석연료 공장들과 자동차 배기가스를 우선 문제 삼는다. 하지만 화석연료나 자동차 배기가스보다 더 심각한 문제가 존재하는데, 바로 공장식 축산이다. 공장식 축산 경영이 지구의 천연 자원을 어떻게 훼손시키고 있는지, 왜 이 위기를 환경 단체들이 대체로 무시해 왔는지 살펴본다.

8. 시스피라시 〔해양 오염〕

영국 영화 제작자인 알리 타브리지가 감독으로 제작한 〈씨스피라시〉는 상업적 어업이 바다에 미치는 영향과 걷잡을 수 없이 커져 가는 상업적 어업을 막지 못했을 때 우리가 잃을 수 있는 것들에 대해 다루고 있다.

9. 대지에 입맞춤을 〔토양, 탄소순환〕

기후 위기를 해결하는 방안으로 이 다큐멘터리가 제시하는 것은 '순환하지 못한 채 지구를 점점 뜨겁게 만드는 탄소를 순환하도록 해 주자'는 것이다. 그 방법의 첫걸음은 토양을 건강하게 되살리는 일이다. '탄소 감축'보다 더 강력한 답은 '탄소 순환'이다.

10. 성장이라는 거짓말

기후 위기, 성장과 탈성장, 체제 변화를 다룬 47분짜리 다큐멘터리.

11. 오늘 당신이 버린 옷, 어디로 갔을까? 〔패스트 패션〕

옷을 쓰레기라 여기는 사람은 많지 않다. 누군가 입을 거라 생각하며 내어 놓기 마련이다. 그렇게 우리가 버린 옷이 바다 건너 거대한 무덤이 되었다. 매년 1,000억 벌의 옷이 생산되고 그중 1년 안에 사라지는 옷이 330억 벌이다. 저렴한 가격에 고민 없이 산 뒤 한 철 입고 버린 옷, 그 편리함의 대가는 누가 치르고 있을까? 어제 산 티셔츠, 오늘 버린 청바지에 우리의 지구가 신음하고 있다.

12. 서바이벌 패밀리 〔영화〕

갑자기 단전이 되어 버린 도쿄에서 살아가는 한 가족의 생존기.

13. 돈 룩 업 〔영화〕

기후 위기에 대응하는 현 인류의 모습을, 혜성이 지구로 점점 다가오며 종말을 앞둔 상황에 빗대어 묘사한 영화.

14. 코로나19 특집 다큐: 2050 생존의 길

2020년의 재난들과 코로나19와 인간의 활동과 기후 변화를 쉽게 잘 설명한 다큐멘터리.

추천 도서

※ 입문서 ※

1. 두 번째 지구는 없다
(타일러 라쉬 지음, 이영란 감수, 알에이치코리아, 2020)

『두 번째 지구는 없다』를 통해 저자 타일러는 자연과 단절된 현대인을 '빅 박스 스토어'에 갇힌 채 일평생을 살아온 사람에 비유한다. 인공 시설과 인간이 만든 시스템을 단단하고 영구적인 것처럼 여기며, 인간이 자연의 일부이며 연결되어 있다는 사실을 외면한다는 지적이다. 수도를 열면 물이 쏟아지지만, 그 물이 어디에서 왔는지 궁금해하지 않고, 우리가 숨 쉬는 공기가 어디에서 만들어졌는지 궁금해하지 않는다. 산업과 소비가 자연에 미치는 영향을 고려하지 않으며, 그 결과 인간은 기후 위기를 유발해 지구상 모든 생명체를 멸종 위기로 빠뜨리고 있다.

2. 기후 위기 행동 사전: 당황하지 않고 새 시대를 사는 법
(김병권 외 4인 지음, 산현재, 2023)

중고등학생도 이해하기 쉬운 기후 위기 시민 교과서. 같은 주제를 다룬 번역서들과는 달리, 세계 상황과 한국 상황을 함께 다뤘다. 총 63개의 키워드를 다양한 학문, 담론 영역에 발 담그고 있는 5인의 전문가가 나눠서 집필했다. 책의 모토는 쉬움, 친절함, 명쾌함이다. 그러나 모든 글의 이면에는 지금 당장 실행해야 살 수 있다는 절박한 위기감이 짙게 깔려 있다. 지구 시스템, 해양 온난화, 지구 안전 한계선, 온실가스 같은 지구과학 분야부터 탄소 중립, 그린 뉴딜, RE100, 그린 택소노미, 블루 카본 같은 정치/정책 분야, 포스트휴먼 철학, 1.5도 라이프스타일, 제로 웨이스트 등 철학/문화 영역까지 두루 다루고 있다. 키워드 별로 현황, 전망, 대안을 한눈에 이해할 수 있다.

3. 2050 거주불능지구: 한계치를 넘어
종말로 치닫는 21세기 기후 재난 시나리오
(데이비드 월러스 웰즈 지음, 김재경 옮김, 추수밭, 2020)

이 책은 최신 연구 자료와 통계적 근거를 바탕으로 가장 믿을 만한 기후 변화의 미래 시나리오를 제시한다. 기존 기후 변화와 관련한 다양한 논의들을 비판적으로 종합해 우리의 일상을 파괴할 지구 온난화의 실제적인 영향과 그림을 제시한다. 단순한 '환경 운동'이나 개인의 윤리적 각성으로도 해결할 수 없는 기후 변화의 막대한 영향력을 규명하는 이 책은 걷잡을 수 없는 전염병 등으로 총체적 위기를 맞이한 인류 사회가 반드시 참고해야 할 기후 재난 대응 매뉴얼이자 미래 보고서다.

※ 필독서 ※

4. 적을수록 풍요롭다: 지구를 구하는 탈성장
(제이슨 히켈 지음, 김현우, 민정희 옮김, 창비, 2021)

세계 경제가 고도로 성장하는 동안 지구 곳곳에서 수많은 이상 징후가 나타났다. 빈곤과 불평등은 증가했고 온난화와 환경 오염으로 광범한 삶의 터전이 사라졌다. 모든 산업, 모든 부문, 모든 국가에서 경제가 늘 성장해야 하고 이는 인류 번영의 필요조건이라는 명제가 진리로 떠받들리지만 상승하는 GDP 그래프와는 정반대로 대다수 인간의 삶과 행복은 하강 곡선을 그려왔다.

이 책은 경제인류학자로서 세계 불평등 문제와 국제 개발의 정치경제학 연구로 주목받는 신진 연구자 제이슨 히켈의 저작 중 한국에 처음 소개되는 책으로, 한계에 다다른 기후 위기와 불평등 문제의 원인으로 '끊임없는 경제 성장'과 이를 동력으로 하는 자본주의 자체를 지적하며 '탈성장'을 해법으로 제안한다. 생태경제학의 측면에서 성장이라는 대세를 정면으로 반박하며 '경제 성장 없는 그린 뉴딜' 사회가 현실적으로 어떻게 가능한지, 단기적으로 효과적인 방법은 물론 포스트 자본주의 사회의 장기적인 안목까지 설득력 있게 보여준다.

5. 탄소사회의 종말: 인권의 눈으로 기후 위기와 팬데믹을 읽다
(조효제 지음, 21세기북스, 2020)

저자 조효제는 통계나 수치, 과학적 설명을 통해 기후 위기의 심각성을 환기하는 여타 도서들과는 달리, 인간의 구체적인 경험과 인식, 사회·정치적 차원을 중심에 두고 기후 위기를 새롭게 조명한다. 한국인권학회장, 국제앰네스티 자문위원 등을 역임한 중견 인권학자인 그가 기후 환경 문제에 진입하기 위해 활용하는 두 가지 렌즈는 '인권 담론'과 '사회학적 상상력'이다.

6. 기후 책(그레타 툰베리 지음, 이순희 옮김,
기후변화행동연구소 감수, 김영사, 2023)

이 책은 팬데믹의 한가운데에서 그레타 툰베리의 기획으로 시작되었다. "과학을 기반으로 전 세계에서 벌어지는 기후 위기를 망라하여 다루는 가장 믿을 만한 안내서"를 만들자는 것이었다. 기후학, 지구물리학, 해양학, 보건학부터 수학, 경제학, 역사학, 철학, 문학 등 각 분야의 선두에서 활동하고 있는 전문가들이 이 거대한 프로젝트에 뜨겁게 응답했다. 나오미 클라인, 엘리자베스 콜버트, 요한 록스트룀, 토마 피케티, 마거릿 애트우드 등 104인의 저자들이 각 장의 주제를 맡아 글을 썼고, 가장 최신의 연구 현황과 다양한 통계 자료를 제공했다.

해양, 빙권, 육지, 대기와 같은 지구 생태계는 물론 자본주의와 소비 산업, 식민주의와 기후 정의 등 우리 문명에서 비롯한 기후 위기를 분류별로 상세히 설명한 후, 우리가 놓치고 있는 사실과 고민하지 않았던 문제, 노력이 무익한 일과 실제로 꼭 해야만 하는 일까지 빠짐없이 엮어 내어 전례 없는 기후 변화 시대를 살아가는 우리에게 반드시 필요한 가이드북으로 기능하는 책이다.

**7. 기후 위기 시대에 춤을 추어라:
기후-생태 위기에 대한 비판과 전망**(이송희일 지음, 삼인, 2023)

이 책은 '기후 위기의 세계사' 그리고 '기후 정의 운동의 세계사'라 할 만한 충실한 지도를 제공하는 책으로, 자본주의 역사와 정치사회적 역학 관계를 배제하고 기후 비상사태를 단지 기후 문제로만 소급하는 '기후 환원주의'에 대해 경계한다. 문제의 표면이 아닌 이면을 파헤쳐 기후 문제를 입체적으로 보게 해 주고, 학문과 이론적 설명보다

는 매우 구체적인 사례로 보여 주기 때문에 밀도 있는 내용임에도 쉽게 읽힌다. 통상 알려진 사례들보다는 잘 알려지지 않은 아래로부터, 민중으로부터의 사례들을 통해 기후 위기의 피해와 이를 극복하는 모습도 확인할 수 있다. 자연 '보존주의'처럼 평소 익히 알고 있는 내용들이 실제로는 폭력과 쫓겨남을 동반한다는 이면을 보여 주는 등 상식을 뒤엎는 내용들도 적지 않다. 하지만 춤추듯 저항과 대안이 필요함을 역설하는 책이다.

※ 심화 도서 ※

8. 이것이 모든 것을 바꾼다: 자본주의 대 기후
(나오미 클라인 지음, 이순희 옮김, 열린책들, 2016)

이 책은 출간 직후엔 레이첼 카슨의 『침묵의 봄』이후 가장 중요한 환경서라는 찬사를 받으며 『뉴욕 타임스』를 포함한 유수의 매체에서 '올해의 책'으로 선정되었다. 5년간 진행한 방대한 자료 조사와 현장 답사, 과학자와 경제인, 환경 운동가들의 인터뷰를 종합하여 결실을 맺은 이 책은, 오늘날 기후 위기의 본질은 과학이 아니라 정치와 경제의 문제임을 역설한다.

9. 기후 변화의 심리학: 우리는 왜 기후 변화를 외면하는가?
(조지 마셜 지음, 이은경 옮김, 갈마바람, 2018)

넘쳐나는 과학적 증거에도 불구하고, 우리는 왜 기후 변화를 외면하는 걸까? 이 질문의 답을 찾기 위해 기후 변화 전문가 조지 마셜과 함께 노벨상에 빛나는 심리학자들에서 기후과학자, 기후 변화 부정론자, 환경 운동가, 티파티 활동가, 일반 시민들에 이르기까지 다양한 사람들을 만나는 여정을 떠난다. 결국 문제는 과학 대 이권, 진실 대 허구라는 입장의 차이가 아닌, 오히려 우리 모두가 공유하는 오래된 심리와 본능에 있다는 것을 깨닫게 된다.

10. 기후를 위한 경제학: 지구 한계 안에서 좋은 삶을 모색하는 생태경제학 입문(김병권 지음, 착한책가게, 2023)

생태경제학은 그 시작부터 "지구 생태계 한계 안에서 인간의 경제가 존재해야 한다"는 원칙을 강조해 왔다. 이 책은 생태경제학이 기후와 생태 위기 대처를 위해 더 나은 해법을 찾는 데 도움을 주리라는 믿음 아래, 이 실천적 학문이 어떤 문제의식에서 출발했으며 기존 경제학과 어떻게 다른지를, 그리고 이 학문이 제시하는 주요 이론과 다양한 주장들, 나아가 특별한 정책 수단들이 무엇인지를 살펴본다.

× 신학/신앙 도서 ×

11. 인류의 미래를 위한 마지막 경고: IPCC 6차 보고서와 그리스도인의 과제(김준우 지음, 생태문명연구소, 2023)

세계 젊은이들의 절반 이상이 "인류의 멸망"을 믿는 기후 불안 시대에, 최근 발표된 IPCC 6차 보고서(2023)의 요점과 의미를 일반인들이 30분이나 한 시간 내에 쉽게 파악할 수 있도록 정리한 책이다. 2부에서는 중요한 문서인 프란치스코 교종의 회칙 "찬미받으소서"의 신학적 의미와 목회 과제를 살펴보고, 이를 "예수의 복음"과 연관시켜 다시 정리한다. 3부에서는 보수적 과학계까지 긴급한 경고를 하는 시급성과 왜 급진적인 정치적 행동이 필요한지를 다룬다. 이 문제에 오랜 기간 천착한 신학자로서 전문 이상의 기후과학의 요점을 설명하고, 여기에 대한 신학적 의미와 행동의 방향까지 제시한다.

12. 기후 교회: 기후 붕괴라는 장기 비상사태와 교회의 사명
(짐 안탈 지음, 한성수 옮김, 생태문명연구소, 2019)

환경 운동가이자 목사인 이 책의 저자는 기독교인들이 환경 파괴에 누구보다 앞장서 왔음을 고백한다. 이 땅을 '다스릴' 권한을 인간에게 주신 하나님이 '알아서' 유지되는 지구를 창조하셨다고 믿기 때문이다. 그러나 저자가 밝힌 대로, 지구는 인간의 것이 아니며, 예수는 이 땅을 다시 세우려고 왔지 '탈출 계획'을 갖고 내려오지 않았다. 소수의 자본과 이를 방관한 국가 권력, 우리의 침묵으로 인해 가장 약한 자리에서부터 재앙은 이미 시작되었다.

이에 맞서 저자는 교회와 지역사회의 네트워크 조성, 거리 예배, 설교 시간에 기후 위기를 다룰 것을 제안한다. 나아가 이러한 시민 불복종 운동이 제자도의 '규범'이 되어야 함을 역설한다. 그리스도인들이 다른 구조적 문제들에 연대해 온 것처럼 기후 위기에 있어서도 정신을 이어가야 한다는 것이다. 무엇보다 이 운동은 불의에의 저항이며 동시에 나와 연결된 '이웃'을 돌보고, 비인간 피조물과 아직 태어나지 않은 생명까지 이웃의 범위를 '확장'하는 일임을 이 책은 주목한다.

13. 주님 주신 아름다운 세상: 창조세계를 돌보는 그리스도인의 비전(스티븐 보우머 프레디거 지음, 김기철 옮김, 복있는사람, 2011)

저자는 환경 문제, 생태학, 성경 해석학, 철학과 윤리학 등 방대한 이론들을 차근차근 정리하면서 '지구 돌봄의 신학'을 이야기한다. 하나님의 창조세계인 지구와 자연 환경을 성경적으로 돌보는 그리스도인의 비전을 다룬 생태신학 입문서다. 생태신학 분야의 탁월한 학자이자 저술가인 저자는, 진정한 기독교 신앙은 생태학적 헌신을 요구하며, 모든 기독교인은 지구의 청지기로서의 특권과 책임을 함께 가진다고 말한다.

먼저 우리가 있는 곳이 어디인가라는 물음에 답을 구하고, 현재의 지구 상태에 대해 상세히 소개한다(1-2장). 생태학적 위기에 대한 인류와 기독교의 책임을 돌아보고 성경에서 생태학적 비전을 찾은 뒤(3-4장) 복음주의적인 지구 돌봄의 신학과 생태윤리를 제시하여 기독교인들이 왜 지구를 돌봐야 하는지를 논증한다(5-7장). 마지막으로, 창조세계의 온전한 회복을 위한 하나님의 놀라운 비전을 희망차게 제시한다(8장). 신학적 깊이와 과학적 연구의 탄탄함을 인정받은 책이다.

14. 기후 위기 시대의 도전과 교회의 응답
(14인 공저, 새물결플러스, 2022)

생태신학의 전 지구적인 기후 위기가 인류뿐 아니라 지구상의 모든 생명 공동체를 위협하고 있는 이런 엄중한 상황에 대해 한국 교회가 내놓은 대답을 담은 책이다. 오래전부터 기후 위기의 심각성을 인지하고 이와 관련된 교회와 성도들의 사명을 새롭게 하고자 각지에서 애쓰고 있던 학자, 목회자, 활동가들이 이음사회문화연구원과 기독교환경교육센터 살림을 중심으로 모여 그간 축적한 연구와 실천의 기록을 내놓았다. 과학적, 철학적, 신학적, 목회적 접근을 통해 지구 생태계가 처한 위기의 본질을 다각도로 분석하고 이를 바탕으로 교회와 그리스도인을 향해 실천적 행동에 돌입할 것을 권면한다.

15. 기후 변화와 신학의 재구성
(샐리 맥페이그 지음, 김준우 옮김, 한국기독교연구소, 2008)

기후 위기 시대의 신앙에 대한 여러 이야기가 있지만, 대부분은 하나님이 창조한 세상을 우리가 잘 돌보아야 한다는 '청지기적 윤리'에 기반하고 있다. 맥페이그는 세계가 위기에 처했다는 것은 세상과 하나님을 이해하는 우리의 이해 자체에 위기가 왔다는 것이라 지적하며 기후 위기 시대에 맞는 새로운 신학/신앙을 재구성해야 한다고 주장한다.

또한 저자는 시장자본주의적 소비사회의 탐욕적인 인간관과 기계론적 세계관에 맞서 세계를 '하느님의 자궁'으로 보는 생태적인 은유를 통해 우리 시대에 절실한 새로운 인간관과 세계관을 재구성함으로써, 기후 변화의 가장 어려운 장애물인 절망을 희망으로 바꾸기 위한 출구를 찾는다.

16. 생태해방신학: 구원과 정치적 생태론
(대니얼 카스티요 지음, 안재형 옮김, 한국기독교연구소, 2021)

오늘날 세계의 가난한 이들과 지구의 생명계 전체가 봉착한 절박한 생존 위기들에 대해, 성경과 구원, 해방과 생태론, 정치경제학과 영적 실천을 함께 통합함으로써 신학적으로 매우 치열하게 응답한 역작이다. 코로나19 팬데믹 사태를 초래한 전 지구적인 생태계 파괴와 살인적인 기후 재난들, 그리고 경제적 불평등으로 인해 해마다 수백만 명씩 목숨을 잃고, 제러미 리프킨의 말처럼 기후 파국까지 인류에게는 "면도날만큼의 시간만 남았다." 그래서 인류의 멸종까지 위협받게 된 절박한 현실에서 저자는 어떻게 구원, 해방, 그리고 창조세계 돌보기를 연관시켜야 하는지를 묻는다.

17. 생태적 삶을 추구하는 영성(최광선 외 7인 지음, 엘까미노, 2025)

지금의 상황에서 절망이 아닌 은혜로 향하게 하는 영성이 다시 그리워진다. 이 책에 담긴 이야기들은 생태 위기와 마주해서 그러한 영성을 다시 되살리도록 하는 지혜를 알려 준다. 영성, 과학, 종교, 생태 등 다양한 분야의 전문가들과 기후 위기 상황 가운데서 교회와 그리스도인들의 생태영성을 성찰하며 대화를 나눈 내용으로 만든 책이다.

18. 창조세계 돌봄공동체 10주 여정
(김오성, 유미호, 윤성현, 기독교환경교육센터 살림, 2025)

하나님의 창조세계를 돌보는 신앙적 실천과 영성 회복을 위한 10주간의 여정을 걷게 하는 교재로, 만남의 시작부터 신앙의 열매 맺기까지 총 10주차로 구성되었다. 창조의 신비, 물과 땅의 이야기, 소비의 전환, 생명의 균형, 기후의 외침, 애도의 시간, 희망의 씨앗 등의 주제를 통해 성경의 가르침으로 창조세계 안에서 책임 있는 그리스도인으로 살아가는 방법을 안내하고 있어 영성 훈련과 공동체적 실천을 중심에 두는 모임을 하고 싶은 독자들에게 유용하다. 개인뿐 아니라 교회, 소그룹, 신앙 공동체가 함께 사용할 수 있는 교재다.

19. 한 달에 한 번 기후행동: 탄소중립 기후행진 캠페인 교육 교재
(유미호 지음, 기독교환경교육센터 살림, 2025)

매월 하나의 주제로 실천하는 이 여정은 우리의 일상을 더욱 지속 가능한 방향으로 이끌며, 지구 온도 상승을 1.5도 이내로 억제하는 큰 힘이 되도록 안내한다. 매월 주제와 말씀으로 이어가는 여정은 이 진행 안내서를 통해 이루어진다. 소그룹 대화를 통해 우리의 삶과 사회를 성찰하고, 구체적이고 실천 가능한 목표를 세우도록 안내한다.

20. 기후 교회로 가는 길 (장준식 지음, 바람이 불어오는 곳, 2024)

일반 독자를 위한 문체와 난이도로 잘 조율되고 제시되어 있는 이 책은, 주제는 현실적이고, 사용되는 자료는 적실하며, 글이 전개되는 방식은 실천 지향적이다. 기후 위기에 대한 그리스도인의 책임을 강조하는 이 책의 저자는 기후 변화가 명백한 신앙의 문제라고 힘주어 말한다. 이 책은 기후 위기를 극복할 가장 큰 힘이 신앙에서 나온다는 점을 설득력 있게 논하며 교회가 함께 실천할 바를 하나하나 간결하게 안내하고 현실적인 지침을 주는, 기후 위기에 관한 충실한 입문서다.

저자 소개

김근주 기독연구원 느헤미야 연구위원, 기후위기기독인연대 이사
서울대학교 경제학과를 졸업하고, 영국에서 이사야서 연구로 박사학위를 받았다. 모든 관심의 뿌리에는 공평과 정의로 부름받은 삶, 하나님 백성의 기본적 틀로서의 희년에 대한 관심으로 대표되는 복음의 공공성이 놓여 있다. 지은 책으로는 『나를 넘어서는 성경읽기』, 『특강 이사야』, 『제2성전기』 등이 있다.

조천호 전 국립기상과학원장, 경희사이버대학교 기후변화 특임교수
세계 날씨를 예측하는 수치 모형과 지구 탄소를 추적하는 시스템을 우리나라에 처음 구축했으며, 기후 변화가 우리가 살고 싶은 세상과 어떻게 연결되는지 공부하고 있다. '변화를 꿈꾸는 과학 기술인 네트워크'(ESC)에서 활동하고 있으며, 여러 방송과 강의를 통해 기후 위기와 담대한 전환을 알리고 있다. 대표적인 저서로 『파란 하늘 빨간 지구』가 있다.

이병주 평신도신앙실천운동 대표, 기후위기기독인연대 이사
전 기독법률가회 대표로 활동했고, 평신도 신앙 운동에도 힘을 쏟고 있다. 청소년 기후 소송 청구인 측 대리인으로, 헌법재판소의 헌법 불합치 결정을 이끌어 내는 데 중요한 역할을 했다. 이 경험을 청소년들에게 쉽게 이해시키기 위해 『우리는 기후 위기를 끝낼 거야』라는 책을 저술했다.

구미정 숭실대 기독교학과 초빙교수, 이은교회 목사
이화여자대학교 학부에서 철학을, 일반 대학원에서 기독교윤리를 전공하고, 생태여성주의 관련 논문으로 박사학위를 받았다. 여성과 자연, 생명과 평화를 화두로 삼고 다양한 글쓰기를 통해 대중과 소통하고 있다. 지은 책으로 『한 글자로 신학하기』, 『두 글자로 신학하기』, 『그림으로 신학하기』, 『교회 옆 미술관』, 『낮은 자리에서 보이는 것들』 등이 있다.

박경미 이화여자대학교 명예교수, 기후위기기독인연대 이사
이화여자대학교 기독교학과 신약성서학 교수로 재직했으며, 정치·사회·역사와 분리된 성서 연구의 한계를 느껴, 성서와 그것이 쓰인 시대를 연결하는 작업을 해 왔다. 지은 책으로는 『마몬의 시대, 생명의 논리』, 『행복하여라! 하느님 나라의 사람들』, 『시대의 끝에서』, 『장소에 뿌리내리기』 등이 있다.

박득훈 성서한국 사회선교사, 기후위기기독인연대 이사
영국 더럼대학교에서 경제 정의를 주제로 기독교사회윤리를 연구해 박사학위를 받았다. 뉴스앤조이 편집인, 교회개혁실천연대 공동대표, 평화누리 상임대표 등을 역임했고, 새맘교회에서 목회 후 은퇴했다. 저서로는 『돈에서 해방된 교회』 등이 있다.

김영준 기후위기기독인연대 공동대표
음악(예술)과 시민(사회) 운동을 통해 세상을 바꿀 수 있다고 믿는 어리석음을 간직한 기후 정의 활동가. 두 아이의 아빠로 인간의 존엄성을 지키기 위해 기후 위기 극복을 간절히 바라는 사람.

문형욱 기후위기기독인연대 공동대표
가려진 착취를 드러내고 기후 위기를 넘어 새로운 세상을 그리는 활동을 한다. 기후 정의와 동물권 활동을 하며 생태 학살 현장에서 예배하는 '기후교회', 인간과 비인간 동물이 공존하는 세상을 이야기하는 '동물행진'팀에 참여하고 있다.

더 나은 세상을 위하여

기후 위기 시대 그리스도인을 위한 안내서

초판 1쇄 인쇄 2025년 11월 24일
초판 1쇄 발행 2025년 11월 28일

지은이	김근주 조천호 이병주 구미정 박경미 박득훈 김영준 문형욱		
펴낸이	박명준		
편집	박명준	펴낸곳	바람이 불어오는 곳
디자인	김진성	출판등록	2013년 4월 1일 제2013-000024호
제작	공간	주소	03041 서울 종로구 자하문로 5, 5층
		전자우편	bombaram.book@gmail.com
		문의전화	010-6353-9330 팩스 050-4323-9330

ISBN 979-11-91887-35-8 03300

- 이 책의 판권은 지은이와 바람이 불어오는 곳에 있습니다.
  이 책의 내용의 전부 또는 일부를 재사용하려면 반드시 양측의 서면 동의를 받아야 합니다.
- 잘못된 책은 구입하신 곳에서 교환할 수 있습니다.

바람이불어오는곳 은
삶의 여정을 담은 즐거운 책을 만듭니다.

bombaram.book